国内外经典教材辅导系列·管理类

旅游学概论

笔记和课后习题(含考研真题)详解

【适用李天元第7版教材】

主编：圣才考研网

www.100xuexi.com

中国石化出版社

内 容 提 要

国内外经典教材辅导系列是一套全面解析当前国内外各大院校权威教科书的辅导资料。高等院校旅游管理专业系列教材《旅游学概论》(第7版，李天元编著)是国内各大院校广泛采用的旅游学权威教材之一。本书遵循该教材第7版的章目编排，共分为9章，每章由四部分组成：第一部分为复习笔记(含知识框架)，剖析本章的核心考点，并进行拓展延伸；第二部分为课(章)后习题详解，对该教材的所有习题进行了详细的分析和解答；第三部分为考研真题与典型题，精选部分名校近年的考研真题，以及专升本和自考真题，并针对该教材的重难点相应整理了典型题；第四部分为考研真题与典型题详解，对第三部分的试题进行了详细的解答。

圣才考研网(www.100xuexi.com)提供全国所有院校各个专业的考研考博辅导方案【网络课程、电子书、题库等】。购书即可享受大礼包增值服务【本书电子书(手机版、电脑版)】。手机扫码(本书封底)领取本书大礼包。

图书在版编目(CIP)数据

旅游学概论笔记和课后习题(含考研真题)详解/圣才考研网主编. —北京:中国石化出版社,2023.3
ISBN 978-7-5114-7035-5

Ⅰ.①旅… Ⅱ.①圣… Ⅲ.①旅游学-概论-研究生-入学考试-自学参考资料 Ⅳ.①F590

中国国家版本馆CIP数据核字(2023)第060200号

未经本社书面授权,本书任何部分不得被复制、抄袭,或者以任何形式或任何方式传播。版权所有,侵权必究。

中国石化出版社出版发行
地址:北京市东城区安定门外大街58号
邮编:100011 电话:(010)57512500
发行部电话:(010)57512575
http://www.sinopec-press.com
E-mail:press@sinopec.com
武汉市盛宏源印务有限公司印刷
全国各地新华书店经销
*
787×1092毫米 16开本 14印张 302千字
2023年4月第1版 2023年4月第1次印刷
定价:58.00元

序　言

国内外经典教材辅导系列是一套全面解析当前国内外各大院校权威教科书的辅导资料。我国各大院校一般都把国内外通用的权威教科书作为本科生和研究生学习专业课程的参考教材，这些教材甚至被很多考试(特别是硕士和博士研究生入学考试)和培训项目作为指定参考书。为了帮助读者更好地学习专业课，我们有针对性地编写了一套与国内外教材配套的复习资料，并提供配套的名师讲堂和题库。

李天元编著的《旅游学概论》是我国高校采用较多的旅游学权威教材之一。作为该教材第7版的学习辅导书，本书具有以下几个方面的特点：

1. 框架图表体系，通俗易懂易记

本书每章的知识框架图和考点归纳表，在全方位把握核心考点的同时，提纲挈领地以思维导图形式，呈现重要的考点、难点，脉络清晰，一目了然，更容易记忆。

2. 下划线 + 星级标记 + 拓展延伸，透彻剖析核心考点

本书每章的核心考点均按重要程度分为一星(一般了解)至五星(熟练掌握)，对关键词用下划线作了标记，并对相关重要知识点进行了延伸和归纳，方便考生更有针对性地复习。

3. 解析课后习题，提供详尽答案

本书参考各种旅游学权威教材和相关资料对每章的习题都进行了详细的分析和解答。

4. 精选考研真题与典型题，巩固重难点知识

本书精选了部分名校近年的旅游学考研真题，以及专升本和自考真题，并针对该教材的重难点相应整理了典型题。所选习题涵盖的知识点全面，特别注重理论联系实际，凸显当前热点。

要深深牢记：考研不同一般考试，概念题(名词解释)要当作简答题来回答，简答题要当作论述题来解答，而论述题的答案要像是论文，多答不扣分。有的论述题的答案简直就是一份优秀的论文(其实很多考研真题就是选自一篇专题论文，完全需要当作论文来回答)!

购书即可享受大礼包增值服务！手机扫码(本书封底)领取本书大礼包。

圣才考研网(www.100xuexi.com)是圣才学习网旗下的考研考博专业网站，提供考研公共课和全国各高校管理类专业考研考博辅导班【一对一辅导(面授/网授)、网授精讲班等】、电子书、题库、全套资料(历年真题及答案、笔记讲义等)、国内外经典教材名师讲堂、考研教辅图书等。

考研辅导：kaoyan.100xuexi.com(圣才考研网)

资格考试：www.100xuexi.com(圣才学习网)

圣才考研网编辑部

目　录

第一章　旅游活动的历史发展

1.1　复习笔记

【知识框架(庖丁解牛)】

旅游活动的历史发展

- 19世纪以前的旅行活动
  - 雏形：原始社会早期的迁移活动
  - 萌芽：奴隶社会的旅行活动
  - 发展：封建社会的旅行活动
  - 19世纪以前旅行发展的特点
- 近代旅游和旅游业的开端
  - 产业革命对近代旅游发展的推动性影响
  - 旅游发展史上的铁路时代
  - 托马斯·库克的活动与旅游业的诞生
- 现代旅游的兴起[二战后]
  - 现代旅游的概念、特点
  - 二战后旅游迅速发展的原因：根本原因；推动、拉动因素
- 我国旅游业的历史发展
  - 旧中国的旅游业：情况、特点
  - 新中国的旅游业
    - 外事接待时期[1949～1978年]
    - 全面振兴时期[1978年至今]
    - 改革开放前后情况对比

【通关提要(提纲挈领)】

本章是本书的基础章节，以时间为线索，主要介绍了19世纪以前、近代、现代旅游的发展以及中西方在特定时期旅游业的发展情况。学习时，应重点理解“旅行”和“旅游”的区别，熟悉19世纪以前旅行活动的发展和特点，掌握产业革命对近代旅游的影响、托马斯·库克被尊为旅游业先驱的原因以及现代旅游迅速发展的原因和特点，熟悉改革开放后我国旅游业的发展状况。本章主要考查选择题、概念题和简答题，应整体掌握基础概念和知识框架，注重理解。

【考点难点归纳(厚积薄发)】

考点一：旅游发展的三阶段(见表1－1)　★★★

表1－1　旅游发展的三阶段

阶段	特征	发展特点
早期的旅行活动 [19世纪40年代以前]	限定在有闲阶层中；以游乐为主，规模较小	①交通工具落后，制约了人类远行的脚步。 ②出游人少，难以形成专门的产业。 ③游客活动范围小，社会影响力弱

续表

阶段	特征	发展特点
近代旅游 [1840 年至二战前]	开始普及到中产阶层	①交通变革时代，人类频繁远行成为可能。 ②旅游人数增加，中产阶级加入，不再限于王公贵族。 ③旅游需求的增长催生了旅游服务行业
现代旅游 [二战后]	社会大众的广泛参与	①旅游交通工具成熟，有组织的团体旅游活动盛行。 ②大众化旅游时代到来，参与对象具有广泛性。 ③旅游业在国民经济中占有重要地位

考点二：19 世纪以前的旅行活动 ★★★

1. 19 世纪以前旅行活动的历史发展(见表 1-2)

表 1-2　19 世纪以前旅行活动的历史发展

要点	主要内容		
雏形	原始社会早期的迁移活动		①人类迁移活动具有被迫性[原因]和求生性[目的]，不属于旅游活动： a. 客观上，限于社会经济条件，不具备开展旅行活动的物质基础。 b. 主观上，不存在外出旅行的意愿。 ②人类旅行的产生：第三次社会大分工下，原始社会瓦解和奴隶社会形成之际，出于实用主义的商贸目的而自发产生
萌芽	奴隶社会的旅行活动	中国	①消遣性旅行活动以奴隶主阶级的享乐旅行为主。[标志着旅游的诞生] ②多数旅行活动出于朝圣目的，参与者局限在奴隶主阶级
		西方	①古罗马帝国时期，国家的强盛、海上运输的发达为旅行活动提供了物质条件，驿站的设立也使住宿设施得以发展。 ②罗马帝国衰亡后，旅行活动开展的条件随之恶化。 ③参与者为奴隶主阶级和一些自由民
发展	封建社会的旅行活动	中国	①以“漕运”为代表的水运交通、以“驰道”和“直道”为代表的陆路交通不断发展，为旅行活动的开展提供交通便利。 ②唐宋时期，各种非经济目的的旅行活动[宗教旅行和士人漫游]在文学作品中得到反映，外国来华访问的人数也空前增多。 ③明清时期，航海旅行和专业性较强的自然科考活动发展最为突出。 ④封建时期，非经济目的的旅行活动很多，但以经商为目的的商贸旅行仍然占主导地位
		西方	①封建时期的旅行发展远不如罗马帝国时期。 ②封建社会早期，生产力低下，自然经济性质突出，交换活动贫乏。 ③十字军东征作为军事活动，客观上也传播了文化思想。 ④封建社会后期，欧洲旅行发展出现了新气象，主要表现为：温泉旅行的出现和修学旅行的兴起

【真题链接】请列举出中国封建社会具有代表性的旅行活动及其代表人物。[简答题，浙商大 2019 年研]

2. 19 世纪以前旅行发展的特点

(1)旅行活动的发展与该地的社会政治经济状况直接相关。

(2)非经济目的的旅行活动虽有所发展，但商贸旅行始终占主导地位。

(3)消遣性旅行活动的参加者多限于统治阶级及其附庸阶层，不具备普遍的社会意义。

【真题链接】简述 19 世纪以前旅行活动发展的特点。[简答题，湖南师大 2019 年研]

考点三：近代旅游和旅游业的开端(见表 1－3) ★★★★

表 1－3 近代旅游和旅游业的开端

要点	主要内容	
产业革命[催化剂]的推动性影响	生活环境改变	加速发展的城市化进程使生活节奏愈发紧张，助长了人们的旅游需求
	工作性质改变	多样性的农业劳动被枯燥的机器大工业劳动取代，促使劳动者产生休假需求
	阶级关系改变	新兴工业资产阶级出现，财富重新分配，扩大了外出旅游人群的规模
	运输条件改变	蒸汽机技术应用后，出现了蒸汽动力的轮船、火车等新式交通工具，使大众参与旅游成为可能
交通运输的发展[前提]	①18 世纪末，蒸汽机发明后，很快被应用于制造新交通工具，轮船和火车也随之出现。 ②铁路时代，火车旅行方式的优点有：a. 费用低；b. 速度快；c. 运力大；d. 通达范围广	
托马斯·库克的活动与旅游业的诞生	托马斯·库克的活动	①库克是英国旅行商、近代旅游业的先驱者，是第一个组织团队旅游的人，是世界上第一家旅行社——托马斯·库克旅行社的创办者。 ②其开创性活动，见表 1－4
	近代旅游业的诞生	①以托马斯·库克为代表的旅行社行业的出现，是近代旅游业开端的标志。 ②20 世纪初世界旅行社行业中的"三大巨头"：a. 英国托马斯·库克公司；b. 美国运通公司；c. 比利时铁路卧车公司

表 1－4 托马斯·库克的开创性活动

要点	主要内容		
1841 年的创举[开端]	事件	1841 年 7 月 5 日，托马斯·库克以包租火车方式组织了一次 570 人的大规模团体旅游活动，前去参加禁酒大会，往返全程 24 英里	
	特点	①参加者的公众性；②规模大；③全程陪同	
	意义	①是"伟大的创举"；②标志着近代旅游业的开端	
1845 年的第一次商业性尝试	事件	1845 年，托马斯·库克组织了一次真正意义上的团体消遣旅游，为期一周、350 人参加、目的地为利物浦	
	特点	①商业性；②长途过夜；③线路勘察；④编写指南；⑤导游服务	
	与 1941 年活动的区别	工作性质不同	①1841 年：非营利的"业余"活动；②1845 年：有意识的商业活动
		目的不同	①1841 年：参加禁酒大会；②1845 年：观光、消遣
		工作内容不同	①1841 年：仅是组织和陪同。 ②1845 年：基本涉及了旅行社业务的全部基本工作

续表

要点	主要内容	
1855年巴黎世博会团体旅游	事件	组织了前往法国巴黎参观世界博览会的团体旅游活动，在目的地停留4天，全程采用一次性包价，包括往返交通费和住宿费
	意义	①是“铁路旅游史上的创举”；②是世界上首例包价出国游
开创代金券	托马斯·库克创造了一种代金券，是旅行支票的雏形	
1872年环球旅行团	1872年，托马斯·库克首创了组织环球旅游的先例	

【真题链接】

(1)产业革命对近代旅游发展的影响有哪些？[简答题，湖南师大2019年研]

(2)为什么人们将托马斯·库克尊称为旅游业的先驱？[简答题，扬州大学2022年研]

考点四：现代旅游的兴起(见表1-5) ★★★★

表1-5 现代旅游的兴起

要点	主要内容		
现代旅游	含义	一般指二战后特别是20世纪60年代以来，迅速普及于世界各地的社会化旅游活动	
	特点	①大众性；②广域性；③多样性和提升性；④可持续性和波动性	
二战后旅游迅速发展的原因	具体因素	前提条件	国际形势的和平与稳定
		根本原因	社会生产力水平的提高
	促使现代旅游迅速发展的主要因素	需求：“推动因素”	①世界人口迅速增加，大众旅游人数增加。 ②世界经济迅速发展，人均收入增加。 ③交通运输工具的进步，缩短了旅行的时间和距离。 ④生产自动化程度提高，带薪假期出现。 ⑤各国城市化进程普遍加快，旅游需求增多。 ⑥教育事业不断发展，通信技术进步
		供给：“拉动因素”	①政府的鼓励和支持，如加强基础设施建设、放宽出境限制等。 ②有利的物质基础条件：旅游目的地在资源开发、接待设施建设等方面的投入。 ③廉价团体包价旅游的发展

【真题链接】

(1)为什么第二次世界大战之后旅游需求规模迅速增长？[简答题，湖南师大2022年研]

(2)论述现代旅游崛起的背景和原因。[论述题，湖南师大2021年研]

考点五：我国旅游业的历史发展(见表1-6) ★★★

表1-6 我国旅游业的历史发展

要点	主要内容	
旧中国的旅游业	情况	①近代中国旅游活动局部存在，但未能真正发展起来。 ②旅游业及相关行业有一定发展

续表

要点			主要内容
旧中国的旅游业		特点	①中外联系加强，来华旅行的外国人和出国旅行的中国人大大增加。 ②产生了专门为旅行服务的机构和组织： 1923 年 8 月，中国第一家旅行社的前身——上海商业储蓄银行旅行部成立，标志着近代中国旅游业的诞生。1927 年 6 月更名为中国旅行社
新中国的旅游业	外事接待时期［1949～1978 年］	背景	经济发展水平对国人旅游需求的制约；国际政治环境的影响
		特点	单纯政治接待而非经济性经营［旅游业是事业，非产业］
		标志	①新中国旅游业诞生的标志：［两大旅行社系统成立］ a. 1949 年，新中国第一家国营旅行社华侨服务社在福建省厦门市成立，其他城市随后相继设立；后大多更名为华侨旅行社；1974 年更名为中国旅行社［中旅］。 b. 1954 年 4 月 15 日，中国国际旅行社［国营企业，国旅］总社在京成立。 ［与 1980 年成立的中国青年旅行社系统即青旅，并称中国旅行社三大系统］ ②新中国旅游业拓展的标志：1964 年中国旅行和游览事业管理局成立，负责管理和组织入境、出境、国内旅游
	全面振兴时期［1978 年至今］	背景	①全国工作重点的转移；②改革开放政策的实施；③旅游业成为创汇的渠道和对外开放的窗口
		四个发展阶段	①1978 年至 80 年代中期，以接待入境旅游为主的发展阶段。 1983 年，中国加入世界旅游组织（UNWTO）。 ②20 世纪 80 年代中期至 1997 年，入境旅游与国内旅游并行发展阶段。 ③1997～2008 年，入境旅游、国内旅游和出境旅游全面发展阶段。 a. 1999 年 5 月 1 日，全国实行五一、国庆七天长假制［与传统春节并称三个旅游“黄金周”］。2007 年缩短五一假期，增设清明、端午、中秋法定节假日。 b. 1997 年 7 月 1 日正式实施的《中国公民自费出国旅游管理暂行办法》，标志着中国出境旅游市场的形成。 ④2009 年至今，以国内旅游为重点的全面发展阶段： a. 2009 年 12 月，《关于加快发展旅游业的意见》提出了旅游业发展的新指导思想：“坚持以国内旅游为重点，积极发展入境旅游，有序发展出境旅游”，将旅游业培育成战略性支柱产业和现代服务业。 b. 2013 年 4 月 25 日，《中华人民共和国旅游法》公布。 c. 2018 年 3 月，文化部、国家旅游局合并为文化和旅游部
		特点	步入正轨，全面振兴
		比较	改革开放前后新中国旅游业发展情况对比，见表 1－7

表 1－7 改革开放前后新中国旅游业发展情况对比

	改革开放前	改革开放后
所处环境	①重点是巩固政权。 ②受西方国家封锁，对内实行计划经济。 ③基础薄弱，生产力落后，经济短缺	①国家工作重点转向经济建设，急需外汇。 ②对内改革，对外开放。 ③经济快速发展，国民生活质量不断提高
基本政策	为外交工作服务：宣传自己，了解别人	实践中不断调整：以国内旅游为重点，积极发展入境旅游，有序发展出境旅游

续表

	改革开放前	改革开放后
业务类型	有选择的入境旅游	发展重点从入境旅游转向国内旅游
企业经营	不计成本，国家补贴	重视经济效益，积极构建现代企业制度，遵循市场规律
产业规模	产业结构不完整，总体规模很小	成为国民经济新的增长点，战略支柱地位显现
政府干预方式	通过国营企业直接介入，政企不分	通过制定政策、法规、标准等方式发挥政府主导作用

1.2 课后习题详解

1. 人类早期的迁移活动是否属于现今意义上的旅游活动？为什么？

答：人类早期的迁移活动不属于现今意义上的旅游活动。理由如下：

(1)从旅游活动的概念来看，旅游活动必须是出于消遣性目的而发生的空间位移活动。而人类早期尽管存在从一个地方到另一地方的迁移活动，但当时的这类迁移活动都是迫于某些自然因素(如气候变化、重大天灾等因素对人类生存环境的影响)或特定人为因素(如战争)的威胁而发生的，因而具有被迫性和求生性等特点，所以不能称为现今意义上的旅游活动。

(2)从影响旅游活动产生的因素来看，在原始社会早期，受社会经济条件的限制，人们客观上不具备开展旅行活动的物质基础，主观上也难有外出旅行的意愿，所以这些迁移活动不属于真正意义上的自愿旅行，更谈不上是现今意义上的旅游活动。

2. 人类最初的旅行需要是如何产生的？

答：人类最初的旅行需要产生的背景可归结为以下几点：

(1)剩余产品的出现。到了新石器时代晚期，随着金属工具的普及和由此而来的生产技术进步，人们的劳动效率不断提高，劳动剩余物也因此增多，人们开始出现产品交换的需要。

(2)社会大分工的发展。随着社会生产力的不断发展，社会分工也不断扩大，不仅促进了劳动生产率的进一步提升，同时也加速了私有制的形成，产品交换也因此得到快速发展。

(3)商业贸易的不断发展。社会分工的发展使得人们开展产品交换活动的地域范围不断扩大。也正因如此，人们特别是商人需要了解其他地方的产品生产和社会需求情况，从而到其他地方去交换自己的产品或货物，人们外出旅行的需要也因此产生。

3. 近代以前的旅行发展有哪些基本特点？

答：近代以前的旅行发展的基本特点如下：

(1)旅行活动的发展与该地的社会政治经济状况直接相关。国家政治的稳定、社会经济的繁荣、生产力的不断发展能够有力地促进旅行活动的发展；反之，则会产生阻碍作用。

(2)非经济目的的旅行活动虽然有所发展，但规模上商贸旅行始终占据着主导地位。

(3)这一时期消遣性旅行活动的参加者多限于占人口比重很小的统治阶级及其附庸阶层，并不具有普遍的社会意义。

4. 试析产业革命对近代旅游产生与发展的影响。

答：产业革命的出现和完成给当时的社会带来了一系列变化。其中，对当时旅游活动的发展所产生的推动性影响主要包括：

(1)生活环境的变化。产业革命的成功加速了城市化进程，生活环境的变化导致人们产生了因摆脱拥挤嘈杂的城市环境而带来的生活压力的旅游需求。

(2)工作性质的变化。多样性的农业劳动转变为枯燥的机器大工业劳动，促使劳动者强烈要求休假，以获得喘息和休整的机会。

(3)阶级关系的变化。社会生产的财富更多地流向新兴的工业资产阶级，增大了经济上有条件外出旅游消遣的人群规模。

(4)运输条件的变化。蒸汽技术在交通领域得到应用，火车和轮船的出现使大规模的人员流动在技术上成为可能。快速便捷的交通运输为旅游活动的开展提供了便利。产业革命引发的交通运输业革命，缩短了人们旅行的空间距离，使人们的出游更加方便。

5. 铁路运输的出现何以会刺激人们的旅游需求？

答：随着铁路时代的来临，与传统的公共马车相比，乘坐火车这一新兴的旅行方式明显有很多优点，主要包括：

(1)铁路运输费用低。乘坐火车的费用远比乘坐公共马车低廉，这使得更多的人有能力支付旅行费用，从而使外出旅行的人群规模得以扩大。

(2)铁路运输速度快。火车的行驶速度远快于传统的公共马车，有效缩短了旅途所需时间，从而为人们的旅行活动提供了时间上的可能。

(3)铁路运输运力大。火车的载客量远高于传统的公共马车，所以铁路运输的出现在技术上使得外出旅行或旅游活动的大规模开展成为可能。

(4)铁路运输通达范围广。随着铁路运输网的不断扩展，加之旅行时间的节省，使得人们外出旅行的地域范围扩大。

总之，旅行方式的进步不仅使工商业人士的业务旅行大大增加，而且为消遣活动的开展提供了前所未有的便利条件，从而大大刺激了人们外出旅游的需求。

6. 为什么人们普遍将托马斯·库克视为旅游业的先驱？

答：参见本章考研真题与典型题简答题第2题答案。

7. 试析第二次世界大战结束后旅游活动迅速得以恢复和发展的原因。认识这些原因有何实际意义？

答：(1)二战后旅游活动得以迅速恢复和发展的原因主要有：

①推力因素，包括：

a. 世界人口的增加。

b. 世界经济的迅速发展和人们收入水平的提高。

c. 交通运输工具的进步。

d. 生产自动化程度的提高和带薪假期的普及。

e. 城市化进程的加快。

f. 教育事业的发展和通信技术的进步。

②拉力因素:

a. 良好的政策环境。旅游目的地政府为发展旅游业而采取的支持态度和推出的鼓励措施，例如支持和参与旅游资源的开发，放宽出入境限制，重视对外促销宣传等。

b. 有利的物质基础条件。旅游目的地在资源开发、接待设施建设等方面的大量投入。

c. 团体包价旅游产品的出现与推广。

(2)认识这些原因的实际意义:

①明晰社会经济与旅游活动的关系。通过认识这些因素，并结合此前各个历史时期人类旅行和旅游活动的发展，可使我们清楚地发现和了解这些活动的兴衰与社会经济发展状况之间的联系，使我们清楚地认识到社会经济的发展是旅游活动规模得以扩大的基础。

②为国家或地区旅游的发展提供参考。旅游活动得以增长的基础在于社会经济的发展。这一规律不仅符合全球旅游发展的总体情况，也能为一个国家或地区中居民旅游需求的发育和成长提供理论依据。

③预测旅游活动的未来发展。通过分析和预测这些因素在今后时期的变化方向和发展速度，也有利于预测旅游需求市场的发展趋势。

8. 简述改革开放以来我国旅游业的发展和演进情况。

答: 参见本章考研真题与典型题简答题第5题答案。

9. 通过了解旅行和旅游活动的历史发展，可得出哪些认识或结论?

答: 通过了解旅行和旅游活动的历史发展，可得出的认识或结论主要有:

(1)人类早期的迁移活动不能等同于现今意义上的旅游活动，二者不可混为一谈。在原始社会早期，人们的迁移活动具有明显的被迫性和求生性，不属于真正意义上的自愿旅行。同时，受经济条件限制，人们客观上不具备开展旅行活动的物质基础，主观上也难有外出旅行的意愿。

(2)人类最初旅行需要的产生主要是因社会大分工逐步发展、剩余产品开始增多、产品交换的需要而萌发。生产力和社会经济的发展推动了产品交换，从而促成了旅行活动的规模发展。

(3)交通运输工具、通信技术等的不断发展，在技术上推动了旅游需求的发育和增长。随着铁路时代的到来，费用低、速度快、运力大的新兴旅行方式为人们消遣旅游活动的开展提供了前所未有的便利条件，也使商务旅行的规模大大增加。

(4)托马斯·库克1841年组织的团体旅游活动普遍被人们看作是近代旅游业的开端。以托马斯·库克为代表的旅行社行业的出现标志着近代旅游业的诞生。

(5)作为人类社会经济发展的衍生结果，旅游活动得以增长的基础在于社会经济的发展。这一规律不仅符合全球旅游发展的总体情况，也适用于一个国家或地区中居民旅游需求的发育和成长。

1.3 考研真题与典型题

一、单项选择题

1. 人类旅行最早产生于(　　)。[浙江农林2016年研]

A. 奴隶社会早期　　B. 旧石器时期　　C. 原始社会晚期　　D. 新石器时期

2. 人类最初的主动旅行外出，是出于(　　)目的。[浙江省2016年4月自考真题]

A. 消遣　　B. 商贸　　C. 度假　　D. 享乐

3. 托马斯·库克于(　　)开创了旅行社组团业务的基本模式。[浙江省2016年4月自考真题]

A. 1841年组织的团体旅游活动

B. 1845年组织的商业性团体消遣旅游活动

C. 1855年组织的包价出国游

D. 1872年组织的首例环球旅游团

4. 现代旅游指(　　)结束之后，迅速普及于世界各地的社会化旅游活动。[浙江省2022年10月自考真题]

A. 冷战　　B. 第一次世界大战

C. 第二次世界大战　　D. 工业革命

5. 1923年，上海商业储蓄银行在国内率先成立了“旅行部”，并于1927年更名为(　　)。[专升本真题]

A. 中国旅行社　　B. 国际旅行社　　C. 华侨服务社　　D. 华侨旅行社

二、多项选择题

1. 1841年，托马斯·库克利用包租火车的方式，组织了一次从英国中部地区的莱斯特市前往拉夫堡市访问的团体旅游活动，目的是参加禁酒大会。这次活动被认为是近代旅游业的开端，原因是这次活动具有以下(　　)特点。[浙江省2020年10月自考真题]

A. 公众性　　B. 全程陪同　　C. 编写指南　　D. 商业性

E. 规模大

2. 1845年，托马斯·库克开始尝试商业性的组团业务，并于当年夏季首次出于商业目的，组织了一次真正意义上的团体消遣旅游。这次旅游与其1841年组织的禁酒大会相比具有哪些特点？(　　)[浙江省2021年10月自考真题]

A. 导游服务　　B. 商业性　　C. 长途过夜　　D. 线路勘查

E. 编写指南

3. 改革开放之后中国旅游业发展的主要特点表现在(　　)。[浙江省2021年10月自考真题]

A. 从重在入境旅游转向重在国内旅游

B. 强调经济效益，建设现代企业制度，遵循市场经济规律

C. 政府主导旅游发展

D. 成为国民经济战略性支柱产业

E. 以国内旅游为重点，积极发展入境旅游，有序发展出境旅游

三、判断题(正确的选A，错误的选B)

1. 在最初的年代，主要是文人雅士开创了旅行的通路。(　　)[浙江省2020年10月自考真题]

2. 新中国成立后，我国成立的第一家旅行社为华侨服务社。(　　)[浙江省2020年10月自考真题]

四、填空题

1. 张骞西行的路线就是后来历史上所称的______，也是古代中国通往中亚乃至欧洲的最早的旅行路线。[浙江省2021年10月自考真题]

2. 从1858年英国女王伊丽莎白一世继位起，至封建社会结束为止的这段时期内，欧洲的旅行发展确实出现了一些新的气象，主要表现在两个方面：______、修学旅行的兴起。[浙江省2020年10月自考真题]

3. 所谓______，是指当时以一些名士骚客为代表的知识分子出于逃避和排忧的目的而四处游历的旅行活动。[浙江省2019年10月自考真题]

4. 在铁路客运问世之前的近两个世纪中，欧美人外出旅行时，所使用的最便捷的交通工具莫过于______。[浙江省2021年10月自考真题]

5. 以托马斯·库克为代表的______行业的出现，标志着近代旅游业的诞生。[浙江省2020年10月自考真题]

6. 到了20世纪初，英国托马斯·库克公司、美国______公司和比利时铁路卧车公司并称当时世界旅行社行业中的“三大巨头”。[浙江省2016年4月自考真题]

7. 英国人______被公认为世界上第一个真正的旅行代理商，他在1841年成功举办了世界上第一次______旅游。[专升本真题]

8. “观光”一词最早来自中国古代名著______上的“观国之光”。

五、概念题

1. 大游学(Grand Tour)[浙商大2014年研；华南理工2013年研；河南师大2012年研]

2. 托马斯·库克[四川大学2008年研]

3. 现代旅游[浙商大2007年研]

4. 旅游学[扬州大学2022年研；浙商大2012年研；南开大学2011年研]

5. 旅游学的研究对象[扬州大学2017年研]

六、简答题

1. 请列举出中国封建社会具有代表性的旅行活动及其代表人物。[浙商大2019年研]

2. 为什么人们将托马斯·库克尊称为旅游业的先驱？[扬州大学2022年研；浙商大2010年研]

3. 简述19世纪以前旅行活动发展的特点。[湖南师大2019年研]

相关试题：19世纪之前旅行活动发展具有哪些特点？[浙江省2022年10月自考真题]

4. 产业革命对近代旅游发展的影响有哪些？[湖南师大2019年研]

相关试题：简述产业革命对近代旅游发展的影响。[桂林理工2017年研]

5. 简述中国旅游业发展阶段演变。[中山大学2011年研]

6. 如何把握旅游学的研究对象及研究内容？[云南师大2016年研]

相关试题：简述旅游学的研究内容。[扬州大学2021年研]

7. 简述世界各地重视旅游学研究的原因。[湖南师大2018年研]

相关试题：简述旅游学研究被世界各地重视的主要原因。[山东师大2008年研]

七、论述题

1. 论述现代旅游崛起的背景和原因。[湖南师大2021年研]

相关试题：

(1)简述现代旅游崛起的原因和背景。[简答题，扬州大学2016年研]

(2)请说明第二次世界大战以后，现代旅游蓬勃发展的主要原因。[2009年专升本真题]

(3)现代旅游业兴盛的原因与旅游业的未来发展趋势。[中南财大2005年研]

2. 论述旅游学研究方法的主要类型。[扬州大学2019年研]

八、案例分析题

Thomas Cook如何走向倒闭

BBC News中文网　2019-09-23

世界上第一家旅行社、有178年历史的英国托马斯·库克(Thomas Cook)最后时刻的挽救行动谈判失败，宣告倒闭。托马斯·库克是世界上最著名的度假品牌，178年的历史里，托马斯·库克从一个英国国内的旅游服务提供商发展成了一个年销售额达90亿英镑、年服务1900万客户和在16个国家拥有2.2万名雇员的全球旅游集团。

但是，21世纪的旅游产业发展，令该公司遭遇有史以来最难以适应的形势。数字时代令旅游业发生革命性的变化，互联网预订和廉价航空公司的兴起令度假套餐服务比以往任何时代都更大众化，大众却对价格更加敏感，托马斯·库克的利润空间并不大。托马斯·库克受到了金融、社交媒体、世界政局变化甚至气候等多重因素的影响，业务空间也被新兴的网上旅行社、廉价航空等瓜分。在新的时代里，旅行者已经可以通过各种途径自由组合自己的度假行程，而不再依赖旅行社。

《旅游周刊》(Travel Weekly)的新闻部主编艾米·基利(Amie Keeley)指出，托马斯·库克倒闭的原因"非常复杂"。她指出，几年前该公司就作出了"值得质疑的决定"：在人们开始转向互联网的时候，它仍在新管理层的决策下扩展门店。"短期来说，过去这个夏天漫长的热浪也是一大原因，人们还说到英国脱欧，说顾客没那么有信心了。"旅游评论家艾玛·考瑟斯特(Emma Coulthurst)则指出，托马斯·库克在各大城市的繁华地段就有560家旅行社门店，过去甚至更多，"它们都人员过剩"；但是实情是，它在与低成本的航空公司和互联网企业竞争，而托马斯·库克在互联网上的"存在感并不强"。

阅读以上材料，回答下列问题：[浙商大2020年研]

1. 托马斯·库克(Thomas Cook)是什么人？做了什么事？在推动大众旅游发展中发挥了什么重要作用？

2. 托马斯·库克(Thomas Cook)旅游集团在发展中遇到了什么问题？

3. 上述问题发生的时代背景是什么？旅游业的发展应如何适应这一时代背景？

1.4　考研真题与典型题详解

一、单项选择题

1. A 【**解析**】随着产品交换的发展，到了原始社会瓦解和奴隶社会开始形成之际，专门从事易货贸易的商人阶级也开始出现。同时，为了实现产品交换，人们需要了解其他地方的产品生产和市场需求情况，需要前往其他地区去交换产品或货物，外出旅行的需要随之产生。

2. B 【解析】人类最初的主动旅行外出，并非出于消遣性动机，而是出于实用主义的商贸目的，是出于交易货品的需要而自发产生的一种经济活动。

3. B 【解析】1845 年，托马斯·库克组织的商业性团体消遣旅游活动包括了从策划和勘定线路、组织产品、宣传推广、销售组团，直至提供陪同和导游服务等一整套的工作，从而开创了旅行社组团业务的基本模式。

4. C 【解析】在旅游研究中，现代旅游通常是指第二次世界大战结束之后，特别是 20 世纪 60 年代以来，迅速普及于世界各地的社会化旅游活动。

5. A 【解析】1923 年 8 月，中国第一家旅行社的前身——上海商业储蓄银行旅行部正式成立，这标志着近代中国旅游业的诞生。其于 1927 年 6 月更名为中国旅行社。

二、多项选择题

1. ABE 【解析】人们之所以将 1841 年托马斯·库克组织的团体旅游活动看作是近代旅游业开端的标志，是因为这次团体旅游活动具有以下与众不同的特点：①公众性；②规模大；③全程陪同。

2. ABCDE 【解析】托马斯·库克 1845 年组织的团体旅游活动，同 1841 年所组织的禁酒大会活动相比，具有以下不同的特点：①商业性；②长途过夜；③线路勘察；④编写指南；⑤导游服务。

3. ABCDE 【解析】改革开放之后，中国旅游业发展的主要特点表现在：①所处环境：国家工作重点转向经济建设，急需外汇；对内改革，对外开放政策；经济快速发展，国民生活质量不断提高。②政策演进：自 2009 年起调整为“以国内旅游为重点，积极发展入境旅游，有序发展出境旅游”。③业务类型：从重在入境旅游转向重在国内旅游。④企业经营：强调经济效益；建设现代企业制度；遵循市场经济规律。⑤产业规模：持续增大，成为国民经济新的增长点，国民经济中的战略性支柱产业。⑥政府干预方式：通过制定和颁布政策、法规、标准等方式实行“政府主导”。

三、判断题(正确的选 A，错误的选 B)

1. B 【解析】在最初的年代中，主要是商人开创了旅行的通路。

2. A

四、填空题

1. 丝绸之路　　2. 温泉旅行的出现　　3. 士人漫游

4. 公共马车　　5. 旅行社　　6. 运通公司

7. 托马斯·库克；团体　　　　8.《易经》

五、概念题

1. 大游学(Grand Tour)[浙商大 2014 年研；华南理工 2013 年研；河南师大 2012 年研]

答："大游学"是指欧洲宗教朝圣活动、温泉旅行、以教育或求知为目的的旅行活动。古往今来，许多伟人名士皆通过外出旅行的方式增加了对异国风土民情、生活方式以及政体组织等方面的了解，人们也逐渐从这些名人经历中认识到外出旅行在开阔眼界、增长见识等方面所起的作用。17 世纪初开始，"大游学"成为文艺复兴运动所预示的追求自由、渴望知识这一潮流的直接产物。1670 年，"大游学"一词已经得到使用，参与这种活动的人要在一位导师的陪同下，花费 3 年或 3 年以上的时间，遍游欧洲各大文化中心。

2. 托马斯·库克[四川大学 2008 年研]

答：托马斯·库克(1808—1892 年)是英国旅行商、近代旅游业的先驱者，也是第一个组织团队旅游的人。1841 年 7 月 5 日，托马斯·库克以包租火车的方式，组织了一次大规模的团体旅游活动。这次活动被人们认为是世界上首例团体火车旅游，并被看作是近代旅游业开端的标志性事件。19 世纪中期，托马斯·库克创办了世界上第一家旅行社——托马斯·库克旅行社，这标志着近代旅游业的诞生。19 世纪下半叶，在托马斯·库克本人的倡导及其成功的旅游业务的鼓舞下，首先在欧洲成立了一些类似于旅行社的组织，使旅游业成为世界上一项较为广泛的经济活动。

3. 现代旅游[浙商大 2007 年研]

答：现代旅游通常是指二战后特别是 20 世纪 60 年代以来迅速普及于世界各地的社会化旅游活动。现代旅游的特点包括：①旅游业继续以较快速度持续发展；②世界旅游市场原有的分布格局出现量的改变；③可持续旅游成为旅游业发展的潮流；④安全因素成为区域旅游业竞争力的关键因素；⑤科技进步在旅游业的发展中扮演着更重要的角色；⑥旅游活动向多样化、个性化方向发展；⑦散客旅游与团体旅游竞相发展。

4. 旅游学[扬州大学 2022 年研；浙商大 2012 年研；南开大学 2011 年研]

答：旅游学是研究旅游者及其旅游活动、旅游业及其开发和经营活动，以及研究旅游供求双方活动的开展对旅游接待地区的社会、经济和环境之影响的一门社会科学。旅游学以各种旅游活动为研究对象，将旅游作为一种综合的社会现象，研究旅游活动过程中的各种内在矛盾，并揭示这种矛盾运动的规律性。旅游学是一门由多种学科理论和知识交叉的边缘性应用学科。从世界范围来看，旅游学研究始于近代社会。在一个多世纪的学科发展史中，旅游学研究经历了从单纯到丰富、从浅薄到深刻的演进过程。

5. 旅游学的研究对象[扬州大学 2017 年研]

答：旅游学的研究对象是旅游活动的内在矛盾及其表现，包括旅游的本质特点、社会作用、内外条件和发生发展活动规律等。旅游学认为旅游活动是一种综合的社会现象。其中，旅游活动既包括旅游者活动，也包括旅游产业活动。它涉及旅游主体(旅游者)对旅游全过程的各种需要以及旅游目的地和旅游中间组织为满足其需要与消费所提供的各种服务。

旅游者活动和旅游产业活动是旅游活动过程中的两种基本矛盾，具体表现为旅游需求与旅游供给、旅游期望与旅游感受、旅游动机与旅游体验以及旅游客流量与旅游地环境容量之间的矛盾运动，如旅游者与目的地、旅游者与旅行商、旅游者与自然生态环境、旅游者与目的地居民、旅游目的地政府与旅游经营者之间的矛盾等。

六、简答题

1. 请列举出中国封建社会具有代表性的旅行活动及其代表人物。［浙商大2019年研］

答：中国封建社会具有代表性的旅行活动主要包括七种类型：

(1)帝王巡游：

①帝王巡游主要是指古代王朝统治者为了个人享乐和巩固政权，离开国都到其他各地游历的古代社会最高级的旅行活动形式。帝王巡游的目的，一是饱览风景名胜；二是显示帝王权威，震慑人民，了解民情，有利于巩固统治；三是封禅。

②主要代表人物：

a. 周穆王：我国最早有记载的帝王旅行家。

b. 秦始皇：继承并发展了天子"巡狩"的制度，使巡游成为他在位12年里耗时最多、用力最勤的一件大事。

c. 汉武帝：执政53年间，一共进行了各种形式的巡幸、封禅、游历达30多次，其中大规模巡游有4次。

(2)文史考察(学术考察)旅行：

①文史考察旅行主要是指以增长知识、促进学问为目的的旅行活动。

②主要代表人物是司马迁。西汉历史学家和文学家司马迁为考察历史传闻、收集历史资料，其游历活动几乎遍及整个西汉帝国的版图，旅行距离之长、游历时间之久，堪称是当时文史考察旅行者中的突出代表。

(3)公务旅行：

①公务旅行是指中国古代封建官吏，常受帝王派遣，为完成某项任务而出使各地。

②主要代表人物：

a. 张骞：汉武帝为联络西域的大月氏共击匈奴，派张骞出使西域。张骞西行的路线成为后来历史上所称的"丝绸之路"，是古代中国通往中亚乃至欧洲的最早旅行路线。

b. 郑和：曾奉命先后七次率船队"下西洋"远航，纵横于太平洋和印度洋，涉沧海十余万里，到岸访问了三十多个国家和地区，航程远至非洲东岸。

(4)士人漫游：

①士人漫游，是指当时以一些名士骚客为代表的知识分子出于遁世和排忧的目的而四处游历的旅行活动。一些官僚地主、文人学士由于在仕途上遭受挫折或是受宗教思想的影响而居游于田园山林，以求得精神上的解脱；也有一些人则是出于对自然山川的爱好而四处漫游。

②主要代表人物：

a. 李白：25岁时"仗剑去国，辞亲远游"，到过湖南、江苏、湖北、河南等全国各地。

b. 徐霞客：不入仕途，专事旅游，"周游名山大川，以阔大心胸，增广见闻"。

c. 其他：杜甫、柳宗元、欧阳修、苏东坡、李清照、陆游、白居易等。

(5)宗教旅行：

①宗教旅行主要是指宗教信徒因宗教目的而从事的旅行活动，如朝圣、求法、传法、云游等。

②主要代表人物：

a. 玄奘(西游)：唐代高僧，经西域16国、长达4年到达天竺(古代印度)，尽取佛学要义，带回650多部佛教书籍。

b. 鉴真(东渡)：唐代高僧，应邀东渡日本授戒传律，将中国的建筑、雕塑、文学、医药等介绍给日本，被誉为日本“律宗太祖”和中国“过海大师”。

(6)科学考察旅行：

①以求知为目的的旅行考察活动远在明代之前便已出现，但考察内容多为文史方面。到了明清时期，专业性较强的自然科学考察活动在旅行发展中表现得十分突出。这也在一定程度上反映出当时社会对发展自然科学的重视。

②主要代表人物：

a. 李时珍：从明世宗嘉靖44年开始，多次外出旅行考察，采集中草药植物，编写完成药学经典《本草纲目》，这本药典也成为古代医学巨著。

b. 徐霞客：地理学家徐霞客足迹遍及全国16个省区，对所到之处的山脉、水道、地质、地貌等方面进行了考察和研究，编写完成《徐霞客游记》。

(7)商贸旅行：

①社会分工的发展使得人们开展产品交换活动的地域范围不断扩大，人们特别是商人需要了解其他地方的产品生产和社会需求情况，从而到其他地方去交换自己的产品或货物，因而，往返各地做买办的活动便称为“商旅”，做买卖所经之路称为“商路”。

②主要代表人物是吕不韦。巨商吕不韦曾长途跋涉，到赵国邯郸从事经商活动，并结识了秦国公子异人，最后当上了宰相。

2. 为什么人们将托马斯·库克尊称为旅游业的先驱？［扬州大学2022年研；浙商大2010年研］

答：人们之所以把托马斯·库克尊为旅游业的先驱，是因为他对旅游业做出了突出的贡献。

(1)时代背景：

产业革命后，更多的人开始有了外出消遣旅游支付能力和闲暇时间，但绝大多数人没有外出旅游的经验，对异国他乡的环境以及各种旅行知识缺乏了解，人们需要有人能够在这些方面提供帮助，并且在相当程度上已经形成了一种社会需要。

(2)具体原因：

托马斯·库克无论是在当时，还是对后来旅游业的发展，都具有巨大的影响力。

①1841年的创举：

1841年7月5日，托马斯·库克以包租火车的方式，组织了一次从莱斯特市到拉夫堡市的大规模的团体旅游活动。这次旅游活动的参加者多达570人，往返全程24英里，目的是参加在拉夫堡市举行的一次禁酒大会。托马斯·库克组织的这次活动被人们认为是世界上首例团体火车旅游，并被看作是近代旅游业开端的标志性事件。

后来的人们之所以普遍将托马斯·库克组织的这次活动看作旅游业的标志性开端，是因为与此前的那些团体出行活动相比，这次活动具有以下不同之处：

a. 公众性。参加这次活动的人员范围十分广泛，不仅来自各行各业，而且涉及众多的社会阶层。这些人为参加这次活动而聚合到一起，活动结束之后便四散离去，彼此之间不再有什么关联。这与现代旅行社组织的旅行团的情况基本相同。

b. 规模大。这次团体旅游活动的参加者人数多达570人，其规模之大不仅在当时是绝对空前的，而且在其后也罕见。

c. 全程陪同。作为这次活动的组织者，托马斯·库克本人不仅做了周密的策划和筹备工作，而且在整个旅程活动中从始至终率队和陪同。这可以说是现代旅行社全程陪同的最早体现。与之相比，此前那些团体旅游活动的组织者只是负责策划和安排交通，并无专人在旅途中率队和陪同。

②1845年的商业性尝试：

1845年，托马斯·库克旅行社在莱斯特正式诞生。他第一次组织了为期一周、有350人参加的团体消遣性观光旅游，目的地是利物浦。与1841年的那次活动相比，这次活动的组织具有以下一些特点：

a. 商业性。这次团体旅游活动的组织不再是过去的“业余行为”，而是出于纯商业性目的。通过此前的经历，托马斯·库克逐渐意识到人们希望外出旅游的积极性之高，充分证明旅游市场需求已经形成足够的规模，针对这一市场开展商业性经营的时机已经成熟。

b. 长途过夜。这次团体旅游活动不再是当日往返的一日游，而是历时一周的长途过夜旅游。

c. 线路勘察。在策划和筹备这次旅游活动期间，托马斯·库克沿计划线路做了大量的实地考察工作，旨在确定沿途的各个停留地点和游览内容，特别是了解这些地点是否能够提供足够数量的廉价住宿设施。

d. 编写指南。为了让参加这次旅游活动的人能够了解全程活动的安排情况，托马斯·库克特别组织编写了《利物浦之行手册》，介绍该旅游团队的出发时间、集合方式、沿途的停留地点、各地的参观或游览项目等。这是世界上第一本面向团队游客的旅游指南。

e. 导游服务。在这次全程旅游活动过程中，托马斯·库克不仅本人担任该旅行团的陪同和导游，而且在途经威尔士活动期间，还聘用了当地人担任地方导游。这是组团旅行社聘用地方导游的最早先例。

托马斯·库克1845年的这次组织团体消遣旅游的活动从考察线路、组织产品、宣传推广、销售组团直至提供陪同和导游服务，都创了行业之先并开创了后来旅行社组团业务的基本模式。

③其他开创性工作：

托马斯·库克对后来旅游业发展的影响之大，很大程度上是与他的很多开创性工作有关。除了上述之外，托马斯·库克的众多开创性工作还包括：

a. 1855年，托马斯·库克组团前往法国参观巴黎世博会。旅行团在巴黎停留4天，全程实行一次性包价，包括往返交通费和停留期间的住宿费。这被英国媒体称为“铁路旅游史上的创举”。事实上，这也是世界上首例包价出国游。

b. 托马斯·库克还推出了一种代金券。如1879年托马斯·库克创造了一种简便的用于货币兑换手续的“旅馆联券”。旅游者持此券可在与托马斯·库克旅行社有合作关系的交通运输公司及其他旅游服务企业中代替现金用于支付，并可凭此券在指定的银行兑取现金。这种代金券是旅行支票的最早雏形，实际上也可以看作是最早的旅行支票。

c. 1872年，托马斯·库克首创了组织环球旅游的先例。托马斯·库克此次组织的环球旅行团，全程涉及包括中国上海在内的众多目的地，使托马斯·库克及其旅行社开始享誉海外。

托马斯·库克在组织团体旅游方面的成功标志着旅游需求市场已经形成。以托马斯·库克为代表的旅行社行业的出现是近代旅游业开端的标志。

3. 简述19世纪以前旅行活动发展的特点。［湖南师大2019年研］

相关试题：19世纪之前旅行活动发展具有哪些特点？［浙江省2022年10月自考真题］

答：参见本章课后习题第3题答案。

4. 产业革命对近代旅游发展的影响有哪些？［湖南师大2019年研］

相关试题：简述产业革命对近代旅游发展的影响。［桂林理工2017年研］

答：参见本章课后习题第4题答案。

5. 简述中国旅游业发展阶段演变。［中山大学2011年研］

答：改革开放以来我国旅游业主要经历了四个主要发展阶段：

(1)以接待入境旅游为主的阶段(1978～20世纪80年代中期)：

①改革开放之初，经济建设工作百废待兴，急需外汇支持，为此，我国选择了以接待入境旅游为优先的旅游业发展途径。

②这一时期我国旅游业尚处于起步阶段，还未将旅游业明确界定为经济性产业，尚未实现市场化，属于计划配额，求大于供，以外事促内事，对国际旅游者的接待工作仍带有某种程度的政治色彩。

(2)入境旅游与国内旅游协同发展(20世纪80年代中期～1997年)：

①随着这一时期经济快速发展和国民生活水平的提高，中国旅游业的客源市场结构开始出现重要变化，国内旅游人数迅速增加，国内旅游收入增幅惊人。

②旅行社行业结构在原有的一类社、二类社基础上产生了经营国内旅游业务为主的第三类旅行社。

③旅游业的接待人数和创汇收入指标被正式纳入“第七个五年计划”，并且在“第八个五年计划”中，首次明确地将旅游业的性质界定为产业，并将旅游业列为需要加快发展的第三产业中的重点。

(3)入境旅游、国内旅游和出境旅游全面发展(1997～2008年)：

①1997年7月1日，《中国公民自费出国旅游管理暂行办法》出台，标志着中国出境旅游市场的形成。

②入境和出境旅游持续高速发展、国内旅游发展迅速，中国旅游业经营的三大业务逐步形成，我国旅游产业体系日臻完善，进入全面快速发展时期。

(4)以国内旅游为重点的全面发展阶段(2009年至今):

①国务院将新时期发展旅游业的基本政策调整为"坚持以国内旅游为重点，积极发展入境旅游，有序发展出境旅游"，并提出了一系列主要任务和支持政策。

②随着我国经济的发展、综合国力的增强，人们经济收入和生活水平不断提高，全社会的旅游意识和出游能力不断增强。政府主导下，我国逐渐进入了以国内旅游为重点的全面发展时期。

6. 如何把握旅游学的研究对象及研究内容?[云南师大2016年研]

相关试题：简述旅游学的研究内容。[扬州大学2021年研]

答：(1)旅游学的研究对象:

旅游学是一门关于研究旅游系统的一般规律的科学。旅游系统包含三个层次：①以游客为中心的旅游活动；②以旅游企(事)业为中心的旅游产业；③以行业管理为中心的旅游事业。

(2)旅游学的研究内容:

①旅游作为一种人的经历。旅游者在旅游过程中会产生不同的心理、会有不同的身心感受、会获得不同的满足感、会有不同的行为。要深入了解旅游现象，就要研究人的行为，如人为什么要旅游，旅游需要是怎样形成的，动机是什么，怎样解释这种行为等。

②旅游作为一种社会行为。旅游带来利益，但并非十全十美。旅游不是一个绝对的理想产业，代价和利益的增长并不成比例，发展旅游会产生什么社会效应。社会学将用人文方法研究社会、社会机构和社会关系，旅行将怎样深深影响他们的个人和家庭及社会关系。

③旅游作为一种地理现象。从客源地到旅游目的地的旅行是旅游的一个固有的区别特征。地理学研究有助于确认和分析旅游功能区域的存在，也可将其进而作为划分或评价某个旅游协作组织的地理覆盖范围的基础。预测客源地和旅游目的地之间的旅游流量是地理研究的另一个重要领域，可对旅游区域、度假区和旅游走廊进行形态学分析，对于旅游规划也很重要。

④对旅游的经济学研究。旅游业在成功地吸引旅游者来欣赏和维持当地重要特色的同时，也带来了破坏这种特色的因素。作为一种社区财源的旅游业的前途在于对旅游业可能产生的收益和可能要付出的代价都要从实际出发进行评价。

⑤旅游作为一种商业活动。这方面研究包括企业结构和管理效率的提高，应对该行业固有的风险和不稳定性的各种策略。旅游业对于外部力量来说是特别脆弱的。对于旅游经营商所面临的问题，既需要进行实用性旅游研究，也需要进一步开展基础性学术研究。

⑥旅游作为一种行业。旅游业是一个政策性很强的行业。更确切地说，广义的旅游业是若干相关行业的集合体，包括交通、住宿、餐饮服务、各种吸引物和活动项目，以及零售经营活动等。

7. 简述世界各地重视旅游学研究的原因。[湖南师大2018年研]

相关试题：简述旅游学研究被世界各地重视的主要原因。[山东师大2008年研]

答：旅游学作为一个学科，实为"研究旅游者、旅游业以及双方活动对旅游接待地区社会文化、经济和环境的影响的一门科学"。旅游学研究之所以普遍为世界各地所重视，其原因主要涉及以下几个方面：

(1)旅游活动规模的不断扩大，已成为当今世界最为庞大的社会现象，旅游业也因此发展为当今世界上最大的产业。对于世界上这一庞大的社会现象和规模最大的产业，人们没有理由不去关注和研究。

(2)旅游业是一个潜力巨大、前景光明的产业。关于旅游业的发展前景，很多研究机构和国际组织都曾提出过自己的预测。尽管这些预测数字存在差异，但所有的预测结果都有一个共同点：前景乐观。旅游业发展的光明前景也吸引着人们对它的研究兴趣。

(3)旅游业是一个竞争激烈的产业。现今，无论是出于本国社会发展的需要，还是为旅游创汇及其在平衡国际收支中的作用所驱使，世界各国都在积极地发展自己的旅游业。

①在旅游客源市场规模有限的情况下，竞争者数量的增加和旅游供给能力的扩大，必然会导致市场竞争的加剧。实际上，这种竞争不仅在各国旅游业间发生，而且在同一旅游目的地内的同类旅游企业间也司空见惯。

②旅游业竞争的表现形式虽然多种多样，但归根结底是旅游人才的竞争。这不仅意味着需要对那些将要从事旅游业的人员进行专业教育，同时也意味着旅游业中的在职人员有必要随着旅游业的发展不断进行知识更新。

③对目的地政府部门中主管经济和社会发展规划的人员来说，了解旅游学基本理论、认识旅游发展的作用与影响十分必要。

(4)旅游发展过程中出现的很多矛盾和问题仍有待进一步研究和解决。特别是如何实现旅游和旅游业的可持续发展，更是近年来世界各地都在关心的热门课题。

七、论述题

1. 论述现代旅游崛起的背景和原因。［湖南师大 2021 年研］

相关试题：

(1)简述现代旅游崛起的原因和背景。［简答题，扬州大学 2016 年研］

(2)请说明第二次世界大战以后，现代旅游蓬勃发展的主要原因。［2009 年专升本真题］

(3)现代旅游业兴盛的原因与旅游业的未来发展趋势。［中南财大 2005 年研］

答：现代旅游是指第二次世界大战结束以后，特别是 20 世纪 60 年代以来，迅速普及于世界各地的社会化大众旅游活动。

(1)现代旅游崛起的背景：

①世界人口大幅增加。二战结束后，世界人口基数不断扩大，旅游需求规模迅速增长。

②世界经济迅速发展，人们收入水平逐步提高。世界各国开始重点转向经济建设，致力于医治战争创伤，恢复和发展本国经济。

③交通运输工具不断进步，出行方式多样化。

④生产自动化程度提高，带薪假期逐渐普及。

⑤城市化进程加快。

⑥教育事业的发展和信息技术的进步。

(2)现代旅游迅速发展的原因：

①二战后旅游活动大发展的原因是：

a. 二战后，各国都开始致力于本国的经济建设。就世界总体环境而言，和平与缓和始终占据着主导地位，特别是在欧美地区更是如此。

b. 二战后，科学技术发展不断得到新的突破，世界经济和社会状况不断出现新的进展，这些因素的变化促使了旅游在世界范围内向新的高度发展。

②现代旅游发展得如此迅速，其原因是：

a. 战后世界经济的迅速发展，个人收入的提高，使旅游成为群众性的活动。

b. 交通运输工具的进步，缩短了时空距离，使国际旅游有了实现的可能性。

c. 随着科学技术的进步，生产效率不断提高，人们的闲暇时间增多，外出旅游具备了必要的客观条件。

d. 战后许多国家的城市化进程加速度发展，使人们产生了强烈的旅游需求。

e. 战后世界各国的教育事业不断向新的广度和深度发展，加之信息技术的影响，越来越多的人对其他地区或国家的事物发生兴趣。

f. 随着战后世界经济的不断发展，各国之间的经济联系不断加强，同时，一个国家内部各地区之间的经济联系也在不断发展，从而有力地推动了商务旅游的发展。

g. 各国政府对旅游发展的推动作用也是不可忽视的重要因素之一。如“福利旅游”，即对于贫困家庭，有些国家采取通过由国家、地方政府、工作单位、工会或户主所属的其他组织团体提供资助或补助的办法，组织外出旅游度假。

③以上是从需求方面观察而归纳出的重要推动因素。从供给方面分析，至少有以下两项重要因素推动了战后旅游活动的蓬勃发展：

a. 廉价团体旅游和“包价旅游”的发展。所谓“大众旅游”，一是指其参加者的范围已经扩展到普通劳动大众；二是指现代旅游开始形成以有组织的“团体包价旅游”为代表的规范化旅游模式。

b. 各国政府为发展本国旅游业和便利旅游者来访而采取的支持态度和措施，特别是旅游资源开发和海外市场开发工作，都有力地刺激了人们的出游兴趣。

2. 论述旅游学研究方法的主要类型。［扬州大学 2019 年研］

答：旅游学的研究方法主要有以下几种：

(1)综合考察法。这是研究自然与社会现象和规律时常用的一种研究方法。旅游是一种以文化为主，带有经济和社会属性的综合现象。因此，研究旅游问题就必须广泛地对与之有关的条件和因素进行综合的考察分析，才能得出科学的正确结论。

(2)统计资料分析法。这是旅游学的基本研究方法之一。旅游统计资料是旅游活动最客观、最现实的反映，它对研究旅游活动的规律性具有重要作用。例如，在调查研究一个国家和地区的自然景观和旅游资源时，必须运用大量的基本统计资料，进行分类评价与分析。

(3)旅游图表法。在现实的旅游活动中使用旅游图是常用的手段和方法。导游图、交通图、资源分布图、旅游线路图以及各类专题旅游图等，是旅游开发者、管理者、欣赏者、研究者必备的工具和资料。因此，旅游图表法是旅游学的基本研究方法之一。

(4)抽样调查法。这是科学研究(特别在社会科学领域)中常用的一种方法。旅游是一种综合性的社会经济文化现象，涉及文化、经济、政治和社会的许多方面，动态性强。因而采用随机的抽样调查法，研究旅游的某个方面问题往往是最经济、最省时、最有效的方法。

(5)模式分析法。模式分析是一种描述性分析工具，用于刻画现象的结构、形态、关系和流程，具有很强的表现力和抽象力。对于复杂的现象，模式分析试图通过用单纯的文字叙述、图像描述、数字公式等形式加以重构、解释和预测。一个模式图可以表明任何结构过程的主要组成部分以及这些部分之间的相互关系。

(6)野外工作法。这是社会学和环境科学中广为使用的研究方法，也是一种实证性的研究方法。运用野外工作法，对研究旅游发展与社会文化变迁、环境演变、收入渠道、经济发展水平、传统技艺传承、社会结构变革、宗教特征和艺术生活等方面的关系都有很大帮助，实际上也是获得这些方面的认识和知识的基本渠道。

八、案例分析题

阅读以上材料(材料略)，回答下列问题：[浙商大2020年研]

1. 托马斯·库克(Thomas Cook)是什么人？做了什么事？在推动大众旅游发展中发挥了什么重要作用？

答：(1)托马斯·库克是世界上第一家旅行社的开创者，被誉为“近代旅游业之父”，具体参见本章考研真题与典型题概念题第2题答案。

(2)托马斯·库克的主要工作及其对旅游业做出的突出贡献，参见本章考研真题与典型题简答题第2题答案。

2. 托马斯·库克(Thomas Cook)旅游集团在发展中遇到了什么问题？

答：托马斯·库克旅游集团在发展过程中遇到的问题主要包括内、外部两个方面：

(1)外部环境：

①信息技术的迅猛发展，数字时代到来。科学技术的迅猛发展使旅游业发生了革命性变化，互联网预订和廉价航空公司的兴起使度假套餐服务比以往任何时代都更大众化，而托马斯·库克集团作为传统的旅行社龙头企业面临着巨大冲击。

②金融。外部的金融环境是企业发展不可忽视的重要因素。拥有悠久历史的托马斯·库克集团在长久的历史发展过程中门店多达数百家，员工数也多达上万名，成本高，人员过剩，使其在与新兴互联网企业以及航空公司竞争时优势逐渐丧失。

③社交媒体。Ins、博客等各种新型社交媒体的出现使得人们可以轻易获得想要的信息，可以通过各种途径自由组合自己的度假行程，而不再像过去那般依赖旅行社。

④世界政局。例如，英国的“脱欧”所带来的持续不确定性，以及随之引发的潜在客户大量流失、英镑面临弱势等，使得原本就债务累累的托马斯·库克集团更加难以喘息。

⑤气候。世界气候变化所引起的局部灾害等，也在客观上对旅行需求造成了一定影响。

(2)内部管理：

①管理层决策失误。在人们开始转向互联网时，Thomas Cook 却并没有顺应时代潮流，深耕游客消费需要，更大限度地满足游客，反而仍在新管理层的决策下扩展线下门店，导致了连年亏损。

②经营模式陈旧。在IT技术风暴席卷全球的过程中，老牌公司的传统产品和运营模式面临着新挑战，进行革新甚至革命是大势所趋。在人们越来越趋向“自由行”“私人订制”

时，托马斯·库克仍在坚持20世纪的经营模式，这种陈旧的方式显然已无法满足新时代消费者的需要。

3. 上述问题发生的时代背景是什么？旅游业的发展应如何适应这一时代背景？

答：(1)发生的时代背景：

托马斯·库克集团的倒闭发生于全球大众旅游发展的新时代：新技术、新媒体层出不穷、日新月异，新的支付工具也在快速升级与更新，同时在线旅游(OTA)的出现使得过去旅行社的优势逐渐消失。

(2)在此背景之下，对于我国旅游业发展来说，顺应时代潮流，进行必要的革新与转型升级是延续企业生命力与活力、推动产业进一步发展的必由之路。

①对旅行社企业来说：

a. 精准细分市场，把握旅游需求。新时代下，随着经济与社会的不断发展，旅游需求日益多元化，以往的旅游需求不断被满足，新的需求又不断增长。市场的精准细分，可以更好地满足消费者需求，打造定制化产品，获得竞争优势。

b. 经营多元化，创新经营模式。我国移动互联网、云计算与大数据等信息技术快速提升，给线上旅游市场的发展奠定了良好基础，旅游信息获取渠道日益多元化，购买旅游产品的渠道也多元化、便捷化。在这一新形势下，传统旅行社应在明确自身优势的基础上拓展业务，创新经营模式。无论是线上线下融合、线上平台与线下旅行社达成合作，还是线下旅行社在网上开店等，都是较好的发展方向。

c. 创新产品设计，提高产品质量。提高产品创新性，推动旅游产品向个性化、专业化、定制化、精细化方向发展，提高产品质量，是获得最大竞争优势的重要途径。

d. 提高管理技术，革新管理机制。从托马斯·库克集团的教训来看，完善旅行社企业内部的管理机制，提高管理技术，也是成功转型发展的重要保障。

e. 拓展渠道，提高市场占有率。在信息快速发展的时代，旅游信息、产品的获得渠道都日益多元化。例如，拼多多开始涉足旅游行业，喜马拉雅也成为获客来源，返利网2小时销售的旅游产品出奇惊人。对企业来说，充分利用并拓展多元化渠道是拓展市场的重要手段。

f. 提升服务，树立品牌形象。面对来自线上的冲击，传统旅行社最大的优势就在于其个性化、专业化的服务，因而提升服务意识，给旅游消费者带来更好的体验，有利于树立良好的品牌形象，获得品牌效应。

②对于政府(国家)来说：

a. 加强宏观调控，规范市场。当前国内旅行社行业存在竞争无序、市场混乱等状况，因而政府加强宏观调控、规范市场，是促使企业有序竞争的重要手段。

b. 适时扶持，为企业转型升级提供助力。对一些尚有潜力且谋求发展的企业，政府可在政策等方面提供一定的扶持，促进其转型升级，带动整个行业发展。

c. 完善旅游交通、食宿等旅游基础设施建设，为旅游业发展创造良好条件。

d. 建立健全相关法律法规制度，加强各部门的协调互助。计划、财政、工农业、经贸、电讯、文教、建设、科技、卫生、环保、公安等部门的配合，都能为旅游业的发展提供良好的客观环境。

第二章　认识旅游活动

2.1　复习笔记

【知识框架(庖丁解牛)】

- 认识旅游活动
  - 旅游活动的界定
    - UNWTO 对旅游活动的规范界定
    - 旅游活动的基本特征
    - 旅游活动的构成要素：六要素、三要素
    - 旅游的艾斯特(AIEST)定义
    - 观光、旅行与旅游的关系
  - 旅游活动的类型
    - 分类：常用分类、UNWTO 分类
    - 国际旅游与国内旅游：联系、区别
  - 现代旅游活动的特点
    - 参与范围的普及性
      - 大众旅游
      - 奖励旅游
      - 社会旅游
    - 活动规模的成长性
    - 空间分布上的地理集中性
    - 时间分布上的季节性
      - 表现、实质、意义
      - 成因：旅游目的地、客源地原因
      - 客源国市场的季节性
  - 旅游活动的基本测量指标
    - 旅游人数：入境、出境和国内旅游人数
    - 旅游收入和旅游支出
    - 旅游者停留天数

【通关提要(提纲挈领)】

本章以旅游活动为主体，主要介绍了旅游活动的界定、类型、特点以及一些基本的测量指标，内容脉络清晰。学习时，要掌握世界旅游组织对旅游活动的规范界定，重点掌握旅游活动的基本特征和现代旅游活动的特点并加以区分，熟练掌握旅游的艾斯特定义以及大众旅游、奖励旅游和社会旅游的概念等，熟悉国内旅游与国际旅游的区别、旅游活动状况的基本测量指标。本章主要考查选择题、概念题和简答题，难度不大，要理解记忆。

【考点难点归纳(厚积薄发)】

考点一：旅游活动的界定 ★★★★

1. 旅游活动概述(见表2－1)

表2－1　旅游活动概述

要点	主要内容		
定义	世界旅游组织(UNWTO)	旅游活动是人们出于消遣、商务以及其他目的，短期(历时不超过1年)离开自己的惯常环境，前往他乡的旅行活动以及在该地的停留访问活动	
	通俗表达	指人们出于移民和就业以外的目的，暂时离开自己生活的惯常环境，前往他乡开展的旅行和逗留访问活动	
基本特征	旅行和逗留合成性	旅游活动不仅包括在不同地点之间的空间转移活动，还包括在目的地的逗留访问活动	
	异地性	旅游活动是人们离开惯常环境前往他乡开展的活动	
	暂时性	旅游者在旅游活动结束后，必须返回其惯常居住地	
	非移民性和非就业性	旅游活动是因移民或就业以外的目的而外出他乡的活动	
	综合性	旅游者的多重需求、旅游活动的多重影响等构成了其综合性	
构成要素	旅游活动内容	六要素：食、住、行、游、购、娱	
	旅游活动体系［三要素］	主体	旅游者
		客体	旅游资源/旅游对象
		中介体	旅游业
性质	①旅游活动是多种现象［社会、文化、经济和政治现象］的综合体现。 ②根本性质：以不同地域间的人员流动为特征，涉及政治和经济等多方面的社会文化活动		

【真题链接】

(1)分析现代旅游活动的性质。［简答题，扬州大学2022年研］

(2)简述旅游活动的基本特征。［简答题，浙商大2021年研；湖南师大2020年研］

(3)简述旅游活动体系的构成要素。［简答题，湖南师大2021年研］

2. 旅游概述(见表2－2)

表2－2　旅游概述

要点	主要内容		
艾斯特(AIEST)定义	定义	旅游是指非定居者的旅行和暂时逗留而引起的诸多现象和关系的总和。旅游者不会长期定居，也不涉及任何赚钱活动	
	特点	异地性	非定居者
		综合性	“现象和关系的总和”反映了旅游内涵和外延的综合性
		暂时性和非移民性	不会定居
		非就业性	不涉及任何赚钱活动

续表

要点	主要内容
概念	指人们因移民和就业以外的其他原因，离开常住地前往他乡的旅行和逗留活动，以及由此产生的一系列现象和关系的总和［旅游学的研究对象视角］
特点	①综合性；②异地性；③暂时性；④流动性；⑤经济文化性
基本属性	①旅游是人类社会经济文明发展的产物。 ②旅游活动是人的高层次审美实践的精神活动。 ③旅游活动是综合性的社会活动。 ④旅游是一种社会文化现象
区分	观光、旅行与旅游（活动）的关系： ①观光旅游活动 < 消遣旅游活动 < 全部旅游活动。 ②专业的旅游研究中：旅行（活动）< 旅游（活动）

考点二：旅游活动的类型 ★★★

1. 旅游活动的分类（见表 2－3）

表 2－3 旅游活动的分类

要点	主要内容		
常用分类	地理范围	国内旅游、国际旅游、环球旅游等	
	旅行距离	远程旅游、近程旅游、短程旅游等	
	出游目的	消遣性旅游	观光、度假、购物、文化旅游等
		事务性旅游	公务、商务、会议旅游等
	活动形式	团体旅游、散客旅游或自助旅游	
	旅行方式	航空、铁路、汽车、徒步旅游等	
	活动内容	观光、度假、生态、民俗、会议、文化旅游等	
	消费水平	经济型、豪华型旅游等	
UNWTO 分类	国际旅游	跨国开展的旅游活动：入境旅游＋出境旅游	
	入境旅游	外国居民来访本国的旅游活动	
	出境旅游	本国居民去他国开展的旅游活动	
	境内旅游	本国居民和外国居民在本国的旅游活动	
	国内旅游	某国居民在本国境内的旅游活动	
	国民旅游	国内旅游＋出境旅游	

2. 国际旅游与国内旅游（见表 2－4）

表 2－4 国际旅游与国内旅游

	国际旅游	国内旅游
内容	入境旅游＋出境旅游	来访旅游＋出域旅游
联系	都可分为两种：过夜旅游和不过夜一日游	

续表

		国际旅游	国内旅游
区别	地理范围	跨越一国或多国边界	不跨越国界
	消费水平	较高	较低
	逗留时间	较长	较短
	便利程度	手续复杂，大多有语言障碍	手续简单，较少语言障碍
	经济作用	国家间的财富转移，增加接待国外汇收入	国内财富的重新分配，总量不变
	文化影响	大，易发生矛盾、冲突等	小，不易产生较大影响

【真题链接】简述国内旅游活动与国际旅游活动的差别。[简答题，桂林理工2021年研]

考点三：现代旅游活动的特点(见表2-5) ★★★★

表2-5　现代旅游活动的特点

特点	主要内容		
普及性	①大众旅游、奖励旅游和社会旅游的出现，见表2-6。 ②马尼拉宣言：旅游活动已成为现代人类社会的基本需要和人人享有的权利		
成长性	①二战后全球旅游活动规模持续增长；②局部波动，总体向好		
地理集中性[空间分布]	含义	即空间分布上的不均衡性，相对集中于某些国家或地区甚至地点	
	意义	微观层次	有助于指导旅游企业的选址
		宏观层次	有助于指导旅游目的地的旅游发展规划和游客管理工作，促进可持续旅游发展
季节性[时间分布]	含义	即时间分布上的不均衡性，形成了淡季、旺季和平季	
	实质	旅游需求波动，即旅游客流在一年、一月、一周、一日中的波动与变化	
	成因	旅游目的地	当地气候条件
		旅游客源地	①出游目的；②带薪假期放假时间；③传统习惯
	客源国市场季节性	①客源地旅游者主要来自上层社会，则旅游季节性很小，旅游规模也小。 ②客源地差旅型旅游者占绝对比例，则旅游季节性很小。 ③客源地旅游市场规模大，休闲型旅游者占绝对比例，则旅游季节性很强。 ④客源地居民家庭收入水平高，则其国民旅游季节性减弱	
	意义	要认识季节性对旅游企业以及对目的地经济和社会的危害，有必要通过旅游规划和市场营销工作来尽量减少来访旅游季节性的影响	

表2-6　大众旅游、奖励旅游和社会旅游

要点	主要内容	
大众旅游	含义	①指大众化旅游或旅游活动的大众化，即旅游度假真正成为人人享有的权利，其参与人员范围已扩展到普通劳动大众。 ②指"大众型旅游"，即以团体包价旅游为代表的大众型旅游模式
	优点	①省心省力；②费用可控；③有安全保证
	缺点	①行程固定，出行受限；②安排购物点；③团队矛盾

续表

要点	主要内容	
奖励旅游	概念	指企业、社会团体和政府机构等为表彰和奖励那些工作业绩突出的员工，而特别为其组织的免费旅游或度假活动[激励员工的手段]
	特点	①一般由本企业的高层领导作陪，共商组织的发展大计。 ②出游目的地经特别挑选，通常为受奖者个人不大容易前往的地点。 ③活动内容特别安排
	优势	①比金钱作用持久；②效果显著
社会旅游	又称“社会补贴性旅游”，指通过由国家、地方政府、雇主或工会等提供补贴或资助的办法组织低收入的社会阶层外出旅游	

【真题链接】

(1)举例论述现代旅游活动的特点。[论述题，湖南师大2022年研]

(2)请论述旅游活动季节性的成因。[论述题，湖南师大2018年研；浙商大2017年研]

(3)简述奖励旅游内涵及特点。[简答题，湖南师大2019年研]

考点四：旅游活动的基本测量指标(见表2-7) ★★★

表2-7 旅游活动的基本测量指标

指标	主要内容		
三种最常用的测量指标	旅游人数	入境旅游人数、出境旅游人数和国内旅游人数，见表2-8	
	旅游收入和旅游支出	旅游收入	国内旅游收入+国际旅游(外汇)收入，通常用抽样调查法统计
		旅游支出	即出境旅游(外汇)支出
		统计方法	①银行报告法[最常见]；②估测法，即抽样调查法；③混合法/综合法
	旅游者停留天数	通常指入境旅游者在某一旅游目的地访问期间的平均停留天数。 来访旅游人天数=来访旅游人次×人均停留天数	
社会性标准	游客密度	平均单位面积所接待的游客人数	

表2-8 旅游人数方面的指标

指标	主要内容		统计方法
入境旅游人数	入境旅游者人数	指一定时期内入境来访且停留过夜的国际旅游者人次数	以入境旅游为例： ①多数国家：本国边防入境登记。 ②部分国家：住宿登记
	入境游客人数	指一定时期内入境来访的国际游客人次数 [过夜国际旅游者+不过夜的国际一日游游客]	
出境旅游人数	即出境游客人数，指一定时期内本国居民出境旅游的人次数 [过夜的出境旅游者+不过夜的一日游出境游客]		通常在出境游客返回入境时进行抽样调查
国内旅游人数	国内旅游者人数	指一定时期内本国居民参加国内旅游活动并在目的地停留过夜的国内旅游者人次数	一般指国内游客人数，常通过定期的国内旅游抽样调查测算
	国内游客人数	指一定时期内本国居民参加国内旅游活动的人次数 [过夜国内旅游者+不过夜的国内一日游游客]	

【真题链接】测量旅游业发展状况有哪些基本指标，这些指标是如何统计的？[论述题，浙商大2016年研]

2.2 课后习题详解

1. 概念解释：国际旅游、国内旅游、大众旅游、奖励旅游、社会旅游、旅游收入。

答：参见本章考研真题与典型题概念题相关习题答案。

2. 试述并解释世界旅游组织对旅游活动的定义。

答：(1)世界旅游组织对旅游活动的定义：

旅游活动是人们出于休闲、商务以及其他目的，短期(历时不超过1年)离开自己的惯常环境，前往他乡的旅行活动以及在该地的停留访问活动。

(2)根据对这一定义的解读和表述，可以注意到几个重点问题：

①这一定义表明，旅游活动是指旅游者或游客的活动，而非旅游业的经营活动，更不是旅游行政机构的旅游管理活动。

②世界旅游组织建议的定义放弃了对旅游愉悦性的坚持，而接受了更为宽泛的理解，旅游活动的目的被分为休闲、商务和其他三类。

③对滞留时间进行了详细规定，强调了旅游的非定居性与暂时性。

④“前往他乡”强调了旅游活动的异地性。

3. 试述并分析“艾斯特”对旅游的定义。

答：(1)“艾斯特”对旅游的定义：

“艾斯特”组织对旅游的定义非常具有代表性，该组织认为：旅游是由非定居者的旅行和逗留而引起的诸多现象及关系的总和。这些人不会形成长期定居，也不牵涉任何谋生性的赚钱活动。

(2)“艾斯特”定义的特点：

①旅游学所研究的所有“现象和关系的总和”都是由“非定居者”的“旅行和逗留”活动所引起的。

②“非定居者”体现了旅游活动的异地性。

③强调“不会定居”实则规定了旅游活动的暂时性和非移民性。

④强调“不从事任何收入性的赚钱活动”体现了旅游活动的非就业性。

⑤“现象及关系的总和”包括了旅游者的活动以及由此引发的各种社会现象和关系，反映了旅游和旅游学研究内涵的综合性。

4. 旅游活动有哪些基本特征？

答：参见本章考研真题与典型题简答题第1题答案。

5. 对旅游活动要素的认识应注意哪些问题？

答：对旅游活动要素的认识应注意以下问题：

(1)区分不同语义下的旅游活动要素：

旅游活动要素在不同的语境下往往会有不同的语义。旅游活动的要素在一些情况下主要是指旅游活动内容的构成要素，在另一些情况下则主要是指旅游活动正常开展所需涉及的各项要素，即旅游活动体系的构成要素。

(2)旅游活动内容的构成要素需注意的问题：

旅游活动内容的构成要素有食、住、行、游、购、娱六个方面。虽然这六个方面一般被人们视为旅游活动内容的基本要素，统称旅游活动六要素，但对个体旅游者来说，在旅游活动的开展中，其中某些要素(特别是购、娱)实际上可以缺乏。

(3)旅游活动体系的构成要素需注意的问题：

旅游活动体系的构成基本要素主要包括旅游活动的主体、客体以及中介体。旅游理论研究称之为旅游活动三要素，这三要素在旅游活动体系中缺一不可，分别如下：

①旅游活动的主体——旅游者。

②旅游活动的客体——满足主体来访需求的旅游资源或旅游对象。

③旅游活动的中介体——为帮助主体完成旅游经历而提供各种便利服务的旅游业。

6. 试分析国际旅游与国内旅游的差别。

答：参见本章考研真题与典型题简答题第4题答案。

7. 试析现代旅游活动的性质。

答：现代旅游活动有如下性质：

(1)旅游活动在本质上并非经济活动，而是一种以不同地区间的人员流动为特征，涉及文化、经济、政治等诸多方面的社会文化活动。现代旅游活动的根本属性在于它的社会文化性。

(2)旅游活动是以文化为主的综合性社会活动。旅游业应当正确认识这一性质，并在工作中将让旅游者实现最大满足作为服务的出发点和管理的直接目的。

正确认识旅游活动的文化性质，有助于使企业获得稳定客源，获得较高的经济效益，从而实现旅游业的经济目的，使旅游业真正成为国民经济的重要产业部门，为国家创造外汇收入。

8. 现代旅游活动的开展有哪些特点？认识这些特点的意义何在？

答：参见本章考研真题与典型题论述题第1题答案。

9. 奖励旅游市场何以会迅速扩大？

答：奖励旅游是指公司、政府机构和社会团体为了激励员工而组织的外出旅游度假活动。奖励旅游市场迅速扩大是基于以下两方面原因的考虑：

(1)奖励旅游所产生的激励作用胜于传统的金钱或物质奖励。

①就激励作用的时效而言，金钱和物质奖励所产生的刺激作用通常时效较短，往往维持不了多久便会被人遗忘；奖励旅游所产生的激励作用远比金钱和物质奖励来得持久。

②就激励对象的范围而言，金钱和物质奖励通常只能使受奖者本人受到激励，对其他员工基本无法起到激励作用；奖励旅游的实施则会激励更多的员工。

(2)参加奖励旅游是一种难得的特殊经历。

①奖励旅游活动一般由企业高层领导带队作陪，对于获奖员工是一种荣誉。

②旅游目的地经过特别挑选，员工个人前往难度较大。

③活动内容量身定制，由专业的奖励旅游策划商进行组织与安排。

④在目的地逗留期间，企业领导会组织召开会议，与受奖员工一起共商本公司的发展大计，这种尊重和主人翁待遇有助于培养获奖者的能力并提高其忠诚度。

10. 试析旅游季节性的成因。

答：参见本章考研真题与典型题论述题第2题答案。

11. 测量旅游活动发展状况的基本指标有哪些？这些指标是如何统计的？

答：参见本章考研真题与典型题论述题第3题答案。

2.3 考研真题与典型题

一、单项选择题

1. 认识旅游活动(　　)的特点，有助于指导经营者正确选择营业地点。[浙江省2022年10月自考真题]

A. 成长性　B. 集中性　C. 脆弱性　D. 季节性

2. 在入境旅游者结束访问而离境时，对其在该国停留期间的消费开支情况进行抽样调查，以此来统计国际旅游收入，这种统计方法是(　　)。[浙江省2016年4月自考真题]

A. 混合法　B. 综合法　C. 银行报告法　D. 估测法

3. (　　)是非定居者的旅行和暂时逗留而引起的关系和现象的总和，这些人不会导致目的地的定居和就业。[专升本真题]

A. 旅游者　B. 短程旅游者　C. 旅游　D. 游客

4. 旅游者一般具有身份和地位，对价格不敏感，一般要求接待服务单位具备良好的活动场所、设施、交通条件，这便是所谓的(　　)。[专升本真题]

A. 观光旅游　B. 保健旅游　C. 公务旅游　D. 娱乐消遣旅游

5. 世界旅游组织在1980年发表了著名的《马尼拉宣言》，明确提出旅游活动是现代人类社会的基本需要之一，这说明旅游活动具有(　　)的特点。[专升本真题]

A. 普及性　B. 持续性　C. 政治性　D. 文化性

6. 采取由政府机关、工作单位、工会和社会团体提供资助的办法，组织员工外出旅游度假，这便是所谓的(　　)。[专升本真题]

A. 社会旅游　B. 公费旅游　C. 大众旅游　D. 奖励旅游

二、多项选择题

1. 旅游活动具有以下(　　)几个方面的基本特征。[浙江省2016年4月自考真题]

A. 旅行与逗留的合成性　B. 异地性

C. 暂时性　D. 非移民性

E. 非就业性

2. 按旅游活动开展所涉及的地理范围进行分类，旅游活动可分为(　　)。[浙江省

2021 年 10 月自考真题]

A. 国内旅游　B. 国际旅游　C. 洲际旅游　D. 环球旅游

E. 区域旅游

3. 按旅游活动所采用的旅行方式进行分类，旅游活动可分为(　　)。[浙江省 2020 年 10 月自考真题]

A. 航空旅游　B. 铁路旅游　C. 团体旅游　D. 自助旅游

E. 汽车旅游

4. 关于旅游季节性，说法正确的有(　　)。[浙江省 2019 年 10 月自考真题]

A. 在该国出境旅游者的社会阶层构成中，如果来自社会上层的旅游者在数量上占据绝大比例，则意味着该国国民出游季节性很小或不会有季节性问题

B. 在该国出境旅游者的社会阶层构成中，如果来自社会中下层的旅游者在数量上占据绝大比例，则意味着该国国民出游季节性很小或不会有季节性问题

C. 在该国的出境旅游者中，如果以公务、商务目的为代表的差旅型旅游者占据绝大比例，则意味着该市场的出游季节性很小或没有季节性问题

D. 如果该国的出境旅游规模很大，并且消遣型旅游者在其中占据绝大比例，那么该市场的出游季节性很可能会表现得非常强烈

E. 当一个国家的社会经济发展到相当高的阶段，居民家庭收入水平很高时，该国国民出境旅游的季节性会因此而减弱

5. 在旅游统计中，属于最常用的基本指标是(　　)。

A. 旅游人数　B. 旅游收入

C. 旅游者人均停留天数　D. 旅游漏损量

E. 旅游支出

三、判断题(正确的选 A，错误的选 B)

1. 旅游活动暂时性，按照国际上对入境旅游者的统计口径，指的是外来旅游者在旅游接待国的连续停留时间不得达到或超过两年，否则将被视为临时移民或永久移民。(　　)[浙江省 2021 年 10 月自考真题]

2. “旅行”不只是全部旅游活动内容构成中的要素之一，其词义显然宽于“旅游”，即“旅游” < “旅行”。(　　)[浙江省 2020 年 10 月自考真题]

3. 某一国家的居民在本国境内开展的旅游活动为境内旅游。(　　)[浙江省 2018 年 10 月自考真题]

4. 对于某一特定的国家来说，国际旅游中既包括他国居民来访本国的入境旅游，也包括本国居民前往他国访问的出境旅游。(　　)[浙江省 2018 年 10 月自考真题]

5. 在我国旅游统计工作中，对于国内旅游人次的统计，历来都是将过夜旅游活动和不过夜的一日游活动全部包含在内。(　　)[浙江省 2021 年 10 月自考真题]

6. 一个国家所实现的国际旅游收入中，包括该国航空公司的国际客运业务收入。(　　)[浙江省 2020 年 10 月自考真题]

四、填空题

1. 旅游活动具有旅行与______的合成性特征。[浙江省 2022 年 10 月自考真题]

2. 旅游活动作为一个体系的构成而言，则必须要有旅游活动的主体、旅游活动的客体及旅游活动的______。[浙江省2020年10月自考真题]

3. 国际旅游活动与国内旅游活动的差别主要表现为两者开展活动的地理范围不同、便利程度不同以及______。[浙江省2016年4月自考真题]

4. 通常一年中游客到访人数明显较多的月份被称为______。[浙江省2022年10月自考真题]

5. 现代旅游活动的特点主要体现在：参与人员范围的普及性、活动规模的成长性、空间分布上的地理集中性、______。[浙江省2021年10月自考真题]

6. ______指给定时期内本国居民参加国内旅游活动并在目的地停留过夜的国内旅游者人次数。[浙江省2019年10月自考真题]

7. 旅游活动六要素是指食、住、行、游、______、娱。[专升本真题]

8. 按地理范围划分，旅游活动可以分为国内旅游、______、______、环球旅游、区域旅游等。[专升本真题]

9. 国际旅游收入与支出统计方法包括：______、______和混合法或综合法。[专升本真题]

五、概念题

1. 旅游活动[南京师大2021年研；湖南师大2020年研；南开大学2016年研；浙商大2014年研]

2. 旅游(艾斯特定义)(Tourism，IASET definition)[扬州大学2022年研；山东师大2018年研；中山大学2017年研；河南师大2015年研；江西农大2015年研；华南理工2012年研]

3. 旅游(概念性定义)[扬州大学2021年研]

相关试题：旅游[河南师大2019年研；山东师大2007年研；浙商大2005年研]

4. 旅行与旅游[北二外2005年研]

5. 国际旅游[山东师大2017年研；南开大学2010年研；西北师大2004年研]

6. 国内旅游[湖南师大2019年研；浙商大2011年研]

7. 出境旅游[浙商大2018、2011年研]

8. 入境旅游[浙商大2017年研]

9. 大众旅游[河北大学2014年研；河南师大2013年研；华南理工2007年研]

10. 奖励旅游[浙商大2019年研；山东师大2016年研；扬州大学2016年研]

11. 社会旅游[湖南师大2022年研；浙商大2020年研；河南师大2014年研；华南理工2012年研]

12. 生态旅游[华南理工2011年研；天津商大2006年研；东北财大2005年研]

13. 文化旅游[湖南师大2022年研；河南师大2014年研；东北财大2007年研]

14. 地理集中性[湖南师大2023年研；青岛大学2017年研；浙商大2013年研]

15. 季节性(seasonality)[中山大学2018年研；河北大学2015年研]

相关试题：旅游季节性[浙商大2012年研]

16. 旅游收入[浙商大2016年研]

17. 国内旅游收入[山东师大 2018 年研]

18. 国际旅游收入[浙商大 2012 年研]

19. 停留天数[浙商大 2013 年研]、人均停留天数[浙商大 2011 年研]

六、简答题

1. 简述旅游活动的基本特征。[浙商大 2021 年研；湖南师大 2020 年研；桂林理工 2020 年研；浙江农林 2018 年研；山东师大 2017 年研；河南师大 2014 年研]

2. 简述旅游活动体系的构成要素。[湖南师大 2021 年研]

相关试题：试简述旅游活动的三要素。[中南财大 2005 年研]

3. 在 1991 年于渥太华召开的旅游统计工作国际会议上，世界旅游组织基于旅游统计工作的需要，根据不同类别的旅游活动开展所包含的经济意义，将旅游活动划分为哪六种类别？请说明这六种类别及其定义。[浙商大 2012 年研]

4. 简述国内旅游活动与国际旅游活动的差别。[桂林理工 2021 年研]

相关试题：

(1)简述国际旅游活动与国内旅游活动的差异。[浙商大 2018 年研]

(2)试分析国际旅游与国内旅游的区别。[论述题，2009 年专升本真题]

(3)国际旅游与国内旅游有何区别？请简述之。[山东师大 2007 年研；武大 2005 年研]

5. 简述现代旅游活动的“普及性”特征。[山东师大 2007 年研]

6. 简述奖励旅游的内涵及特点。[湖南师大 2019 年研]

7. 简述奖励旅游的形式及作用。[华南理工 2014 年研]

七、论述题

1. 试析现代旅游活动的特点，并说明认识这些特点的意义。[南开大学 2005 年研]

相关试题：

(1)举例论述现代旅游活动的特点。[湖南师大 2022 年研]

(2)简述现代旅游的特点。[简答题，浙商大 2018 年研；武大 2004 年研]

2. 请论述旅游活动季节性的成因。[湖南师大 2018 年研；浙商大 2017 年研]

相关试题：

(1)旅游季节性的成因。[简答题，浙江省 2018 年 10 月自考真题]

(2)旅游活动季节性的成因是什么？如何认识我国旅游“黄金周”所带来的客流高峰对目的地的影响？[简答题，湖南师大 2016 年研]

(3)旅游的季节性是如何产生的？[简答题，浙商大 2014 年研]

(4)在旅游产品开发和营销中，如何预防或缓解旅游季节性造成的负面影响？[云南师大 2014 年研]

(5)基于实际阐述我国旅游活动季节性的表现特点及其成因。[简答题，浙商大 2013 年研]

(6)什么是旅游季节性？旅游季节性的成因包括哪些？请结合实例说明旅游目的地可以采取哪些措施来减少季节性的负面影响。[简答题，浙商大 2011 年研]

3. 测量旅游业发展状况有哪些基本指标，这些指标是如何统计的？[浙商大 2016

年研]

相关试题：简述旅游活动的基本测量指标。[简答题，浙商大 2021 年研]

2.4 考研真题与典型题详解

一、单项选择题

1. B 【解析】就微观层次而言，认识地理集中性这一特点，将有助于指导旅游经营者对营业地点的选址，即根据这一特点，旅游经营者应将营业地点选择在旅游者活动比较集中的区域。

2. D 【解析】统计国际旅游收入和国际旅游支出的常用方法有银行报告法、估测法、混合法。在统计国际旅游收入时，通常采用的做法是：在入境旅游者结束访问离境时，对其在该国停留期间的消费开支情况进行抽样调查，这种统计方法就是估测法，实际上也就是抽样调查统计法。

3. C 【解析】旅游的"艾斯特"定义认为："旅游是由非定居者的旅行和逗留所引起的各种现象和关系的总和。这些旅行和逗留活动的开展不会导致(在到访地区)长期定居，并且无涉于任何(在该地谋生性的)赚钱活动。"

4. C 【解析】在我国，公务旅游通常指政府部门、党派组织和社会团体的代表或工作人员因公出访异国他乡的差旅性活动。在国际旅游方面，公务旅游在全部旅游活动中所占的比重虽然不大，但各地旅游部门都很重视对公务旅游者的接待。

5. A 【解析】现代旅游活动的特点之一是参加人员范围的普及性，这主要表现在大众旅游、奖励旅游和社会旅游的出现上。大众旅游首先是指大众化旅游或旅游活动的大众化，题干内容也说明了这一点。

6. A 【解析】社会旅游又称"社会补贴性旅游"，是指通过由国家、地方政府、雇主或工会等提供补贴或资助的办法组织低收入的社会阶层外出旅游。

二、多项选择题

1. ABCDE 【解析】旅游活动是人们出于移民和就业之外的目的，暂时离开自己生活的惯常环境，前往他乡开展的旅行和逗留访问活动。其基本特征有：①旅行与逗留的合成性；②异地性；③暂时性；④非移民性和非就业性。

2. ABCDE 【解析】人们对于旅游活动类型的划分有不同的依据。旅游活动按照涉及的地理范围不同，可分为：国内旅游、国际旅游、洲际旅游、环球旅游、区域旅游等。

3. ABE 【解析】旅游活动按照所采用的旅行方式不同，可分为：航空旅游、铁路旅游、汽车旅游、徒步旅游等。CD 两项，旅游活动按活动形式不同，可分为：团体旅游、散客旅游或自助旅游。

4. ACDE 【解析】旅游季节性对国际客源市场选择的影响如下：①在该国出境旅游者的社会阶级构成中，如果来自社会上层的旅游者在数量上占据绝大比例，则意味着该国国民出游季节性很小或不会有季节性问题；②在该国的出境旅游者中，如果以公务、商务目的为代表的差旅型旅游者占据绝大比例，则意味着该市场的出游季节性很小或没有季节性问题；③如果该国的出境旅游规模很大，且消遣型旅游者在其中占据绝大比例，那么该市场的出游季节性很可能会表现得非常强烈；④当一个国家的社会经济发展到相当高的阶段，居民家庭收入水平很高时，该国国民出境旅游的季节性会因此而减弱。

5. ABCE 【解析】三种最常用的测量旅游活动状况的基本指标是旅游人数、旅游收入和旅游支出以及旅游者停留天数。

三、判断题（正确的选 A，错误的选 B）

1. B 【解析】按照国际上对入境旅游者的统计口径，旅游活动暂时性是指外来旅游者在旅游接待国的连续停留时间不得达到或超过 1 年。

2. B 【解析】在一般日常用语意义上，“旅行（活动）”>“旅游（活动）”。而在专业的旅游研究中，“旅行”只是全部旅游活动内容构成中的要素之一，其词义窄于“旅游”，即“旅行（活动）”<“旅游（活动）”。

3. A

4. A

5. A

6. B 【解析】按照国际惯例，一个国家所实现的国际旅游收入中，不应包括该国航空公司的国际客运业务收入。

四、填空题

1. 逗留
2. 中介体
3. 经济影响不同
4. 旺季
5. 时间分布上的季节性
6. 国内旅游者人数
7. 购
8. 国际旅游；洲际旅游
9. 银行报告法；估测法（或抽样调查统计法）

五、概念题

1. 旅游活动［南京师大 2021 年研；湖南师大 2020 年研；南开大学 2016 年研；浙商大 2014 年研］

答：旅游活动是人们出于移民和就业以外的目的，暂时离开惯常居住地，前往他乡开展的旅行和逗留访问活动。世界旅游组织对旅游活动的定义，参见本章课后习题第 2 题答案。其基本特征有：①旅行与逗留的合成性；②异地性；③暂时性；④非移民性和非就业性。

2. 旅游(艾斯特定义)(Tourism, IASET definition)［扬州大学2022年研；山东师大2018年研；中山大学2017年研；河南师大2015年研；江西农大2015年研；华南理工2012年研］

答： 参见本章课后习题第3题答案。

3. 旅游(概念性定义)［扬州大学2021年研］

相关试题：旅游［河南师大2019年研；山东师大2007年研；浙商大2005年研］

答： 一般认为，旅游是人们出于移民和就业任职以外的其他原因离开常住地前往异地进行的1年以内的旅行和暂时逗留活动，以及由此所引起的各种现象和关系的总和。关于旅游的定义众多，目前还没有一个统一采用的定义。综合人们对旅游定义的不同表述，可以看到人们至少在以下四个方面已经取得共识：

(1)旅游是人们离开自己的定居地，去异国他乡访问的活动。这一点反映了旅游活动的异地性。

(2)旅游是人们前往旅游目的地，并在那里作短暂停留的访问活动。这种短期停留有别于移民性的永久居留。这一点反映了旅游活动的暂时性。

(3)"不牵涉任何赚钱活动"在一定程度上反映了旅游活动的非就业性。

(4)旅游是人们的旅行和暂时居住而引起的各种现象和关系的总和。它不仅包括旅游者的活动，而且包括这些活动在客观上所产生的一切现象和关系。这一点反映了旅游现象的综合性。

4. 旅行与旅游［北二外2005年研］

答： (1)旅行是指离开常住地在外地短时间停留，其外出是出于迁徙以外的其他目的。它是为完成某个动机的一般空间流动过程。

(2)旅游(tour或tourism)是由此地到彼地，主要目的是游玩，且一定时间内要返回来。旅游是人们出于移民和就业任职以外的其他原因离开常住地前往异地的旅行和暂时逗留活动，以及由此所引起的各种现象和关系的总和。

(3)旅行与旅游的区别：

①目的不同。单纯的旅游是指人们出于消遣性目的而暂时离家外出的活动。而旅行则是泛指人们出于任何目的，包括商务、求学、打工等，往来于不同地点间的空间转移活动。旅行者的目的更加广泛，而旅游者通常是为了消遣。

②离开时间不同。旅游是人们在完成目的地访问活动后，必须返回其原来的居住地；旅行则不一定。对旅行者来说，并没有严格要求一定要返回常住地；而对旅游者来说，在离开惯常居住地进行游览活动后，必须返回常住地。

③内容不同。旅行仅仅是为完成某个动机而进行的一般空间流动过程，旅游则包含旅行和游览。有旅游必定有旅行，有旅行不一定有旅游；旅游者同时是旅行者，旅行者不一定是旅游者。

5. 国际旅游[山东师大 2017 年研；南开大学 2010 年研；西北师大 2004 年研]

答：(1)国际旅游是指一个国家的居民跨越本国边界，到其他国家或地区开展的旅游活动，即跨国开展的旅游活动。国际旅游可分为出境旅游和入境旅游。对某一国家来说，出境旅游或出国旅游是指本国居民跨越国界，前往其他国家或地区开展的旅游活动；入境旅游或国际来访旅游是指其他国家或地区的居民前来本国开展的旅游活动。

(2)国际旅游的特点有：

①国际旅游活动的开展涉及跨越国(区)界。

②国际旅游活动的开展常常会遇到语言和其他文化障碍，并且通常须按照有关国家和地区的要求办理各种必要的出入境手续。

③国际旅游消费的发生会造成国家和地区间的财富转移。

6. 国内旅游[湖南师大 2019 年研；浙商大 2011 年研]

答：国内旅游是指一个国家的居民离开自己的常住地或惯常环境，到本国境内其他地方开展的旅游活动。国内旅游可以细分为过夜的国内旅游和不过夜的国内一日游两种。各国对国内旅游人次的统计情况不尽相同。我国旅游统计将过夜和不过夜的旅游活动都包含在国内旅游人次中，也有很多国家的国内旅游人次统计不包括国内一日游活动。

7. 出境旅游[浙商大 2018、2011 年研]

答：出境旅游又称出国旅游，是指公民持护照前往其他国家或地区的旅游，包括边境游、港澳游和出国游。前往的地区不同，其所持证件也不同。根据旅游费用的来源不同，可分为公费、自费和其他三种旅游类别；依据出境方式又可分为有组织的与非组织的两类。

8. 入境旅游[浙商大 2017 年研]

答：入境旅游是指外国居民持护照来访本国的旅游活动。入境旅游根据入境旅游者在旅游目的地国家的停留时间，可分为过夜旅游和不过夜的一日游两类；根据旅游费用来源的不同，可分为公费、自费和其他三种旅游类别；依据入境方式又可分为有组织的与非组织的两类。

9. 大众旅游[河北大学 2014 年研；河南师大 2013 年研；华南理工 2007 年研]

答：大众旅游是现代旅游普及化的表现，其包含两层含义：一是指大众化旅游或旅游活动的大众化，即旅游度假成为人人都能享有的权利，其参与人员范围已经扩展到普通劳动大众；二是指“大众型旅游”，即现代旅游活动开始形成以有组织的团体包价旅游为代表的大众型旅游模式，并且形成广大民众中占支配地位的旅游形式。大众旅游的优点有：①省心省力；②费用可控；③有安全保证。其缺点有：①行程固定，出行受限；②会安排购物点；③可能产生团队矛盾。

10. 奖励旅游[浙商大 2019 年研；山东师大 2016 年研；扬州大学 2016 年研]

答：奖励旅游是指在现代社会中，一些企业、政府机构及社会团体等各种组织为了表彰、奖励和激励那些工作成绩突出的员工或工作人员，而特别为其组织的免费旅游或度假活动。奖励旅游的激励时效远比金钱或物质奖励持久；其激励对象的范围更广，会带来奖励一个人激励一大片的效果；且奖励旅游对于团队精神的创建、管理者与企业亲和力的增强等具有重要意义。

11. 社会旅游[湖南师大2022年研；浙商大2020年研；河南师大2014年研；华南理工2012年研]

答：社会旅游又称“社会补贴性旅游”，是指对于收入过低的社会阶层，有些国家采取通过由国家、地方政府、工作单位、工会或家庭户主所隶属的其他组织提供补贴或资助的办法以帮助他们参加到旅游或度假活动中来。社会旅游中补贴或资助的具体做法有两种：

(1)由政府拨款或社会组织资助，兴建一些旅游度假中心，对国民中低收入的家庭实行减免收费。

(2)由有关组织(如雇主和工会)以不同的安排方式为这类家庭的员工发放度假补贴。

12. 生态旅游[华南理工2011年研；天津商大2006年研；东北财大2005年研]

答：生态旅游是指一种以保护环境生态为导向的旅游方式。生态旅游学会于1992年将生态旅游界定为：“为了解当地环境的文化与自然历史知识，有目的地到自然区域所做的旅游，这种旅游活动的开展在尽量不改变生态系统完整的同时，创造经济发展机会，让自然资源的保护在财政上使当地居民受益。”

13. 文化旅游[湖南师大2022年研；河南师大2014年研；东北财大2007年研]

答：文化旅游是指以旅游文化为消费旅游产品，旅游者用自己的审美情趣，通过艺术的审美和历史的回顾得到全方位的精神和文化享受的一种旅游活动。它包括历史、建筑、宗教、园林、民俗、饮食等六大文化旅游。

14. 地理集中性[湖南师大2023年研；青岛大学2017年研；浙商大2013年研]

答：地理集中性主要是指现代旅游活动的开展在空间分布上的不均衡性，即旅游目的地相对集中在少数国家或地区甚至某些地点的现象。正确认识地理集中性，在微观层次上，对旅游企业的选址和经营具有积极意义；在宏观层次上，有助于指导旅游目的地对该地旅游业进行规划和管理，从而促进可持续旅游发展。

15. 季节性(seasonality)[中山大学2018年研；河北大学2015年研]

相关试题：旅游季节性[浙商大2012年研]

答：季节性是指旅游者活动在时间分布上的不均衡性。对于旅游目的地来说，这一特点表现为其游客接待量在时间分布上的不平衡，形成了淡旺季，其实质在于旅游需求的波动，即旅游客流在一年、一月、一周甚至一天当中的不同时段都会产生波动与变化。认识现代旅游活动季节性的意义在于：有助于认清季节性危害旅游业经营的严重性；有必要建设和宣传适合全年来访的目的地；注重旅游产品线的策划与开发，尤其是有卖点的淡季产品。

16. 旅游收入[浙商大2016年研]

答：旅游收入是指在某一时期内(通常为1年)，旅游目的地国家或地区因接待国内外游客，向其提供各种商品和服务而获得的全部货币的总和。旅游收入通常可分为国内旅游收入和国际旅游收入(一般不包括国际交通客运收入即机票收入)。一般来讲，旅游收入在数额上等于同期国内外游客在该国的消费总额。

17. 国内旅游收入［山东师大 2018 年研］

答：国内旅游收入是指在某一时期内（通常为 1 年），旅游目的地国家或地区通过经营国内旅游业务，向国内旅游者提供各种旅游产品和服务而取得的本国货币收入。国内旅游收入来源于本国居民在本国境内的旅游消费支出，是本国物质生产部门劳动者所创造财富的转移和国民收入再分配的结果，它体现着一个国家或地区内经济发展的状况以及国家与企业、企业与企业、企业与居民之间的经济关系。国内旅游收入的增加一般不会导致一国财富总量的增加。

18. 国际旅游收入［浙商大 2012 年研］

答：国际旅游收入是指在某一时期内（通常为 1 年），旅游目的地国家或地区通过经营国际旅游业务，向国际旅游者提供各种旅游产品和服务所取得的外国货币收入，通常被称为旅游外汇收入。国际旅游收入来源于国际旅游者在旅游目的国或地区的入境旅游消费支出，也是旅游目的国或地区向外出口旅游产品和劳务所取得的收入，是另一种形式的对外贸易。它意味着旅游目的国或地区的国民收入的增长，体现着旅游客源国与旅游接待国之间所形成的国际经济关系。

19. 停留天数［浙商大 2013 年研］、**人均停留天数**［浙商大 2011 年研］

答：（1）停留天数通常是指入境旅游者在某一旅游目的地访问期间的平均停留天数，即一定时期内旅游者人次与人均停留天数的乘积。该指标从时间角度来反映旅游者的需求状况，同时也在某种程度上反映了旅游目的地的吸引力大小。将旅游者停留时间和旅游人次指标结合起来，能更全面地衡量某一时期旅游需求的基本状况。

（2）人均停留天数是指一定时期内旅游者停留天数与旅游者人次数之比。它从平均数的角度反映了旅游需求的现实状况，同时也揭示了不同时期旅游需求的变化趋势。

六、简答题

1. 简述旅游活动的基本特征。［浙商大 2021 年研；湖南师大 2020 年研；桂林理工 2020 年研；浙江农林 2018 年研；山东师大 2017 年研；河南师大 2014 年研］

答：旅游活动具有以下几个方面的基本特征：

（1）旅行与逗留的合成性。旅游活动既包括旅游者在其常住地与旅游目的地之间以及在不同目的地之间的空间转移活动，还包括旅游者在目的地停留期间的访问活动。

（2）异地性。旅游活动是人们在惯常环境以外开展的非日常活动，需要离开居住地前往他乡。这一特征区别于人们在自己惯常环境范围之内开展的各种日常旅行活动。

（3）暂时性。旅游者在结束一次全程旅游活动之后，必须返回其惯常居住地。入境游客在目的地停留时间不超过 1 年，国内游客不超过 6 个月。

（4）非移民性和非就业性。旅游活动是出于移民或就业之外的目的前往他乡进行的活动。值得注意的是这一特征不适用于差旅型的外出旅行和访问活动。

（5）综合性。旅游者外出旅游期间具有食、住、行、游、购、娱等多重需求。旅游资源的类型、旅游活动所产生的影响等都涉及诸多要素，其构成了旅游活动的综合性。

2. 简述旅游活动体系的构成要素。[湖南师大2021年研]

相关试题：试简述旅游活动的三要素。[中南财大2005年研]

答：旅游活动体系的构成要素主要包括三项：

(1)旅游活动的主体——旅游者：

旅游活动的主体即旅游行为的施动者——旅游者，但不是任何人都可以无条件地成为现实的旅游者。就个体旅游需求的产生和实现而言，只有当一个人同时具备外出旅游的主观意愿和实现这一意愿的客观条件时，才有可能形成旅游需求，成为现实的旅游者。

(2)旅游活动的客体——旅游资源：

旅游活动的客体是旅游活动的对象，也就是吸引旅游者来访并从根本上使其来访目的得以实现的旅游资源。旅游资源不仅是旅游活动的对象物，也是一个国家或地区能够吸引旅游者来访的根本基础。对一个旅游目的地来说，虽然旅游服务的质量状况可以助长或削弱该地对旅游者的吸引力，但该地旅游吸引力的本源永远是当地的旅游资源。

(3)旅游活动的中介体——旅游业：

旅游活动的中介体是指帮助旅游者实现和完成其旅游经历，并为其提供相应便利服务的旅游业。旅游业不仅是现代旅游活动构成体系的重要因素之一，同时也是推动现代旅游活动顺利开展的最积极、最活跃的要素。

这三者在国内外旅游理论研究中被称为“旅游活动三要素”。在旅游活动作为一个体系的构成中，这三项要素缺一不可。即三者并不是孤立地存在，而是在一个有机整体中共存，并形成了一个相互依存、相互作用、相互矛盾、相互促进的稳定关系。

3. 在1991年于渥太华召开的旅游统计工作国际会议上，世界旅游组织基于旅游统计工作的需要，根据不同类别的旅游活动开展所包含的经济意义，将旅游活动划分为哪六种类别？请说明这六种类别及其定义。[浙商大2012年研]

答：1991年的渥太华会议上，世界旅游组织根据有关旅游活动所包含的经济意义，将旅游活动分为六种类型：国际旅游、入境旅游、出境旅游、境内旅游、国内旅游、国民旅游。

(1)国际旅游、国内旅游、出境旅游、入境旅游的定义，参见本章考研真题与典型题概念题相关习题答案。

(2)境内旅游。对一个国家来说，境内旅游是本国居民和外国居民在本国政府有效管辖范围之内国土上开展的旅游活动。

(3)国民旅游。对某一国家来说，国民旅游是指本国国民出于各种动机而进行的旅游活动，包括他们在国内的旅游(国内旅游)和到境外的旅游(出境旅游、出国旅游)。

4. 简述国内旅游活动与国际旅游活动的差别。[桂林理工2021年研]

相关试题：

(1)简述国际旅游活动与国内旅游活动的差异。[浙商大2018年研]

(2)试分析国际旅游与国内旅游的区别。[论述题，2009年专升本真题]

(3)国际旅游与国内旅游有何区别？请简述之。[山东师大2007年研；武大2005年研]

答：国际旅游活动与国内旅游活动的差别主要有：

(1)地理范围不同。是否跨越国界是国际旅游与国内旅游最根本的差别。国际旅游活动通常会跨越一国甚至多国的边界。而国内旅游活动则一般仅限于在旅游者惯常居住国的境内开展，不会跨越国界。

(2)便利程度不同。国内旅游活动比国际旅游活动的便利程度更高，在语言、文化、货币、旅行手续等方面遇到的障碍更小。

(3)经济影响不同：

①国内旅游消费只能促进国内财富在本国境内不同地区间的重新分配，并不能直接带来国家财富总数的总量增加。

②国际旅游消费是国际旅游者将其在客源国的所得收入用于在接待国的消费，能够实现国际间的财富转移，形成旅游客源国财富“漏损”和接待国财富增加。

(4)消费总量不同。国际旅游消费层次较高，而国内旅游消费层次较低。国际旅游的旅途长，所需时间多，支出费用高，多数游客的经济收入水平较高；而国内旅游的旅途相对较短，所需时间较少，支出费用较低。

(5)文化影响不同：

①国际旅游的文化背景与目的国的差异较大，异质文化之间更容易发生矛盾、冲突和渗透，因此对彼此双方所产生的积极作用或消极影响都比较大。

②国内旅游的文化背景与目的地差异较小，文化壁垒相对较小，因此二者互动不容易对彼此产生较大影响。

5. 简述现代旅游活动的“普及性”特征。[山东师大 2007 年研]

答：现代旅游活动的普及性主要反映在以下几个方面：

(1)大众旅游的形成。大众旅游有两层含义：第一层含义是指旅游活动参加者的人员范围已扩展到普通的劳动大众，旅游和度假已经不再只是少数人的特权，而是已经发展成为普通大众享有的权利；另一层含义是指旅游活动开展形式中的大众型模式，大众型是旅游者在旅行社的组织和安排下，借助各类旅游企业提供的产品和服务，按照事先预定的时间、行程线路和活动内容，以集体活动的方式有计划地开展和完成全程旅游活动。

(2)奖励旅游的出现。奖励旅游是指包括企业、社会团体和政府机构在内的各种组织为了表彰和奖励那些工作业绩突出的员工和工作人员，而特别为其组织的免费旅游和度假活动。奖励旅游的发展说明旅游活动不仅是广大民众的一种休闲方式，而且还越来越多地被很多组织用作激励员工的手段。

(3)社会旅游的出现。社会旅游又称“社会补贴性旅游”，是指对于收入过低的社会阶层，有些国家采取通过由国家、地方政府、工作单位、工会或家庭户主所隶属的其他组织提供补贴或资助的办法(例如减免费用或发放度假补贴等)，以帮助他们能够参加到旅游或度假活动中来。

6. 简述奖励旅游的内涵及特点。[湖南师大 2019 年研]

答：(1)奖励旅游的内涵，参见本章考研真题与典型题概念题第 10 题答案。

(2)奖励旅游的特点：

①福利性。从性质上看，奖励旅游是一种带薪的、休闲的、免费的旅行游览活动。就

企业开发人力资源而言，奖励旅游是一项有长远利益的战略性投资，属于企业内部营销的人力资源管理中与培训管理同等重要的福利管理，体现了现代企业的人文关怀理念。

②公务性。奖励旅游是因公而起的组织行为，而非因私而起的个人行为，因此更注重团队和集体的名义。企业会在旅游过程中不失时机地进行培训教育等活动，有的放矢地显示组织性和亲和力，从而促进员工对企业宗旨和使命的认可，增进员工或同事之间的沟通和友谊。

③激励性。一次成功的奖励旅游所能产生的激励作用远比金钱或物质奖励来得持久。且就激励对象的范围而言，将金钱或物质用作奖品时，通常只能使获奖者本人受到激励，对其他员工不会有多大的触动；与之相比，奖励旅游策略的实施，则会带来奖励少数人、激励一大片的效果。

④参与性。奖励旅游活动为企业员工与管理者共同参与企业发展创造了条件。奖励旅游的过程经常会加入一些参与性活动，为企业与员工、员工与员工之间的交流提供便利，有利于促进企业上下层关系的有效调整，以实现企业的“共同愿景”。

7. 简述奖励旅游的形式及作用。[华南理工 2014 年研]

答：(1)奖励旅游的形式：

①按目的划分：

a. 慰劳型。作为一种纯粹的奖励，奖励旅游的目的主要是慰劳和感谢对公司业绩成长有功的人员，纾解其紧张的工作压力，旅游活动安排以高档次的休闲、娱乐等消遣性活动项目为主。

b. 团队建设型。奖励旅游主要是为了促进企业员工之间，企业与供应商、经销商、客户等的感情交流，增强团队氛围和协作能力，提高员工和相关利益人员对企业的认同度和忠诚度，旅游过程中注重安排参与性强的集体活动项目。

c. 商务型。奖励旅游的目的与实现企业特定的业务或管理目标紧密联系，如推介新产品、增加产品销售量、改善服务质量、增强士气，提高员工工作效率等。这类奖励旅游活动几乎与企业业务融为一体。公司会议、展销会、业务考察等项目在旅游过程中占据主导地位。

d. 培训型。奖励旅游的目的主要是对员工、经销商、客户等进行培训。旅游活动与培训的结合可达到寓教于乐，并能更好地实现培训的功效。

②按活动模式划分：

a. 传统型。传统型奖励旅游有一整套程式化和有组织的活动项目，如在旅游中安排颁奖典礼、主题晚宴或晚会赠送赋予象征意义的礼物，企业领导出面作陪，请名人参加奖励旅游团的某项活动等。通过豪华、高档和大规模来体现奖励旅游参加者的身价；通过制造惊喜，使参加者产生终生难忘的美好回忆。

b. 参与型。越来越多的奖励旅游者要求在他们的旅游日程中加入一些参与性的活动，如参加旅游目的地当地的传统节日、民族文化活动和品尝风味餐，安排参与性强和富于竞争性、趣味性的体育、娱乐项目，甚至要求加入一些冒险性活动等。参与型奖励旅游使奖励旅游者通过与社会和自然界的接触，感受人与社会、人与自然的和谐，有助于唤起他们的责任感。

(2)奖励旅游的作用：

①具有鲜明的企业文化特征。企业组织奖励旅游的目的是弘扬企业文化，树立企业形象，宣扬企业理念。因此旅游活动的安排要与公司的企业文化相适应，要将企业文化有机地融入旅游活动之中。

②团队整体素质高，约束力强。参加奖励旅游的旅游者不同于一般的旅游者，他们是企业中创造业绩的人、对企业有贡献的人，并通过特定的资格审核，整体素质比较高。

③会、奖结合。在奖励旅游的日程中，根据企业组织该活动的意图与宗旨，常要安排诸如颁奖仪式、主题晚宴、先进事迹报告、企业发展战略研讨、工作计划讨论等会议活动，做到会、奖结合。

七、论述题

1．试析现代旅游活动的特点，并说明认识这些特点的意义。［南开大学2005年研］

相关试题：

(1)举例论述现代旅游活动的特点。［湖南师大2022年研］

(2)简述现代旅游的特点。［简答题，浙商大2018年研；武大2004年研］

答：(1)现代旅游活动开展的特点：

①普及性。指旅游活动的参与人员范围越来越广泛，具体反映在大众旅游、奖励旅游和社会旅游的出现上。

a．从大众旅游来看，它的出现意味着旅游度假真正成为人人享有的权利，普通的劳动大众也能参与到旅游或度假中来。

b．从奖励旅游来看，其在世界各地的逐渐流行，说明如今旅游度假不仅是人们的一种休闲方式，还越来越多地被很多组织用来激励员工。同时，旅游的形式与功能向多样化发展。

c．从社会旅游来看，其出现表明了旅游活动已逐渐成为现代社会生活的必要组成部分，其普及性开展是当今社会发展的重要内容。

②成长性：

a．旅游活动的成长性主要表现为二战后全球旅游活动规模的持续增长。

b．具体某一国家或地区的旅游活动发展可能因某些突发因素的出现而停滞或后退，但全球旅游活动总的发展趋势仍然是向好的。

③地理集中性。主要指现代旅游活动的开展在空间分布上的不均衡性，即旅游活动不是平均地分布于世界的每一处，而是相对集中于某些国家或地区甚至某地。无论是基于城市范围、全国范围还是全球范围的观察，都可以发现地理集中性的表现。

④季节性。主要指大众旅游者活动时间的分布上具有不均衡性，形成了常说的淡旺季。其实质是旅游需求的波动，即旅游客流在一年、一月、一周、一日中都会产生波动与变化。

(2)认识这些特点的意义：

①对普及性认识的意义。随着发展中国家的经济崛起，旅游活动的参与者人数不断增加，旅游成了人人都可以拥有的权利，旅游活动发展的普及性趋势也表现得越来越明显。旅游的普及性使人们对旅游有了更深的认识。

②对成长性认识的意义。无论是历年来的统计数字还是经济学家们对旅游发展的未来预测，都说明旅游业是一项有着巨大发展潜力的“朝阳产业”。这让旅游活动从业者们对未来充满信心，促进了旅游业的发展。

③对地理集中性认识的意义：

a. 在微观层面上，有助于指导旅游设施和旅游企业经营地点的选址。根据这一特点，旅游经营者应将营业地点选在旅游者活动比较集中的区域。

b. 在宏观层面上，认识地理集中性特点有助于指导旅游目的地的旅游规划工作和管理，从而有助于促进可持续旅游发展的实现。

④对季节性认识的意义。旅游活动的季节性会给旅游目的地和旅游服务供应企业带来许多不利影响。因此，旅游目的地有必要加强建设和宣传工作，注重旅游产品线的开发和优化，尤其是淡季产品；同时，在面对国际客源市场时，也要进一步了解该地居民外出旅游的季节性特征。

2. 请论述旅游活动季节性的成因。［湖南师大2018年研；浙商大2017年研］

相关试题：

(1)旅游季节性的成因。［简答题，浙江省2018年10月自考真题］

(2)旅游活动季节性的成因是什么？如何认识我国旅游“黄金周”所带来的客流高峰对目的地的影响？［简答题，湖南师大2016年研］

(3)旅游的季节性是如何产生的？［简答题，浙商大2014年研］

(4)在旅游产品开发和营销中，如何预防或缓解旅游季节性造成的负面影响？［云南师大2014年研］

(5)基于实际阐述我国旅游活动季节性的表现特点及其成因。［简答题，浙商大2013年研］

(6)什么是旅游季节性？旅游季节性的成因包括哪些？请结合实例说明旅游目的地可以采取哪些措施来减少季节性的负面影响。［简答题，浙商大2011年研］

答：旅游季节性的成因有：

(1)旅游目的地方面的成因：

当地的气候条件是主要成因之一，尤其当该地的旅游吸引因素在很大程度上受气候变化影响时。

(2)旅游客源地方面的成因：

①出游目的：

a. 事务性旅游通常不受季节性影响，如差旅。

b. 私人事务性旅游受季节性影响不大，如探亲访友。

c. 休闲性旅游活动受季节性影响较大。

②带薪假期的放假时间：

a. 客源地带薪假期的放假时间比较集中，则该地居民外出旅游的季节性通常会很强。

b. 带薪假期的时间分布比较分散，该地居民外出旅游的季节性会削弱。

③传统习惯。人们选择出游时间的传统习惯对该客源市场的季节性会有一定的影响。

(3)客源国市场出游的季节性：

国际上有关这方面的研究和经验归纳包括：

①在该国出境旅游者的社会阶级构成中，如果旅游者主要来自上层社会，则意味着该国国民出境旅游的季节性很小或者根本不会有季节性表现，旅游规模也很小。

②在该国的出境旅游者中，如果以外出公务、商务或出席会议为目的的差旅型旅游者占绝大比例，则意味着该国国民出境旅游的季节性很小甚至不会有季节性表现。

③如果该国的出境旅游市场规模很大，并且消遣型旅游者在其中占绝大比例，那么该国国民出境旅游的季节性很可能会表现得非常强烈。

④如果一个国家的社会经济发展水平较高，居民收入水平高，则该国居民出境旅游的季节性会相应减弱。

3. 测量旅游业发展状况有哪些基本指标，这些指标是如何统计的？［浙商大 2016 年研］

相关试题：简述旅游活动的基本测量指标。［简答题，浙商大 2021 年研］

答：测量旅游业发展状况的基本指标及其统计方法如下：

（1）旅游人数方面的指标：

①入境旅游人数，可细分为入境旅游者人数与入境游客人数，前者是指停留过夜的旅游者人数，后者还包括了一日游游客。多数国家根据本国的边防入境登记统计来访的入境旅游人数；部分国家通过住宿登记来估算给定时期内的入境旅游人数。

②出境旅游人数，即出境游客人数，指特定时期内本国居民出境旅游的人次数，包括在境外停留过夜的出境旅游者和不在境外过夜的一日游出境游客。通常在出境游客返回入境时进行抽样调查来统计。

③国内旅游人数，通常指国内游客人数，即在一定时期内本国居民参加国内旅游活动的人数，包括在目的地停留过夜的国内旅游者和不过夜的国内一日游游客。世界各国通常通过定期开展的国内旅游抽样调查进行统计测算。

（2）旅游收入和旅游支出：

①旅游收入，是指在某一时期内（通常为 1 年），旅游接待部门（或国家、地区）通过销售旅游产品而获取的全部货币收入，可细分为国内旅游收入和国际旅游收入。

②旅游支出，是指在一定时期内（通常以年计算），一个国家的居民出境旅游期间在境外购买商品和服务的消费开支。

③国际旅游收入和国际旅游支出的统计方法：

a. 银行报告法，是由国家中央银行通过对已授权外币兑换业务的银行或代理机构的交易登记进行汇总，然后计算特定时期内本国的国际收入或支出额。

b. 估测法，即抽样调查统计法。通常是在入境旅游者结束访问而离境或本国居民出境旅游归来入境时，对其在该国或国外停留期间的消费开支情况进行抽样调查。

c. 混合法或综合法。混合法是在银行报告法统计结果的基础上，综合其他来源数据，对相关数据进行二次修订，以提高统计的准确度。

（3）停留天数：

停留天数通常是指入境旅游者在某一旅游目的地访问期间的平均停留天数，可以更为全面而准确地反映入境旅游活动的实际规模。其计算方法为：

入境旅游活动天数 = 入境旅游人次数 × 人均停留天数。

第三章　旅游者

3.1　复习笔记

【知识框架(庖丁解牛)】

- 旅游者
  - 旅游者的界定
    - 国际旅游者
      - 1937年国际联盟的界定
      - 1963年罗马会议的界定
      - 世界旅游组织的界定
      - 中国国家统计局的界定
    - 国内旅游者
      - 世界旅游组织的规范界定
      - 部分国家对国内旅游者的界定
      - 我国国内旅游统计中的界定
  - 决定个人旅游需求的客观因素
    - 经济因素：足够的支付能力[有钱]
    - 时间因素：足够的闲暇时间[有闲]
    - 其他因素：个人体能、家庭状况
  - 决定个人旅游需求的主观因素
    - 旅游动机与个人需要
      - 马斯洛的动机理论
      - 基于经验的观察与分析
    - 旅游动机的四种基本类型[美麦金托什]
    - 影响消费者购买动机的因素
      - 内在因素
      - 外在因素
    - 认识旅游需求影响因素的意义
  - 旅游者的类型
    - 世界旅游组织的分类：应纳入、禁止统计范围
    - 常用的旅游者分类
      - 实践中常用的基本分类
      - 基于访问目的的分类
        - 消遣型旅游者
        - 因公差旅型旅游者
        - 因私事务型旅游者

【通关提要(提纲挈领)】

本章主要介绍旅游主体——旅游者，属于重点章节。学习时，应重点掌握联合国罗马会议对旅游者的界定、世界旅游组织以及我国旅游统计工作的现行规范，掌握决定个人旅游需求的主客观因素、马斯洛的动机理论，熟悉旅游者的分类及其基本特点。本章主要考查选择题、简答题和论述题，知识点细碎，学习时要注意将知识点系统化，理解记忆。

【考点难点归纳(厚积薄发)】

考点一：国际旅游者的界定 ★★★

界定旅游者的技术标准：惯常居住地、停留时间、访问目的。

1. 1937 年国际联盟统计专家委员会的界定

国际旅游者是指“离开自己的居住国，到另一个国家访问至少 24 小时的人”。国际联盟对国际旅游者的界定见表 3－1。

表 3－1 国际联盟对国际旅游者的界定

要点	主要内容
应纳入国际旅游者统计范围的人员	①为消遣、家庭事务或身体健康方面的原因而出国旅行的人。 ②为出席国际会议或作为各国公务代表而出国旅行的人。 ③为工商业务原因而出国旅行的人。 ④在海上巡游途中停靠某国，即使停留时间不足 24 小时的人
不纳入国际旅游者统计范围的人员	①到外国就业任职者。 ②到国外定居者。 ③到国外学习，寄宿在学校的学生。 ④居住在边境地区而日常越境到邻国工作的人。 ⑤中转过境旅行者：临时过境但不作法律意义上停留的人，即使停留时间超过 24 小时

2. 1963 年罗马会议的界定(见表 3－2)

表 3－2 1963 年罗马会议的界定

要点	主要内容	
定义	指除为获得有报酬的职业以外，基于任何原因到一个不是自己常住国访问的人。 凡纳入旅游统计中的入境来访人员，统称为“游客”	
分类	旅游者	到非惯常居住国短期访问至少停留 24 小时的游客
	一日游游客	到非惯常居住国短期访问停留时间不足 24 小时的游客
基本特点	①将所有纳入旅游统计的人员统称为“游客”。 ②根据来访者惯常居住地[而非国籍]来界定其是否属于国际旅游者。 ③按是否在到访国停留过夜，将国际游客分为(过夜)“旅游者”和(不停留过夜的)“一日游游客”(或短程旅游者)。 ④根据来访者的访问目的来界定其是否应纳入旅游统计	

3. 世界旅游组织的界定

1975 年世界旅游组织成立后采纳了罗马会议定义，1981 年作了补充和完善。1993 年 3 月，联合国提出的定义首次涵盖了包括国内旅游在内的所有各种类型的旅游活动。其术语与规范界定见表 3－3。

表3-3　世界旅游组织的界定

术语	界定
居民	在本国连续居住至少12个月且长期从事生产和消费的人
国际游客	离开定居国到其他国家访问旅行，停留时间至多1年且主要访问目的不是获取报酬的人
国际旅游者	停留时间至少24小时的国际游客
国际一日游游客	国际游客中，停留时间不足24小时且不在所到访国家停留过夜的游客

4. 中国国家统计局的界定(我国的入境旅游统计口径，见表3-4)

表3-4　中国国家统计局的界定

要点	主要内容	
定义	①凡纳入我国旅游统计的来华旅游入境人员，统称(来华)入境游客。 ②入境游客，是指来我国大陆观光、度假、探亲访友、就医疗养、购物、参加会议或从事经济、文化、体育、宗教交流活动的外国人、华侨和港澳台居民	
构成	入境游客=入境旅游者+入境一日游游客	
术语界定	入境游客 [操作层面]	离开惯常居住国访问我国大陆，连续停留时间不超过12个月，且来访的主要目的不是通过所从事的活动获取报酬的境外来访者
	外国人	外国国籍的入境来访者，含外籍华人
	华侨	持有中国国籍，但侨居外国的华人
	港澳台居民	居住在香港、澳门及台湾地区的中国同胞
	入境旅游者	在我国大陆旅游住宿设施内过夜的入境游客
	入境一日游游客	不停留过夜、当日离境的入境游客[当日往返]
不纳入入境游客统计的八种人员	①应邀来华访问的外国政府部长级以上的官员及其随行人员。 ②外国驻华使领馆官员、外交人员及其随行人员。 ③在我国驻期1年以上的外国专家、留学生、记者、商务机构人员等。 ④乘坐国际航班过境，不需要通过护照检查进入我国口岸的中转旅客。 ⑤边境地区[因日常工作和生活而入出境]往来的边民。 ⑥来我国内地定居的华侨和港澳台同胞。 ⑦已在我国大陆定居的外国人以及重返我国大陆定居的外国侨民。 ⑧归国的我国出国人员	

考点二：国内旅游者的界定　★★★

1. 世界旅游组织的规范界定(见表3-5)

表3-5　世界旅游组织的规范界定

统计术语	界定
居民	在目前所在地连续居住至少6个月的人

续表

统计术语	界定
国内游客	离开自己的惯常居住环境前往本国境内的其他地方旅行和访问，连续停留时间不超过 6 个月，且主要目的不是去从事从到访地区获取报酬的活动的本国居民
国内旅游者	在国内游客的基础上，停留时间至少一夜
国内一日游游客	国内游客中，停留时间不足 24 小时且不在所到访地区停留过夜的游客

2. 部分国家对国内旅游者的界定(见表 3－6)

表 3－6　部分国家对国内旅游者的界定

国家	界定标准
加拿大	以外出旅行的距离至少为 50 英里(单程)为基准[北美各国：外出路程]
美国	以外出旅行至少 50 英里(单程)为基准，不论是否在外过夜
英国	除上下班外，离开惯常居住地，去本国境内其他地方旅行并至少过夜一次[欧洲各国：是否在外过夜]
法国	旅行时间超过 24 小时但不足 4 个月
澳大利亚	外出旅行距离至少 40 公里，且至少停留 24 小时，但最多不超过 12 个月

3. 我国国内旅游统计中的界定(见表 3－7)

表 3－7　我国国内旅游统计中的界定

要点	主要内容	
术语界定	国内游客	指因休闲、娱乐、观光等原因，离开惯常居住地到国内其他地方访问，连续停留时间不超过 6 个月，且主要访问目的不是获取报酬的人
	国内旅游者	指我国大陆居民离开其惯常居住地，去我国大陆境内其他地方旅行和访问，并在到访地区停留至少一夜且不超过 6 个月的国内游客
	国内一日游游客	指我国大陆居民离开其惯常居住地，去我国大陆境内 10 千米以外的其他地方旅行和访问，出游时间超过 6 小时但不足 24 小时，且不在到访地区停留过夜的国内游客
构成	国内游客＝国内旅游者＋国内一日游游客	
不纳入国内游客统计的人员	①到各地巡视工作的部级以上领导干部。 ②驻外地办事机构的临时工作人员。 ③调遣的武装人员。 ④到外地入学就读的学生。 ⑤到外地基层锻炼的干部。 ⑥到其他地区定居的人员。 ⑦无固定居住地的无业游民	

考点三：决定个人旅游需求的客观因素(见表3-8) ★★★★

表3-8 决定个人旅游需求的客观因素

<table>
<tr><th>客观因素</th><th colspan="3">主要内容</th></tr>
<tr><td rowspan="3">经济因素：足够的支付能力[有钱]</td><td rowspan="2">概念</td><td>可支配收入</td><td>指个人或家庭收入中扣除应纳所得税后的剩余部分</td></tr>
<tr><td>可随意支配收入</td><td>又称可自由支配收入，指个人可支配收入在减去社会保障性消费及日常生活必须消费部分后的剩余部分</td></tr>
<tr><td>影响</td><td colspan="2">①支付能力是旅游需求产生的必要前提之一，也是实现旅游活动的物质基础。
②收入水平意味着支付能力，可自由支配收入决定个人或家庭能否实现外出旅游。
③可随意支配收入决定个人或家庭外出旅游的消费水平。
④可随意支配收入影响人们在外旅游期间的消费结构</td></tr>
<tr><td rowspan="4">时间因素：足够的闲暇时间[有闲]</td><td>含义</td><td colspan="2">闲暇时间是指除日常工作、学习、生活等必须占用的时间外，由个人任意支配、用于开展消费娱乐等活动的自由时间</td></tr>
<tr><td>计算</td><td colspan="2">闲暇时间＝全部时间－法定的就业工作时间－必要的附加工作时间－满足生理需要的时间－必要的社会活动时间</td></tr>
<tr><td>类型</td><td colspan="2">闲暇时间的类型与分布，见表3-9</td></tr>
<tr><td>影响</td><td colspan="2">①个人拥有足够数量且连续集中的闲暇时间时才有可能实现外出旅游。
②足够的闲暇时间是个人实现旅游需求的必要条件</td></tr>
<tr><td>其他因素</td><td colspan="3">①个人体能状况；②所处家庭生命周期阶段或家庭拖累状况</td></tr>
</table>

表3-9 闲暇时间的类型与分布

类型/分布	主要内容
每日闲暇	①平日中除去工作、学习及生活活动等必须占用的时间之外的剩余部分。 ②闲暇时间过于零散，不足以用于开展外出旅游
周末闲暇	表现为周末工休时间。闲暇时间比较集中，可以开展近距离的周末度假或一日游活动
公共节假日	①通常指法定的公共节假日。 ②距离国内主要客源地较远地区的旅游业易受国家公共假期制度的影响
带薪假期	①目前工业化国家大都通过立法规定，就业者有权享有带薪假期。 ②带薪假期时间多且连续集中，是人们外出旅游度假(特别是远程旅游)的最佳时机

【真题链接】

(1)阐述实现个人旅游需求的客观条件及其意义。[论述题，扬州大学2022年研]

(2)简述实现个人旅游需求的客观条件。[简答题，湖南师大2017年研]

考点四：决定个人旅游需求的主观因素 ★★★★

1. 旅游动机与个人需要

(1)马斯洛的动机理论：

马斯洛的需要层次理论认为，人有五种不同层次的需要：生理需要、安全需要、爱的需要或社交需要、受尊重的需要和自我实现需要。其中，前两种为低层次需要，不属于旅游动机。一般情况下，只有当较低层次的需要得到满足后，个体才会产生向上一层次的需要。旅游活动是满足人精神需要的消费。

(2)基于经验的观察与分析：

大众旅游发展背景下，旅游动机产生的主要原因有：①探新猎奇的需要；②解脱压力的需要；③社会交往的需要；④挑战自我和受人承认的需要。

【真题链接】简述马斯洛的需求层次理论内涵。[简答题，南京师大2021年研]

2. 旅游动机的基本类型(美麦金托什的分类，见表3－10)

表3－10　旅游动机的基本类型

类型	主要内容
身体方面	①通过开展与健身或养生相关的活动消除身心紧张，包括康养、度假、体育旅游等。 ②这类动机表面旨在满足生理需要，实质上是满足精神需要
文化方面	①了解和体验异国他乡的社会文化，包括民俗、音乐、艺术、舞蹈、绘画及宗教等。 ②通常称为文化旅游或"软探险"旅游
人际(社交)方面	满足人们社会交往、接触某些异域人群的需要，包括探亲访友、结识新朋友等
地位和声望方面	主要追求个人成就和个人发展的需要，包括商务洽谈、会议、考察和特殊兴趣旅游等

【真题链接】

(1)简述著名旅游学教授麦金托什的旅游动机类型。[简答题，湖南师大2020年研]

(2)旅游者定义和旅游动机分类。[简答题，华南理工2019年研]

3. 影响旅游消费者购买动机的因素(见表3－11)

表3－11　影响旅游消费者购买动机的因素

因素	主要内容	
内在因素	学习	指旅游消费者借以接收信息或领悟刺激的一种方式，即获取旅游经验的途径
	态度	受成长环境和社会文化的长期熏陶和影响，个体对特定对象(人、观念或事件等)所持有的一种喜欢或不喜欢的评价性反应
	知觉	又称感知，指个人将感官所受刺激转化为有意义的信息的认知过程
	人格	①人格即个性心理特点，会影响其个人行为。 ②代表性研究：帕洛格的旅游消费者心理类型研究。旅游消费者的心理类型分布见图3－1，最主要的三种心理类型及其特征见表3－12
外在因素	文化水平或受教育程度	①文化知识面的扩大和认知能力的提高有助于获得外部信息，诱发对外部世界的兴趣和好奇心。 ②文化知识的增多有助于克服对异乡陌生环境的心理恐惧
	年龄	①年龄往往决定了所处家庭的生命周期阶段，从而制约其需要和动机。 ②年龄影响人们的体能，从而制约选择意向

续表

因素	主要内容	
外在因素	性别	①性别差异意味着男女生理特点(如体能)的不同。 ②男女在家庭/工作中扮演的角色和责任往往不同
	社会阶级	①职业；②收入水平
	微社会环境	指在日常生活和工作中所经常接触的人际环境，即家人、亲友、同学、同事、邻居等

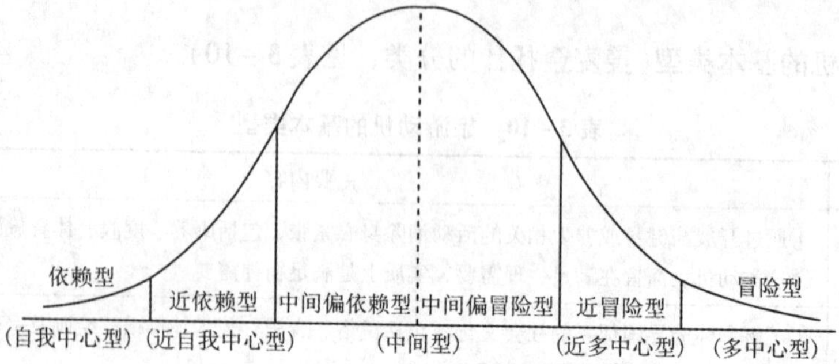

图 3-1　旅游消费者的心理类型

表 3-12　三种心理类型特点及旅游消费倾向

类型	特点		选择目的地
	思想上	行为上	
依赖型	封闭保守、谨小慎微、多忧多虑、缺乏自信、不愿冒险	喜欢安逸轻松，活动量小，喜欢熟悉的氛围和活动	①距离近、较熟悉的旅游目的地。 ②传统的旅游热点地区。 ③出游频率低，多会故地重游
冒险型	天性好奇、喜欢探索、充满自信、喜欢挑战、有主见	喜好新奇，好冒险，活动量大，不随大流，喜欢与不同的人打交道	①距离遥远、文化差异大的新奇、陌生的目的地。 ②喜欢自助游，出游频率高。 ③乐于选乘各种交通工具旅行
中间型	各种性格特征均不明显的混合型		无特别偏好

【真题链接】

(1)简述旅游动机的基本类型与影响因素。[简答题，南京师大 2021 年研]

(2)Plog 理论阐述。[简答题，中山大学 2020 年研]

(3)简述帕洛格(Stanley Plog)的旅游消费者心理类型及其对旅游目的地选择的影响。[简答题，浙商大 2020 年研]

(4)简述帕洛格冒险型旅游者的思想和行为。[简答题，湖南师大 2023 年研]

4. 认识旅游需求影响因素的意义

(1)客观因素是旅游活动顺利开展的基础和保证，主观因素是个人参加旅游活动的根本内在动因，二者缺一不可。

(2)全面认识旅游需求的影响因素，对旅游目的地和企业的市场营销工作具有现实指导意义。

(3)旅游经营者在进行目标客源市场定位时，应重点关注已具备客观条件的群体，同时积极采取措施，激发旅游者的购买动机。

考点五：旅游者的类型 ★★★

1. 世界旅游组织对旅行者的分类(见表3-13)

表3-13 世界旅游组织对旅行者的分类

要点	主要内容	
应纳入旅游统计范围的旅游者	过夜旅游者	①外国人；②本国的海外侨民；③在到访地的旅馆中停留过夜的外国航空机组人员和船舶司乘人员
	一日游游客	①游船乘客；②不过夜游客；③在到访地不做过夜停留的外国航空机组人员、船舶和列车司乘人员
不能纳入旅游统计范围的旅行者	①边民过境上班者。 ②游牧民。 ③难民。 ④临时(打工)移民和永久性移民。 ⑤没有离开入境口岸中转区域的过境旅客。 ⑥往来于本国与外国驻防地/就任地之间的军事人员、领事代表和外交人员(包括其家属和随从人员)	

2. 常用的旅游者分类(见表3-14)

表3-14 常用的旅游者分类

分类	主要内容	
旅游业实践中的基本分类	停留时间	过夜旅游者、不过夜旅游者[一日游游客]
	来源地域	国内旅游者、国际(入境)旅游者
	来访目的	休闲型、因公差旅(商务)型、因私事务(探亲)型
	组织或活动方式	团队旅游者、散客旅游者
按访问目的划分	消遣型旅游者	①人数多，比重大；②季节性强；③自由度高；④停留时间较长；⑤对价格敏感
	因公差旅型旅游者	①出游频率高；②无季节性；③自由度小；④消费水平高；⑤价格敏感度低
	因私事务型旅游者	①季节性较差；②对价格敏感；③自由度小

【真题链接】

(1)请对比分析消遣型和差旅型旅行者群体的基本特点。[简答题，湖南师大2022年研]

(2)消遣型旅游者、因公差旅型旅游者、因私事务型旅游者的主要特点有哪些？[简答题，浙商大2019年研]

(3)根据旅游目的，旅游者可被分为哪些类型？请分析各自具备哪些特征。[论述题，扬州大学2016年研]

3.2 课后习题详解

1. 术语解释：可支配收入；可随意支配收入；闲暇时间；旅游动机。

答：(1)可支配收入，是指个人或家庭收入中扣除应纳所得税之后的剩余部分。它往往代表着个人或家庭的旅游支付能力，会对旅游者能否实现外出旅游、外出的目的地选择以及外出旅游期间的消费结构等产生影响。

(2)可随意支配收入、闲暇时间、旅游动机，参见本章考研真题与典型题概念题相关习题答案。

2. 罗马会议对应纳入旅游统计的来访者是如何界定的？这一界定有哪些特点？

答：1963年联合国在意大利的罗马召开了一次由全体成员国参加的国际旅游会议(简称罗马会议)。这次会议对入境来访的国际旅游者的统计范围作了新的规定。

(1)罗马会议提出，凡纳入旅游统计中的入境来访人员统称为“游客”。在旅游统计中，“游客”分为两类：

①在所到访的旅游目的国停留过夜的游客。对过夜的游客，使用“旅游者”这一术语进行旅游统计。

②在所到访的旅游目的国未作停留过夜，而是当日离去的游客。对不过夜的游客，使用“一日游游客”这一术语进行旅游统计。

(2)罗马会议对游客定义所作的具体解释和规定：

①“游客”：除了移民和就业目的外，基于其他任何原因访问非惯常居住国的人，分为旅游者和一日游游客两类。其访问目的可属于下列之一：

a. 消遣性目的，包括娱乐、度假、保健、学习、宗教、体育活动等。

b. 事务性目的，包括商务、探亲访友、公务出使、出席会议等。

②“旅游者”：短期访问非惯常居住国，至少停留24小时的游客。

③“一日游游客”：短期访问非惯常居住国，停留时间不足24小时的游客(包括在海上巡游度假过程中上岸访问的邮轮乘客)。

(3)罗马会议对应纳入旅游统计的来访者的界定的基本特点：

①统一称所有纳入旅游统计的入境来访人员为“游客”。

②以是否在到访国家停留过夜将来访游客细分为两类：a. 停留过夜的“旅游者”；b. 不做过夜停留的“一日游游客”。

③根据入境来访者的惯常居住地来界定其是否属于应纳入旅游统计的游客，而不是根据国籍。

④根据所规定的访问目的界定入境来访者是否属于应纳入旅游统计的游客。

3. 世界旅游组织对旅游者的最新规范界定有何特点？

答：(1)世界旅游组织对旅行者的最新规范界定：

旅游活动是人们出于休闲、商务及其他目的，短期(不超过1年)离开自己的惯常环境，前往他乡的旅行活动以及在该地的停留访问活动。凡是符合上述条件进行活动的人，都可以界定为旅游者，都应纳入旅游者统计范畴。

（2）界定的特点：

①将“游客”作为整个旅游统计系统的基础概念。

②首次涵盖了包括国内旅游在内的所有各种类型的旅游活动。

4. 我国在旅游统计中对入境游客是如何界定和分类的？有哪些具体规定？

答：（1）我国在旅游统计中对入境游客的界定：

离开惯常居住国来我国大陆观光、度假、探亲访友、就医疗养、购物、参加会议或从事经济、文化、体育、宗教交流活动，连续停留时间不超过12个月，并且来访的主要目的不是通过所从事的活动获取报酬的境外来访者，包括外国人、华侨和港澳台居民。

（2）我国在旅游统计中对入境旅游者的分类：

①入境旅游者：在我国大陆住宿设施内停留至少一夜的入境游客。

②入境一日游游客：未在我国大陆住宿设施内停留过夜，当日离境的入境游客。

（3）不纳入入境游客旅游统计的人员有：

①应邀来华访问的外国政府部长级以上的官员及其随行人员。

②外国驻华使领馆官员、外交人员及其随行家属和家庭服务人员。

③在我国驻期达1年以上的外国专家、留学生、记者、商务机构人员等。

④乘坐国际航班过境，不需要通过护照检查进入我国口岸的中转旅客。

⑤边境地区（因日常工作和生活而入出境）往来的边境居民。

⑥来我国内地定居的华侨和港澳台同胞。

⑦已在我国大陆定居的外国人以及离境迁出后重又返回我国大陆定居的外国侨民。

⑧归国的我国出国人员。

5. 我国在旅游统计中对国内游客是如何界定和分类的？有哪些具体规定？

答：（1）我国在旅游统计中对国内游客的界定：

国内游客是指任何因休闲、娱乐、观光、度假、探亲访友、就医疗养、购物、参加会议或从事经济、文化、体育、宗教活动等原因，离开其惯常居住地到我国境内其他地方访问，连续停留时间不超过6个月，并且主要访问目的不是去从事从到访地区获取报酬的活动的人。

（2）我国在旅游统计中对国内游客的分类：

①国内旅游者，指我国大陆居民离开其惯常居住地，去我国大陆境内其他地方旅行和访问，并在到访之地的住宿设施内停留至少一夜，最长不超过6个月的国内游客。

②国内一日游游客，指我国大陆居民离开其惯常居住地，去我国大陆境内10公里以外的其他地方旅行和访问，出游时间超过6小时但不足24小时，并未在到访地区的住宿设施内停留过夜的国内游客。

（3）不纳入国内游客旅游统计的人员有：

①到各地巡视工作的部级以上的领导干部。

②驻外地办事机构的临时工作人员。

③调遣的武装人员。

④到外地入学就读的学生。

⑤到外地基层锻炼的干部。

⑥到其他地区定居的人员。

⑦无固定居住地的无业游民。

6. 个人旅游需求的实现需具备哪些条件？对于旅游经营者来说，认识这些条件的意义何在？

答：参见本章考研真题与典型题简答题第2题答案。

7. 简述马斯洛"需要层次理论"的内容要点。

答：参见本章考研真题与典型题简答题第4题答案。

8. 简述旅游动机的基本类型。

答：参见本章考研真题与典型题简答题第5题答案。

9. 以你所在的城镇或地区为基地，试调查国内游客来此访问旨在满足哪些需要或追求。

答：本题需结合个人实际情况作答，可围绕旅游者的旅游动机(如身体保健、了解文化、人际交往、追求个人成就和个人发展等)来答。

10. 就旅游消费者个人方面的情况而言，哪些因素对其购买动机会具有影响作用？这些因素如何起作用？

答：(1)影响旅游消费者购买动机的内在因素：

①学习。学习是旅游消费者借以接收信息或领悟刺激的一种方式，即旅游消费者获取旅游经验的途径。在学习过程中，旅游消费者会形成自己对有关的旅游目的地和旅游产品的认识或看法，形成基本的习得标准，为自己日后外出旅游时挑选出游目的地或选择旅游产品积累经验和依据。

②态度。态度是个人由于受其成长环境和社会文化的长期熏陶和影响，在谈及某一人或事时，在思想情感上对其所持有的反应。例如，对同一个旅游目的地，可能有些人喜欢，有些人厌恶；对外出旅游这件事情，有些人认为是一种奢侈、一种浪费，但也有些人认为这是一种放松身心的生活必需。

③知觉。知觉是一个人通过对自己所接触到的有关某一事物的信息进行筛选，从而形成对该事物的看法的认知过程。个体在面对众多的旅游信息时，往往会有选择性地对一些信息给予关注而忽视其他信息。

④人格。人格是一个人内心自我的反映，是指个体在对人、对事、对己等方面的社会适应中行为上的内部倾向性和心理特征。一个人的人格特点或心理类型会决定其个人偏好，进而影响其行为。

(2)影响旅游消费者购买动机的外在因素：

①文化知识水平或受教育程度。文化水平与认知能力的提高使个体更容易捕获外部信息，诱发对外部世界的兴趣和好奇心；文化知识的提高有助于个体克服对异乡陌生环境的心理恐惧。

②年龄。年龄不同往往决定了人们所处的家庭生命周期阶段不尽相同，从而制约着人

们的需要和动机；年龄的不同往往会影响人们在体能上的差异，从而也会制约人们的需要和动机。

③性别。性别差异往往表现为男女生理特点(如体能)的不同以及在家庭中扮演角色的不同，从而影响旅游者的需要和动机。

④社会阶级。即人们在一定的社会经济结构中因所处的地位不同而形成的社会集团，具体表现为职业和收入水平。二者会对个体的旅游决策如目的地选择、旅游产品选择等产生影响。

⑤微社会环境。又称“参照群体”，是指一个人在日常生活和工作中所经常接触的人际环境或熟识人群，通常为一个人所经常接触的家人、亲友、同学、同事、街坊邻居等人群。受周围熟识人群的影响(如偏好)，其个人的需要和行为动机也会受到影响。

11. 帕洛格对旅游消费者的人格或心理类型是如何划分的？不同人格/心理类型的旅游者在思想和行为上分别有哪些特点？掌握这一理论有何实际意义？

答：(1)帕洛格对旅游消费者心理类型的划分：

帕洛格依据不同旅游消费者的人格或心理类型特点，将其划分为若干不同的人群：依赖型、近依赖型、中间偏依赖型、中间偏冒险型、近冒险型和冒险型。其中最主要的三种是：依赖型、冒险型和中间型。

(2)三种主要心理类型旅游者的特点：

①依赖型：思想上，封闭而保守、谨小慎微、多忧多虑、缺乏自信、不爱冒险；行为上表现为喜欢循规蹈矩的生活方式、愿意听从公众人物的建议，喜欢熟悉的氛围和活动。

②冒险型：思想上，天性好奇、喜欢探索和挑战、总是充满自信、对待生活有个人主见；行为上多表现为猎奇，爱冒险，活动量大，独立个性，喜欢与不同文化背景的人打交道。

③中间型：旅游消费者在人格特征和思想行为特点等方面的表现介于依赖型和冒险型二者之间。

(3)掌握这一理论的意义：

①根据帕洛格模型，中间型心理类型的人占比很大，依赖型和冒险型这两个极端心理类型的人在人口中所占的比例很小。且心理类型越靠近冒险型，外出旅游的可能性越大。

②根据帕洛格理论，对于一个新兴的旅游目的地来说，最初的来访游客主要是那些冒险型旅游者。随着时间的推移，其他心理类型的旅游者会逐渐进入和活动。当该旅游目的地进入成熟期，特别是当该地发展为旅游热点时，来访的游客则会转为偏向依赖型的旅游消费者。

③掌握帕洛格的这一理论对处于生命周期不同阶段的旅游目的地来说具有重要意义，可以依据这一理论选择恰当的目标顾客群体。

12. 根据旅游者的访问目的，可将其划分为哪些类别？这些不同类别的旅游者群体分别有哪些基本特点？认识这些特点有何实际意义？

答：(1)旅游者的分类及其基本特点，参见本章考研真题与典型题论述题第1题答案。

(2)认识不同旅游者群体特点的实际意义：

①有助于选择和确定理想的目标客源市场。旅游目的地和企业可以分析各个旅游者群体的需求特点和消费潜力，并根据自己的实力选择合适的日标市场。

②有利于有针对性地开发产品。旅游目的地和企业可以根据目标市场的需要有针对性地开发产品与服务项目，进行市场细分，提高顾客满意度。

③有利于有针对性地开展促销。认识不同旅游者群体特点可以让旅游目的地和旅游企业精准营销，使有限的营销预算发挥最大的作用，避免资源浪费。

3.3 考研真题与典型题

一、单项选择题

1. 决定一个人能否实现旅游的家庭收入水平，主要是指(　　)。[浙江农林2016年研]

A. 消费水平　　B. 可支配收入

C. 可随意支配收入　　D. 经济状况

2. 美国的麦金托什对旅游动机的基本类型划分中并没有包含(　　)。[2008年1月自考真题]

A. 身体方面的动机　　B. 人际方面的动机

C. 文化方面的动机　　D. 购物方面的动机

3. 外出旅游季节性弱、出行次数频繁、对目的地基本无权选择、对价格最不敏感的旅游者是(　　)。[浙江农林2016年研]

A. 家庭事务型旅游者　　B. 个人事务型旅游者

C. 差旅型旅游者　　D. 消遣型旅游者

4. 帕洛格构建的旅游消费者的心理类型分布模型中，心理类型为(　　)的旅游者，多是新旅游目的地的发现者和开拓者。[浙江农林2016年研]

A. 中间型　　B. 自我中心型　　C. 近自我中心型　　D. 多中心型

5. 根据(　　)的不同，旅游者可以被分为团队旅游者和散客旅游者。[浙江省2022年10月自考真题]

A. 支付费用　　B. 停留时间　　C. 组织方式　　D. 旅游目的

6. 根据行为特点，(　　)具有季节性强的特点。[浙江省2022年10月自考真题]

A. 国内旅游　　B. 商务旅游　　C. 消遣旅游　　D. 国际旅游

7. 旅游者就是离开自己的常住地到异国他乡访问超过24小时的人，但是不包括(　　)。[专升本真题]

A. 经商贸易的人　　B. 就业移民的人　　C. 短期进修的人　　D. 探亲访友的人

8. 北美各国对于国内旅游者进行定义时的突出特点是(　　)。[专升本真题]

A. 以人们外出旅游的距离为标准界定

B. 以人们是否在外过夜为标准界定

C. 以人们外出旅游的停留时间为标准界定

D. 以人们外出旅游的目的为标准界定

9. 根据我国对于国内游客的定义，游客停留时间不超过(　　)。[专升本真题]

A. 12个月　　B. 6个月　　C. 3个月　　D. 1个月

10. 人类开展旅游活动的内在驱动力量为(　　)。[专升本真题]

A. 旅游需要　　B. 旅游需求　　C. 旅游动机　　D. 旅游信念

11. 探亲访友在各类旅游动机中应属于(　　)方面的动机。[专升本真题]

A. 身体　　B. 文化　　C. 人际　　D. 地位和声望

12. 美国学者帕洛格提出的影响旅游动机的心理类型模式指出，心理类型越是靠近(　　)者，外出旅游的可能性就越大。

A. 自我中心型　　B. 近自我中心型　　C. 多中心型　　D. 近多中心型

13. 人数少，出行次数频繁；季节性不强，对价格不太敏感，消费较高；出游自由度低，计划性强。具有上述出游特点的旅游者属于(　　)类型的旅游者。[专升本真题]

A. 观光型旅游者　　B. 娱乐消遣型旅游者

C. 差旅型旅游者　　D. 家庭及个人事务型旅游者

二、多项选择题

1. 为了推进旅游者定义的标准化，国际联盟属下的统计专家委员会曾于1937年对旅游统计中的"国际旅游者"的界定标准和人员范围作了解释，并规定不应纳入来访国际旅游者统计范畴的人员包括(　　)。[浙江省2021年10月自考真题]

A. 来访目的为打工、任职(不论是否订有合同)或在该国从事营业活动者

B. 前来该国定居者

C. 跨境前来上班工作的邻国边境居民

D. 在海上巡游度假过程中登岸访问，停留时间不足24小时的人员

E. 前往该国入学就读，膳宿在校的外国留学生

2. 我国规定，纳入旅游统计的入境游客中不包括下列(　　)人员。[浙江省2021年10月自考真题]

A. 未在我国大陆住宿设施内停留过夜，而当日离境者

B. 外国驻华使领馆官员外交人员及其随行家庭服务人员和受赡养者

C. 乘坐国际航班过境，不需要通过护照检查进入我国口岸的中转旅客

D. 来我国内地定居的华侨和港澳台同胞

E. 归国的我国出国人员

3. 在国内旅游统计中，以人们外出时的旅行距离作为界定标准，而不论是否在外过夜的国家包括(　　)。[浙江省2016年4月自考真题]

A. 澳大利亚　　B. 加拿大　　C. 美国　　D. 英国

E. 法国

4. 我国的国内旅游统计中规定，国内游客统计范围中不包括下列(　　)人员。[浙江省2019年10月自考真题]

A. 无固定居住地的无业游民　　B. 驻外地办事机构的临时工作人员

C. 调遣的武装人员　　D. 到外地入学就读的学生

E. 到外地基层锻炼的干部

5. 影响一个人成为现实旅游者的因素有(　　)。[专升本真题]

A. 旅游动机　　B. 收入水平
C. 余暇时间　　D. 身体条件和家庭负担状况
E. 旅游外汇收入

6. 以下是影响旅游消费者购买动机的外在影响因素的是(　　)。[浙江省2020年10月自考真题]
A. 文化水平和受教育程度　　B. 年龄
C. 性别　　D. 人格
E. 微社会群体

7. 下面关于冒险型人格/心理类型的旅游者的特点，说法正确的有(　　)。[浙江省2019年10月自考真题]
A. 旅游度假期间花钱多　　B. 自信心强，出游频率高
C. 希望选择去新奇、陌生的目的地　　D. 多忧多虑，喜欢自驾车出行
E. 性格外向，乐于接触不同文化背景的人

8. 下面关于依赖型人格/心理类型的旅游者的特点，说法正确的有(　　)。[浙江省2020年10月自考真题]
A. 旅游度假期间花钱少　　B. 自信心强，出游频率高
C. 希望选择去新奇、陌生的目的地　　D. 多忧多虑，喜欢自驾车出行
E. 愿意选择去熟悉和“安全”的目的地

9. 以下为一日游游客统计范围的有(　　)。[浙江省2018年10月自考真题]
A. 临时到岸访问但不在岸上过夜的游船乘客
B. 当日离去的来访游客
C. 在到访地不做过夜停留的外国航空机组人员和列车的司乘人员
D. 往来于本国与外国就任地之间的领事代表
E. 往来于本国与外国就任地之间的外交人员

10. 以下属于消遣型旅游者的特点的有(　　)。[浙江省2019年10月自考真题]
A. 人数多，比重大　　B. 出游活动的季节性不强
C. 拥有较大程度的选择自由　　D. 对价格敏感
E. 消费水平高

11. 以下属于因公差旅型旅游者的特点的有(　　)。[浙江省2021年10月自考真题]
A. 人数多，比重大　　B. 出游频率高
C. 出行活动的自由度小　　D. 对价格敏感
E. 出游活动无季节性

12. 从需求方面来说，影响旅游需求的客观因素主要包括(　　)。[专升本真题]
A. 收入水平　　B. 闲暇时间　　C. 旅游动机　　D. 身体状况
E. 家庭的人口结构

13. 根据美国旅游专家帕洛格的游客心理类型模式，多中心型(追新猎奇型)的游客具有(　　)的特征。[专升本真题]
A. 要求完善的旅游设施　　B. 旅游行程计划周密

C. 热衷于探险旅游　　　　D. 喜欢团队出游

E. 活动量大

三、判断题(正确的选A，错误的选B)

1. 跨境前来上班工作的邻国边境居民应纳入国际旅游者统计范围。(　　)[浙江省2020年10月自考真题]

2. 纳入我国旅游统计的入境来访人员不包括来我国大陆观光、度假、探亲访友、就医疗养、购物、参加会议或从事经济、文化、体育、宗教交流活动的华侨和港澳台居民。(　　)[浙江省2020年10月自考真题]

3. 国内游客中理应也包括那些在我国大陆境内居住已满一年或以上，离开其惯常居住地去我国大陆境内其他地方旅行和访问的外国人、华侨和港澳台同胞。(　　)[浙江省2021年10月自考真题]

4. 闲暇时间即可由个人任意支配的自由时间。(　　)[浙江省2020年10月自考真题]

四、填空题

1. 在旅游统计中，“游客”可以分为______和一日游游客等两类。[浙江省2022年10月自考真题]

2. ______指个人或家庭收入中扣除应纳所得税之后的剩余部分。[浙江省2021年10月自考真题]

3. ______时间是决定个人旅游需求的重要客观因素。[浙江省2022年10月自考真题]

4. 一个人的闲暇时间可以分为每日闲暇、周末闲暇、______和______。[浙江省2016年4月自考真题]

5. 根据来访目的，可将旅游者分为消遣型、商务型和______型。[浙江省2022年10月自考真题]

6. 1963年，联合国在______召开了国际旅游会议，会议提出凡纳入旅游统计的来访人员统称为______。[专升本真题]

7. 可自由支配收入，指个人或家庭的收入中扣除______、社会保障性消费以及______之后的收入部分。[专升本真题]

8. 美国著名的旅游学专家麦金托什将旅游动机划分为四个方面，即______方面的动机、______方面的动机、人际交往方面的动机以及地位和声望方面的动机。[专升本真题]

五、概念题

1. 旅游者[中山大学2022年研；华南理工2019年研；中南财大2005年研]

2. 游客(罗马定义)[浙商大2013年研；山东师大2008年研]

相关试题：游客[扬州大学2022年研；浙商大2020年研；湖南师大2018年研；江西农大2015年研]

3. 国际旅游者[湖南师大2017年研]

4. 国内游客[桂林理工2022年研；浙商大2021年研]

5. 闲暇时间[湖南师大2020年研；浙商大2019年研；山东师大2018年研；青岛大学2017年研；桂林理工2017年研]

6．带薪假期[浙商大2016年研]

7．旅游动机[扬州大学2021年研；湖南师大2020年研；华南理工2018年研；浙商大2011年研；中山大学2011年研；山东师大2005年研]

8．旅游支付能力[北外2006年研]

9．可自由支配收入[河北大学2015年研；河南师大2012年研]

10．旅游需求(tourism demand)[中山大学2018年研；南开大学2007年研；江西财大2005年研]

11．马斯洛需要层次理论[浙商大2016年研；河南师大2013年研]

12．微社会环境[湖南师大2020年研；浙商大2019年研]

13．依赖型旅游者[浙商大2016年研]

六、简答题

1．如何判定一个人是旅行者还是旅游者？是国际旅游者还是国内旅游者？[云南师大2016年研]

2．个人要实现自己的旅游需求需要具备哪些客观条件？对于旅游业的经营者而言，认识这些条件有什么意义？[浙商大2012年研]

相关试题：

(1)阐述实现个人旅游需求的客观条件及其意义。[论述题，扬州大学2022年研]

(2)简述个人旅游需求的实现需要具备的条件及认识个人旅游需求影响因素的意义。[浙江省2020年10月自考真题]

(3)简述一个人成为现实的旅游者应具备的条件。[青岛大学2017年研]

(4)简述实现个人旅游需求的客观条件。[湖南师大2017年研]

(5)个人旅游需求的产生和实现需要具备哪些条件？[湖南师大2016年研]

(6)决定旅游需求的主客观因素有哪些？[浙商大2014年研]

3．闲暇时间对旅游的影响。[桂林理工2018年研]

4．简述马斯洛的需要层次理论内涵。[南京师大2021年研]

5．简述著名旅游学教授麦金托什的旅游动机类型。[湖南师大2020年研]

相关试题：

(1)旅游者定义和旅游动机分类。[华南理工2019年研]

(2)简述麦金托什(Mcintosh)的旅游动机理论。[华南理工2010年研]

6．旅游动机的影响因素有哪些？[湖南师大2020年研]

相关试题：

(1)影响旅游者动机的主要内在因素包括哪些？[浙江省2022年10月自考真题]

(2)简述旅游动机的基本类型与影响因素。[南京师大2021年研]

(3)论述旅游消费者购买动机的内在与外在影响因素。[论述题，浙江省2021年10月自考真题]

(4)简述旅游消费者购买动机的影响因素。[浙商大2018年研]

(5)简述旅游动机的影响因素及其具体作用。[云南师大2014年研]

7．简述帕洛格(Stanley Plog)的旅游消费者心理类型及其对旅游目的地选择的影响。

[浙商大2020年研]

相关试题：

(1)简述帕洛格冒险型旅游者的思想和行为。[湖南师大2023年研]

(2)Plog理论阐述。[中山大学2020年研]

(3)简述帕洛格游客心理类型的主要内容(图示该模型)。[华南理工2015年研]

(4)根据斯坦利·C. 帕洛格(Stanley C. Plog)的研究，依据旅游消费者所属的心理类型，旅游者可划分哪三种最主要的心理类型？各具有什么特征？[浙商大2013年研]

(5)帕洛格心理类型模式。[四川大学2005年研]

七、论述题

1. 根据旅游目的，旅游者可被分为哪些类型？请分析各自具备哪些特征。[扬州大学2016年研]

相关试题：

(1)请对比分析消遣型和差旅型旅行者群体的基本特点。[简答题，湖南师大2022年研]

(2)简述消遣型旅游者以及差旅型旅游者群体的基本特点。[简答题，桂林理工2022年研]

(3)消遣型旅游者、因公差旅型旅游者、因私事务型旅游者的主要特点有哪些？[简答题，浙商大2019年研]

(4)差旅型旅游者有哪些基本特点？[简答题，湖南师大2018年研]

(5)消遣型旅游者有哪些基本特点？[简答题，湖南师大2016年研]

(6)简述不同类型旅游者的需求特点。[简答题，云南师大2013年研]

(7)试分析不同类型旅游者群体的不同特点。[广东财大2008年研；华中师大2007年研]

2. 对于马斯洛需要层次理论在旅游动机研究中的作用，你有何认识或评价？[南开大学2005年研]

3.4 考研真题与典型题详解

一、单项选择题

1. C 【解析】真正决定一个人能否实现其旅游需求的家庭收入水平，实际上是指该家庭的可支配收入水平，更确切地说，是该家庭的可随意支配收入的水平。

2. D 【解析】美国著名旅游学专家麦金托什认为，由众多具体需要所促发的旅游动机实际上可分为四种基本类型：①身体方面的动机；②文化方面的动机；③人际(社会交往)方面的动机；④地位和声望方面的动机。

3. C 【解析】旅游者按出游目的可分为三种基本类型：消遣型旅游者、因公差旅型旅游者和因私事务型旅游者。其中，因公差旅型旅游者的市场特点有：①出游频率高；②出游活动无季节性；③出行活动的自由度小；④消费水平高；⑤价格敏感度低。而消遣型旅游者则季节性强，拥有较大程度的选择自由，对价格敏感。且事务型旅游者对价格也敏感。

4. D 【解析】帕洛格按不同的人格或心理类型特点，将旅游消费者分为若干不同的人群：依赖型、近依赖型、中间偏依赖型、中间偏冒险型、近冒险型、冒险型。其中，冒险型又称“多中心型”，这种心理类型的人在外出旅游时，强烈偏好那些环境独特、尚未充分开发、依然保留其原始魅力的旅游目的地，而不愿随大流去那些脍炙人口的旅游热点，因此冒险型旅游者多是新旅游目的地的发现者和开拓者。

5. C 【解析】对旅游者的基本分类有：①根据停留时间，旅游者可分为过夜旅游者与不过夜的旅游者(一日游游客)。②根据来源地域，旅游者可分为国内旅游者与国际(入境)旅游者。③根据来访目的，旅游者可分为消遣型旅游者、商务型旅游者及探亲型旅游者。④根据组织或活动方式，旅游者可分为团队旅游者与散客旅游者。

6. C 【解析】消遣型旅游者的出游活动季节性很强。这主要是因为，除了退休者以外，所有在职人员几乎都是利用休假时间外出旅游。

7. B 【解析】“国际旅游者”是指到一个不是自己惯常居住的国家去访问，并在该国停留至少24小时的人。就业移民的人不纳入“国际旅游者”的统计之列。

8. A 【解析】北美各国在国内旅游调查与统计工作中的突出特点是以人们外出时的旅行距离作为界定标准，而不论是否在外过夜。

9. B 【解析】在我国的国内旅游统计中，“国内游客”是指：任何因休闲、娱乐、观光、度假、探亲访友、就医疗养、购物、参加会议或从事经济、文化、体育、宗教活动等原因，离开其惯常居住地到我国境内其他地方访问，连续停留时间不超过6个月，并且主要访问目的不是去从事从到访地区获取报酬的活动的人。

10. C 【解析】旅游动机是激发一个人外出旅游的内在驱动力，即驱使一个人参加外出旅游活动以使其某种需要能够得以满足的内在心理动因。

11. C 【解析】人际(社会交往)方面的旅游动机旨在满足人们进行社会交往，保持或建立与异域某些人群的接触这类需要，包括深入他乡接触当地民众、探亲访友、结识新朋友等。

12. C 【解析】根据帕洛格的心理类型模型，属于中间型心理类型的人在人口中占绝大多数，属于依赖型(自我中心型)和冒险型(多中心型)这两个极端心理类型的人占比很小，即中间大、两头小。且一个人所属的心理类型距冒险型越近，外出旅游的可能性越大。

13. C 【解析】与消遣型旅游者相比较，因公差旅型旅游者的市场特点包括：①出游频率高；②出游活动无季节性；③出行活动的自由度小；④消费水平高；⑤价格敏感度低。

二、多项选择题

1. ABCE 【解析】“国际旅游者”是指到一个不是自己惯常居住的国家去访问，并在该国停留至少24小时的人。根据国际联盟规定，下列来访的入境人员不在“国际旅游者”的统计之列：①来访目的为打工、任职(不论是否订有合同)或在该国从事营业活动者；②前来该国定居者；③前来该国入学就读，膳宿在校的外国留学生；④跨境前来上班工作的邻国边境居民；⑤途经该国而不作停留的“中转过境旅行者”，不论其置身该国的时间长短。D项应视为入境旅游者，应纳入来访国际旅游者统计范围的人员。

2. BCDE 【解析】根据我国规定，纳入旅游统计的入境游客中不包括下列人员：①应邀来华访问的外国政府部长级以上的官员及其随行人员；②外国驻华使领馆官员、外交人员及其随行家庭服务人员和受赡养者；③在我国驻期已达1年以上的外国专家、留学生、记者、商务机构人员等；④乘坐国际航班过境，不需要通过护照检查进入我国口岸的中转旅客；⑤边境地区(因日常工作和生活而入出境)往来的边民；⑥来我国内地定居的华侨和港澳台同胞；⑦已在我国大陆定居的外国人以及离境迁出后重又返回我国大陆定居的外国侨民；⑧归国的我国出国人员。A项为入境一日游游客，应纳入旅游统计范围。

3. BC 【解析】BC两项，北美各国如加拿大和美国，在国内旅游统计中，以人们外出时的旅行距离作为界定旅游者的标准。A项，澳大利亚产业经济局将停留时间和旅行距离同时作为界定旅游者的标准。DE两项，欧洲各国如英国和法国，以是否在外过夜作为界定旅游者的标准。

4. ABCDE 【解析】国内旅游者是我国大陆居民离开其惯常居住地，去我国大陆境内其他地方旅行和访问，并在到访之地的住宿设施内停留至少一夜，最长不超过6个月的国内游客。国内游客统计范围中不包括下列人员：①到各地巡视工作的部级以上的领导干部；②驻外地办事机构的临时工作人员；③调遣的武装人员；④到外地入学就读的学生；⑤到外地基层锻炼的干部；⑥到其他地区定居的人员；⑦无固定居住地的无业游民。

5. ABCD 【解析】一个人要成为现实旅游者必须同时具备以下条件：①客观条件：a. 收入水平；b. 闲暇时间；c. 其他因素，包括：个人的身体状况、所处家庭生命周期阶段或家庭拖累情况等。②主观条件，必须具备旅游动机。

6. ABCE 【解析】影响旅游消费者购买动机的因素很多。其中，旅游消费者自身方面的因素包括：①内在因素，包括：a. 学习；b. 态度；c. 知觉；d. 人格等；②外在因素，主要包括：a. 文化知识水平或受教育程度；b. 年龄；c. 性别；d. 社会阶级；e. 微社会环境，又称参照群体。D项属于内在因素。

7. ABCE 【解析】在帕洛格旅游消费者心理类型分布模型中，冒险型人格/心理类型旅游者的特点有：①出游频率高；②胆子大、好冒险；③自信心强；④性格外向，乐于接触不同文化背景的人；⑤生性乐观；⑥乐于选乘各种交通工具旅行；⑦希望选择去新奇、陌生的目的地；⑧旅游度假期间花钱多。D项属于依赖型人格/心理类型旅游者的特点。

8. ADE 【解析】在帕洛格旅游消费者心理类型分布模型中，依赖型人格/心理类型旅游者的特点有：①出游频率低；②不喜欢冒险；③缺乏自信；④性格内向，羞于接触不熟悉的人；⑤多忧多虑；⑥多喜欢自驾车出行；⑦愿意选择去熟悉和“安全”的目的地；⑧旅游度假期间花钱少。BC两项属于冒险型人格/心理类型旅游者的特征。

9. ABC 【解析】一日游游客，即在到访地不做过夜停留的游客，其人员范围包括：

①临时到岸访问但不在岸上过夜的游船乘客；②当日离去的来访游客；③在到访地不做过夜停留的外国航空机组人员以及船舶和列车的司乘人员。DE 两项属于不能纳入旅游统计范围的旅行者。

10. ACD 【解析】消遣型旅游者的特点有：①人数多，比重大；②出游活动的季节性强；③拥有较大程度的选择自由；④对价格敏感。BE 两项属于因公差旅型旅游者的特点。

11. BCE 【解析】以商务人员为典型代表的因公差旅型旅游者的市场特点包括：①出游频率高；②出游活动无季节性；③出行活动的自由度小；④消费水平高；⑤价格敏感度低。AD 两项属于消遣型旅游者的特点。

12. ABDE 【解析】影响旅游需求的客观因素主要包括：①足够的支付能力；②足够的闲暇时间；③其他方面的个人因素，如个人的体能状况、所处家庭生命周期阶段或家庭拖累状况。C 项属于主观因素。

13. CE 【解析】在帕洛格的游客心理类型模式中，冒险型(多中心型)的游客在行为上多表现为喜新奇，好冒险，活动量大，不愿随大流，喜欢与不同文化背景的人打交道和相处。这类人在外出旅游时，强烈偏好环境独特、尚未充分开发、依然保留其原始魅力的旅游目的地，且喜欢自助式旅游，不愿参加旅行团。

三、判断题(正确的选 A，错误的选 B)

1. B 【解析】跨境前来上班工作的邻国边境居民不在“国际旅游者”的统计之列。

2. B 【解析】凡属应纳入我国旅游统计的入境来访人员，一律称之为入境游客。对入境游客的具体界定是：来我国大陆观光、度假、探亲访友、就医疗养、购物、参加会议或从事经济、文化、体育、宗教交流活动的外国人、华侨和港澳台居民。

3. A

4. A

四、填空题

1. (过夜)旅游者

2. 可支配收入

3. 足够的闲暇

4. 公共节假日；带薪假期

5. 探亲型

6. 意大利的罗马；游客

7. 应纳所得税；日常生活必须消费部分

8. 身体；文化

五、概念题

1. 旅游者[中山大学 2022 年研；华南理工 2019 年研；中南财大 2005 年研]

答：旅游者，是指离开常住地到异国他乡旅行和访问的人。这仅是一个概念性定义，是对旅游者本质属性的一种概括。旅游者概念的技术性定义，一般是依据是否跨越国境而区分出国际旅游者和国内旅游者两个大类。目前国内外比较有影响力的有关旅游者的定义，参见本章考点难点归纳相关内容。

2. 游客(罗马定义)[浙商大2013年研；山东师大2008年研]

相关试题：游客[扬州大学2022年研；浙商大2020年研；湖南师大2018年研；江西农大2015年研]

答：参见本章课后习题第2题答案。

3. 国际旅游者[湖南师大2017年研]

答：参见本章考点难点归纳相关内容。

4. 国内游客[桂林理工2022年研；浙商大2021年研]

答：参见本章考点难点归纳相关内容。

5. 闲暇时间[湖南师大2020年研；浙商大2019年研；山东师大2018年研；青岛大学2017年研；桂林理工2017年研]

答：闲暇时间是指在日常工作、学习、生活等必须占用的时间之外，用于开展消遣娱乐、社会交往等其他自己乐于从事活动的自由支配时间。闲暇时间可以分为四种基本类型：①每日工作之余的闲暇时间；②每个周末的闲暇时间；③法定假日的闲暇时间；④带薪假期。旅游活动的实现需要时间条件的保证，一个人拥有足够数量且连续集中的闲暇时间时才有可能实现外出旅游。每日闲暇无法用于外出旅游；周末闲暇(一般为2天)仅可用于近距离的周末度假或一日游；法定假日(特别是连续2~4天的公共假日)一般是人们外出探亲访友或旅游度假的高峰期；带薪假期由于闲暇时间多而连续集中，通常成为人们外出旅游度假尤其是开展远程旅游的最好时机。

6. 带薪假期[浙商大2016年研]

答：带薪假期是指除了国家法定假期以外，企业内部给予员工的一种福利假期。即员工享受假日的同时，还享有正常薪水待遇。带薪假期由于闲暇时间多而连续集中，通常成为人们外出旅游度假尤其是开展远程旅游的最好时机。

7. 旅游动机[扬州大学2021年研；湖南师大2020年研；华南理工2018年研；浙商大2011年研；中山大学2011年研；山东师大2005年研]

答：旅游动机是指一个人为了满足自己的某种需要而决意外出旅游的内在驱动力，即促使一个人有意于外出旅游以及选择到何处去、开展何种旅游活动的内在动因，是一个人外出旅游的主观条件。旅游动机包括旅游者身体、文化、社会交往、地位和声望等方面的动机。旅游动机往往会受到如学习、态度、文化知识水平等多种因素的综合影响。

8. 旅游支付能力[北外2006年研]

答：旅游支付能力是指在人们的全部收入中扣除必须缴纳的税金和必需的生活及社会消费支出后的余额中可能用于旅游消费的货币量。在旅游研究中，一般将可自由支配收入作为考察指标。可自由支配收入越高，旅游支付能力越强。

9. 可自由支配收入[河北大学2015年研；河南师大2012年研]

答：可自由支配收入又称可随意支配收入，是指个人或家庭收入减去应纳所得税、社会保障性消费(例如养老金、失业保险、健康保险等)以及日常生活必须消费部分(衣、食、住、行)之后的剩余部分。这部分收入是消费者可以任意投向的收入，这部分收入越多，人们的消费水平就越高。

10. 旅游需求(tourism demand)[中山大学2018年研；南开大学2007年研；江西财大2005年研]

答：旅游需求是指在一定时期内，旅游者具有旅游的动机并能够以一定货币支付能力和可支配的时间购买旅游产品的数量。旅游需求与潜在旅游者的个人偏好、余暇、与目的地的空间距离和文化差异、个人的社会责任(社会角色)、身心健康状况等因素都有关系，而这些都是旅游接待国或地区所不能控制的。

11. 马斯洛需要层次理论[浙商大2016年研；河南师大2013年研]

答：参见本章考研真题与典型题简答题第4题答案。

12. 微社会环境[湖南师大2020年研；浙商大2019年研]

答：微社会环境又称“参照群体”，是指一个人在日常生活和工作中所经常接触、对个人发生直接影响的人际关系、环境的总和。其通常会涉及家人、同事、朋友、街坊邻居等人群。微社会环境具有多样性、特定性和相对独立性等特点，会对个人的需要和行为动机等产生重要影响。

13. 依赖型旅游者[浙商大2016年研]

答：依赖型旅游者又称自我中心型旅游者，主要是指那些思想上保守封闭、缺乏自信与冒险精神、敏感多虑，行为上表现为喜欢平静安稳的生活、容易听取他人意见、喜欢熟悉的氛围和活动的旅游者。这类旅游者通常倾向选择距离近、比较熟悉的旅游目的地或传统的旅游热点地区，其出游频率较低、旅游度假期间花钱较少。

六、简答题

1. 如何判定一个人是旅行者还是旅游者？是国际旅游者还是国内旅游者？[云南师大2016年研]

答：(1)旅行者与旅游者的判定关键在于正确区分“旅行”与“旅游”，具体参见本章第2章考研真题概念题第4题答案。

(2)国际旅游者与国内旅游者的判定：

①概念上的区分。国际旅游与国内旅游的区别，参见本章第2章考研真题简答题第4题答案。

②技术上的区分，即国际旅游者与国内旅游者的界定，参见本章考点难点归纳相关内容。

2. 个人要实现自己的旅游需求需要具备哪些客观条件？对于旅游业的经营者而言，认识这些条件有什么意义？[浙商大2012年研]

相关试题：

(1)阐述实现个人旅游需求的客观条件及其意义。［论述题，扬州大学2022年研］

(2)简述个人旅游需求的实现需要具备的条件及认识个人旅游需求影响因素的意义。［浙江省2020年10月自考真题］

(3)简述一个人成为现实的旅游者应具备的条件。［青岛大学2017年研］

(4)简述实现个人旅游需求的客观条件。［湖南师大2017年研］

(5)个人旅游需求的产生和实现需要具备哪些条件？［湖南师大2016年研］

(6)决定旅游需求的主客观因素有哪些？［浙商大2014年研］

答：(1)个人旅游需求的实现应具备的条件：

①决定个人旅游需求的客观因素：

a. 足够的支付能力。可随意支配收入又称可自由支配收入，是指个人可支配收入减去社会保障性消费以及日常生活必须消费部分之后的剩余部分。收入水平意味着支付能力。可自由支配收入决定着一个人或一个家庭能否实现外出旅游，是旅游需求产生的必要前提之一，也是实现旅游活动的物质基础。可随意支配收入决定了旅游者的消费水平，影响着旅游者在外旅游期间的消费结构，影响着旅游者对出游目的地以及旅行方式的选择。

b. 足够的闲暇时间。闲暇时间是指除日常工作、学习与生活等必须占用的时间外，由个人任意支配、用于开展消费娱乐等活动的自由时间。足够的闲暇时间是旅游需求产生和实现的基本条件。闲暇时间的长短决定着一个人是否能够外出旅游，而且还会影响其对出游目的地的选择以及在旅游目的地停留时间的长短。闲暇时间的类型划分如下：

第一，每日闲暇。通常表现为平日扣除工作和日常限制性活动所需时间之后的剩余部分。这类闲暇时间过于零散，不足以开展外出旅游，但可以用于适当的娱乐和休息。

第二，周末闲暇。集中表现为周末工休时间。这种类型的闲暇时间比较集中，可以进行近距离的周末度假或一日游活动。

第三，公共假日。通常指法定的公共节假日。节假日往往是家人或亲友团聚活动的好时机，特别是小长假期间，是人们外出探亲访友或短期度假的高峰时间。距离国内主要客源地较远地区的旅游业容易受到国家公共假期制度的影响。

第四，带薪假期。大部分西方工业化国家对就业员工实行带薪休假制度。带薪休假的闲暇时间较多且连续集中，是人们外出旅游度假(特别是远程旅游)的最佳时机。

c. 其他方面的客观因素，包括：个人的身体能力状况；所处家庭生命周期阶段和家庭拖累状况。

②决定个人旅游需求的主观因素：

a. 旅游动机与个人需要。旅游动机是个体为了满足自己的某种需要而决定外出旅游的内在驱动力，或者是促使个人有意愿外出旅游的心理动因。马斯洛把人的需要划分为五个层次：

第一，生理需要，如食物、水、氧气等。

第二，安全需要，如治安、稳定、秩序、受保护等。

第三，社会需要，如情感、归属感、(亲友间的)感情联系等。

第四，尊重需要，如自尊、声望、成功、成就等。

第五，自我实现需要，指最大限度地发挥个人潜力的需要。

b. 基于经验的观察与分析。大众旅游背景下旅游动机产生的原因：第一，探新猎奇的需要；第二，解脱压力的需要；第三，社会交往的需要；第四，挑战自我和受人承认的需要。

c. 旅游消费者购买动机的影响因素：

第一，内在因素，主要包括：动机、学习、态度、知觉、人格等心理因素。

第二，外在因素，主要包括：文化水平和受教育程度、年龄、性别、社会阶级、微社会群体等。

(2)认识个人旅游需求影响因素的意义：

①客观因素是旅游活动顺利开展的基础，主观因素是驱使个体参加旅游活动的根本内在动因。一个人要外出旅游，必须同时具备主客观两个方面的条件。

②全面认识旅游需求的影响因素，能够为旅游目的地和企业的市场营销工作提供理论参考，提高营销的精准性和有效性。

③旅游经营者在进行目标客源市场定位时，应当对已具备客观条件的群体予以重点关注，同时积极采取主动措施，激发旅游者购买动机。

3. 闲暇时间对旅游的影响。[桂林理工2018年研]

答：闲暇时间是指在日常工作、学习、生活以及其他方面所必须占用的时间之外，可由个人任意支配、用于开展消遣娱乐及自己所乐于从事的任何其他活动的自由时间。其主要类型包括每日闲暇、周末闲暇、公共节假日、带薪假期等。闲暇时间对个人旅游需求的产生与实现具有重要影响：

(1)一个人拥有足够数量且连续集中的闲暇时间时，才有可能实现外出旅游。所有旅游活动的开展都在闲暇时间内发生。当旅游消费者拥有比较集中的闲暇时间时，就具备了外出旅游的客观条件，这样大部分旅游者才会选择外出旅游。

(2)足够的闲暇时间是个人实现旅游需求的必要条件，也是旅游者选择目的地、决定逗留时间长短的重要依据。旅游消费者对旅游目的地的选择以及在旅游目的地逗留时间的长短，很大程度上需要考虑闲暇时间这一重要因素。如果闲暇时间较短，那么旅游者更倾向选择较近的旅游目的地，逗留时间也不会太长；反之亦然。

4. 简述马斯洛的需要层次理论内涵。[南京师大2021年研]

答：马斯洛的需要层次理论是长期以来广为流传的一种动机理论。人们广泛引用马斯洛的需要层次理论来解释动机的产生，包括借用这一理论去解释旅游消费者的购买行为。

(1)马斯洛将人的需要划分为五个层次，由低到高排列如下：

①生理需要。即满足基本生活的需要，如衣、食、住、行等，是最迫切的需要。只有当生理的需要基本得到满足时，才会产生其他需要。

②安全需要。指人类免受各种危险和威胁的需要，包括免受身体及情感伤害和保护财产、食物及住所等不受威胁的需要。

③爱的需要。指人类在感情和归宿方面的需要，包括人际交往、友谊、为群体和社会所接受和承认等。

④受尊重的需要。指人们希望别人对自己的工作、人品、能力、情感等方面予以肯定的需要。这属于心理上的需要，包括自尊和受别人尊重。

⑤自我实现需要。指人们在人生道路中追求自己能力的极限，激发潜能，完善自身能力，取得自我成就的需要。这属于更高层次的需要，包括胜任感和成就感两个方面。

(2)马斯洛需要层次理论的基本要点：

①人的需要多种多样，可分为五种不同层次的需要，这些不同的需要之间有层次高低之分。其中，生理需要和安全需要为低层次需要，后三个为高层次需要。高层次需要可在不同程度上解释人们外出旅游的动机。

②对于任何个体而言，只有当较低层次的需要得到满足后，才会向上一个层次的需要发展，即才会产生向上一个层次的需要。

总之，需要层次理论对揭示人类复杂需要的普遍规律性作出了贡献，且具有直观、易于理解、相对较合理等特点，因此成为国内外许多管理理论的重要基础。但是在应用该理论时也应该看到，人的需要是复杂的，往往不能机械、绝对地按层次进行划分，也并不一定严格地按上述各个层次逐级去满足。

5. 简述著名旅游学教授麦金托什的旅游动机类型。［湖南师大 2020 年研］

相关试题：

(1)旅游者定义和旅游动机分类。［华南理工 2019 年研］

(2)简述麦金托什(Mcintosh)的旅游动机理论。［华南理工 2010 年研］

答：旅游动机是个体为了满足自己的某种需要而决定外出旅游的内在驱动力，或者是促使个人有意愿外出旅游的心理动因。美国著名的旅游学教授麦金托什提出，由众多具体需要所导致产生的旅游动机实际上可分为四种基本类型：

(1)身体方面的动机。即通过开展与健身或养生有关的活动去消除身心紧张。这类动机旨在满足生理需要，实质上是满足精神需要，包括度假休养、参加体育活动、海滩消遣、娱乐活动等。

(2)文化方面的动机，即了解异国他乡的社会文化的动机，包括了解该地的音乐、艺术、民俗、舞蹈、绘画及宗教等。基于这类动机而开展的旅游活动通常被称为文化旅游或“软探险”旅游。

(3)人际(社会交往)方面的动机，旨在满足人们进行社会交往，保持与异域某些人群的接触需要，主要包括探亲访友、深入异国他乡社会去接触当地民众、逃避惯常的微社会环境、结识新朋友等。

(4)地位和声望方面的动机，主要是追求个人成就和个人发展的需要。旅游者希望通过这类旅游活动可以受人赏识、被人承认、获得好名声等。属于这类动机的旅游活动包括：商务洽谈、出席会议、考察研究、追求特殊爱好以及外出修学等。

6. 旅游动机的影响因素有哪些？［湖南师大 2020 年研］

相关试题：

(1)影响旅游者动机的主要内在因素包括哪些？［浙江省 2022 年 10 月自考真题］

(2)简述旅游动机的基本类型与影响因素。［南京师大 2021 年研］

(3)论述旅游消费者购买动机的内在与外在影响因素。[论述题，浙江省2021年10月自考真题]

(4)简述旅游消费者购买动机的影响因素。[浙商大2018年研]

(5)简述旅游动机的影响因素及其具体作用。[云南师大2014年研]

答: 参见本章课后习题第10题答案。

7. 简述帕洛格(Stanley Plog)的旅游消费者心理类型及其对旅游目的地选择的影响。[浙商大2020年研]

相关试题:

(1)简述帕洛格冒险型旅游者的思想和行为。[湖南师大2023年研]

(2)Plog理论阐述。[中山大学2020年研]

(3)简述帕洛格游客心理类型的主要内容(图示该模型)。[华南理工2015年研]

(4)根据斯坦利·C. 帕洛格(Stanley C. Plog)的研究，依据旅游消费者所属的心理类型，旅游者可划分哪三种最主要的心理类型？各具有什么特征？[浙商大2013年研]

(5)帕洛格心理类型模式。[四川大学2005年研]

答: 参见本章课后习题第11题答案。

七、论述题

1. 根据旅游目的，旅游者可被分为哪些类型？请分析各自具备哪些特征。[扬州大学2016年研]

相关试题:

(1)请对比分析消遣型和差旅型旅行者群体的基本特点。[简答题，湖南师大2022年研]

(2)简述消遣型旅游者以及差旅型旅游者群体的基本特点。[简答题，桂林理工2022年研]

(3)消遣型旅游者、因公差旅型旅游者、因私事务型旅游者的主要特点有哪些？[简答题，浙商大2019年研]

(4)差旅型旅游者有哪些基本特点？[简答题，湖南师大2018年研]

(5)消遣型旅游者有哪些基本特点？[简答题，湖南师大2016年研]

(6)简述不同类型旅游者的需求特点。[简答题，云南师大2013年研]

(7)试分析不同类型旅游者群体的不同特点。[广东财大2008年研；华中师大2007年研]

答: 根据旅游者访问目的的归属，来访旅游者可分为三种基本类型：消遣型旅游者、因公差旅型旅游者和因私事务型旅游者。其主要特征如下：

(1)消遣型旅游者:

从总体上讲，消遣型旅游者通常具有以下特点：

①人数多、比重大。在全部旅游者总量中，消遣型旅游者人数最多，所占的比重最大。

②出游活动的季节性强。几乎所有旅游者都是利用休假时间外出旅游。旅游目的地来访旅游需求的季节性与该地的气候条件有关。

③拥有较大程度的选择自由。消遣型旅游者对目的地、旅行方式以及对具体出游时间等拥有较大程度的选择自由。消遣型旅游者(尤其是散客)在具体的出游时间上不受严格限制。

④对价格敏感。由于自费的缘故，消遣型旅游者大都对价格比较敏感，且更关心货真价实，价有所值。

(2)因公差旅型旅游者：

与消遣型旅游者相比较，因公差旅型旅游者的市场特点包括：

①出游频率高。在全部旅游者中，因公差旅型旅游者的人数相对较少，但出游频率很高。这是很多旅游企业重视这一市场的主要原因之一。

②出游活动无季节性。因公差旅者的出行目的是工作或业务，其出行活动通常没有季节性。

③出行活动的自由度小。因公差旅者几乎不能自由选择出行目的地。

④消费水平高。差旅型旅游者更注重旅游服务的可靠性和舒适度，因此他们的消费水平通常都比较高。

⑤价格敏感度低。差旅型旅游者对待价格一般不太敏感，这主要是因为：差旅活动主要是公费，且差旅型旅游者不能自由选择、更改旅行目的地。

(3)因私事务型旅游者：

这类旅游者的情况比较复杂。他们在出游活动的需求方面往往同时兼有前两类旅游者的某些特点。

①因私事务型旅游者外出旅行的季节性较小，在这方面与差旅型旅游者有着类似的需求特点。

②在对价格的敏感程度方面，因私事务型旅游者与消遣型旅游者相似，对价格敏感。

③在对旅游目的地的选择方面，因私事务型旅游者同差旅型旅游者一样，没有选择旅游目的地的自由。

2．对于马斯洛需要层次理论在旅游动机研究中的作用，你有何认识或评价？［南开大学2005年研］

答：(1)马斯洛的需要层次理论，参见本章考研真题与典型题简答题第4题答案。

(2)马斯洛需要层次理论在旅游动机研究中的作用：

①一个人或一个家庭旅游需求的产生，必须首先具备的客观条件之一是拥有足够的支付能力。人们不可能为了满足基本生存需要而产生旅游需求。如果一个人确实是出于满足基本生存的需要而外出他乡，按照联合国关于旅行者分类的标准，他也只能属于难民、移民或就业打工者之类的旅行人员，而不应纳入旅游统计的旅游者或游客范围。

②人们在外出旅游过程中无疑会需要并顾及安全，但这与人们出于追求安全需要的满足而外出旅游是两个不同的概念。人们都有这样的常识：一个人在自己熟悉的环境中，比如在家里，会比在其他任何地方都具有心理上的安全感。所以，人们不可能会出于追求安全需要的满足而外出旅游或度假。即安全需要不足以解释人们外出旅游的动机。

③马斯洛在其需要层次理论中所称的“爱的需要”，从根本上讲是指一个人对某一社会归属感的需要，因而也可以解释为这一意义上的社交需要。追求这一需要的满足与旅游动机的产生这二者之间的确存在某些联系。很多调查显示，外出他乡探访亲友、参加亲朋好友的婚礼或其他亲缘纪念活动、去异国他乡寻根等，确实是不少人外出旅游的动因。

④对很多人来说，旅游动机的产生有可能与满足受尊重的需要有关。受尊重的需要，

除了包括在他人心中受到重视、赏识或尊重外，还包括取得成就、提高地位和自信等表现自己的需要。虽然人们外出旅游的目的在形式上表现为观光、探寻文化、休养或开展其他某些活动，但内心潜在的真正动机却是通过这些活动的开展去表现或提升自己在他人心目中的形象，从而使自己受尊重的需要得到满足。因此，不论其是否愿意坦言这一点，或者不论其是否意识到这一点，对很多人来说，满足受尊重的需要实为驱使其外出旅游或度假的重要内在动因。

⑤作为最高层次的需要，自我实现是指一个人在所有其他层次的需要都已得到满足之后，希望将个人潜能发挥至极限，做一番非一般人所能完成的轰轰烈烈的事业。

(3)马斯洛的需要层次理论并不足以完全解释人的旅游动机。回顾旅游活动的历史和观察旅游活动开展的现实，旅游动机的促成出于追求以下两种需要的满足：

①探新求异的需要，即满足求知欲或好奇心的需要。外出旅行可以增加一个人对异乡事物的了解，增长知识和开阔眼界，因而“行万里路”的功效犹如“读万卷书”。人们渴望到异国他乡了解、体验那里的乡土人情、事物风光、地方文化传统和习俗。长期以来，这逐渐在社会中形成了一种新的价值观念，即喜欢探索并赞赏探索。

②逃避紧张的需要。城市化和工业化的发展不断改变着人们的生活，尤其是在高度城市化的社会，喧嚣而沉闷的环境，繁忙而单调的工作，以及不断加快的生活节奏，不断增大身心压力，使人感到紧张和疲倦。为此，人们需要适时更换环境，摆脱紧张，获得放松。外出旅游度假是实现这一目的的有效方式。在外旅游期间，人们摆脱了日常身份的束缚，新奇的环境又带来了新的刺激，从而可以有效地缓解人们的紧张和压力。

第四章　旅游资源

4.1　复习笔记

【知识框架(庖丁解牛)】

- 旅游资源
  - 旅游资源概述
    - 旅游资源的定义：需求角度[吸引力]、供给角度
    - 旅游资源的类型
      - 按事物属性：自然、文化、社会旅游资源
      - 按事物特点：可再生、不可再生旅游资源
      - 按存在状态：现实、潜在旅游资源
      - 按品位等级或吸引力范围：世界、国家、省、市级
    - 旅游资源的基本特点
    - 旅游资源的价值决定：自身品位、坐落地点
  - 旅游资源的开发
    - 含义、开发工作的必要性
    - 开发工作的参与者：政府、民间企业
    - 开发项目的价值评价：目的、标准
    - 开发工作的主要内容
    - 开发工作的原则：根本性原则、一般性原则
    - 开发项目可行性研究：含义、目的、报告内容
  - 旅游资源的保护
    - 保护与开发的辩证关系：永久利用是目的、不对立
    - 旅游资源遭受破坏的原因：自然因素、人为因素
    - 旅游资源保护工作的原则：防主治辅、防治结合
    - 旅游资源保护工作的措施：针对自然、游客、当地社会等

【通关提要(提纲挈领)】

本章主要介绍旅游资源，属于重点章节。学习时，要掌握旅游资源的概念和价值决定、旅游资源开发工作的主要内容和原则、旅游资源保护工作的原则和措施，熟悉旅游资源的特点和分类，认识旅游资源开发的必要性，了解旅游资源开发项目可行性研究的主要内容等。本章各种题型都有可能考查，复习时要在熟悉的基础上理解记忆。本章内容与可持续发展观息息相关，学习时要注意加以联系，以便能够对旅游资源的开发与保护问题展开论述。

【考点难点归纳(厚积薄发)】

考点一：旅游资源概述　★★★★

1. 旅游资源概述(见表4－1)

表4－1 旅游资源概述

要点	主要内容		
定义	需求角度[吸引力]	凡能对旅游者产生吸引力的各种客观事物[自然、文化、社会或其他任何客观事物]，都可构成旅游资源。[旅游活动的客体或对象，先于旅游业而存在] ①内涵：对旅游者的吸收力。[以旅游者感兴趣为前提] ②性质：a. 可创造性；b. 地位非永恒性；c. 与活动环境相关性	
	供给角度	被利用和凭借：旅游业开展经营活动的凭借物	
基本特点	多样性	①旅游资源内涵广泛、丰富，表现形式多样。 ②根本上，由旅游兴趣和动机的多样性决定	
	吸引力定向性	一项旅游资源对旅游消费者的吸引力因人而异	
	垄断性	①历史文化及自然遗存资源的不可移动性；②对特定环境的依赖性	
	非消耗性	只要管理得当、利用合理，旅游资源可以用之不竭	
	可创新性	人造旅游资源的创新成为必要和可能	
价值决定	客观标准	吸引力[根本价值]：吸引游客来访的数量	
	决定因素	自身品位	主要指该项旅游资源的特色和地位
		坐落地点	与主要客源地的距离、可进入性

【真题链接】

(1)列举并简释旅游资源的特点。[简答题，湖南师大2020年研]

(2)决定一项旅游资源价值大小的主要因素有哪些？[简答题，浙商大2019年研]

2. 旅游资源的类型(见表4－2)

表4－2 旅游资源的类型

划分标准	类型		主要内容
事物属性	自然旅游资源		大自然造物：①气候条件；②风光地貌或自然景观；③动植物资源；④天然疗养条件
	人造旅游资源	文化旅游资源	①历史文物古迹；②民族文化及其表现场所；③文体盛事；④主题公园、现代人造游乐场所等人造旅游景点
		社会旅游资源	①经济建设成就；②科技发展成就；③社会发展成就；④社会好客氛围
事物特点	可再生旅游资源		如主题公园等人造旅游景点，可进行自然恢复或人工再造
	不可再生旅游资源		自然和文化遗存，如典型的生态环境、古建筑、古墓葬和古文化遗址等，一旦损坏无法真正复原
存在状态	现实旅游资源		已有条件且正在接待游客访问的旅游资源
	潜在旅游资源		尚不为人所知或暂时无法接待游客的吸引物
品位等级或吸引力范围	世界级、国家级、省级、市(县)级旅游资源		

【真题链接】旅游资源及其常见分类。［简答题，华南理工2019年研］

考点二：旅游资源的开发（见表4－3）★★★★

表4－3　旅游资源的开发

<table>
<tr><th>要点</th><th colspan="4">主要内容</th></tr>
<tr><td>含义</td><td colspan="4">指以发展旅游业为前提，以市场需求为导向，以旅游资源为核心，为了发挥、改善和提高旅游资源的吸引力而致力从事的开拓和建设活动</td></tr>
<tr><td>必要性</td><td colspan="4">①潜在旅游资源向现实旅游资源的转化：初始开发和建设要结合自身特点与条件进行科学规划、合理开发，有效提升吸引力并促进转化。
②现实旅游资源的继发性/再生性开发：改善和提高吸引力，延长生命周期。
旅游地生命周期理论：以旅游吸引物为核心的旅游景区/旅游接待地形成后，随着时间推移，游客接待量都会经历一个由少到多、又逐渐由盛到衰的演变过程。旅游景点的生命周期按游客接待量的变化可分为初创期、成长期、成熟期和衰退期四个基本阶段，具体见图4－1</td></tr>
<tr><td rowspan="2">项目价值评价</td><td>目的</td><td colspan="3">分析和判定开发价值，确定吸引方向、开发规模和建设档次</td></tr>
<tr><td>标准</td><td colspan="3">①价值标准：美学标准、社会/文化标准、市场标准。
②国际上一般以可能实现的市场价值作为评价标准，以市场调研和定量分析为基础，具有科学性和实效性，值得推崇</td></tr>
<tr><td rowspan="10">开发工作</td><td rowspan="2">参与者</td><td>政府</td><td colspan="2">干预和介入：①政策指导；②酌情示范；③必要补充</td></tr>
<tr><td>民间企业</td><td colspan="2">开发与经营：设想开发、具体执行</td></tr>
<tr><td>主要内容</td><td colspan="3">①旅游景区景点的开发建设与管理；②解决和提高旅游资源所在地的可进入性；③建设和完善旅游基础设施、上层设施；④培训专业服务人员</td></tr>
<tr><td rowspan="7">原则</td><td rowspan="2">根本性原则</td><td>资源基础型</td><td>对不可再生资源，以保护为前提</td></tr>
<tr><td>游客导向型</td><td>对可再生资源，以游客需求为本</td></tr>
<tr><td rowspan="4">一般性原则</td><td>独特性原则</td><td>突出主题形象，体现鲜明个性</td></tr>
<tr><td>经济性原则</td><td>遵循经济效益原则，尽量利用本土资源</td></tr>
<tr><td>保护性原则</td><td>尽可能保持自然和历史原风貌，注重生态环境与社会环境平衡</td></tr>
<tr><td colspan="2">统筹规划、分期开发原则</td></tr>
<tr><td colspan="3"></td></tr>
<tr><td rowspan="3">项目可行性研究</td><td>含义</td><td colspan="3">指在调查的基础上，对旅游资源开发项目进行投资决策前，就该项目的技术可行性与经济合理性进行综合评价</td></tr>
<tr><td>目的</td><td colspan="3">为开发项目的投资决策提供可靠的客观依据</td></tr>
<tr><td>研究报告的内容</td><td colspan="3">①阐述项目开发者的实力和资格。
②分析并预测市场需求。
③分析该项目开发和经营的微观条件。
④分析当地的宏观社会经济条件及其影响</td></tr>
</table>

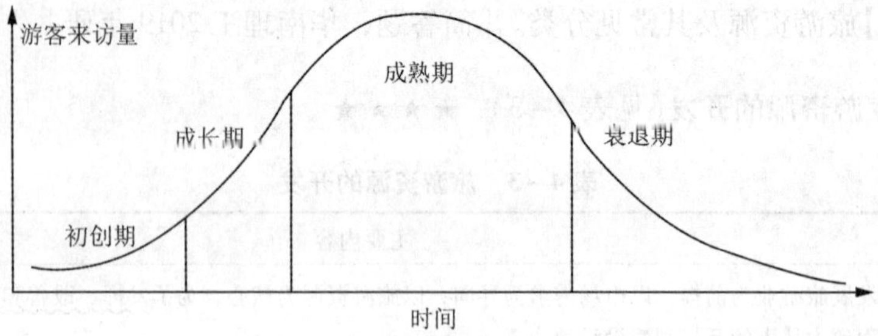

图4-1　旅游接待地的生命周期

【真题链接】

(1)请简述旅游资源开发项目的价值评价标准。[简答题，浙商大2017年研]

(2)简述旅游资源开发工作的基本内容。[简答题，桂林理工2022年研]

(3)简述旅游资源开发应遵循的主要原则。[简答题，湖南师大2017年研]

(4)简要说明旅游资源开发项目可行性研究涉及的主要内容。[简答题，湖南师大2022年研]

考点三：旅游资源的保护　★★★

1. 保护与开发的辩证关系

(1)在某种意义上，开发本身就意味着破坏。

(2)通过周密的规划和妥善管理，可以将问题发生的可能性减至最小。

(3)开发与保护不是对立的，片面强调发展旅游业或一味坚持自然主义都不可取。

(4)开发与保护的目的一致，都是为了永久地利用，不存在根本冲突。

2. 旅游资源遭受破坏的原因(见表4-4)

表4-4　旅游资源遭受破坏的原因

原因	主要内容	
自然因素	重大天灾	地质灾害，如地震、洪水、泥石流、山火等
	风化作用	气象灾害，如风蚀、水蚀等
	动物性原因	生物灾害，如鸟类和白蚁的破坏作用等
人为因素	游客不良行为	如游客过量、乱涂乱画、乱扔等
	当地居民不当行为	如盗窃、砍伐林木、偷猎等，这比旅游者造成的问题更加严重且不易控制
	旅游从业者不当行为	建设性破坏，如不注意保护环境或过度开发、管理不善等

3. 旅游资源保护工作的原则与措施(见表4-5)

表4-5　旅游资源保护工作的原则与措施

要点	主要内容
原则	贯彻“以防为主，以治为辅，防治结合”的原则，运用法律、行政、经济和技术等方面的手段，强化对旅游资源的管理和保护

续表

要点		主要内容
措施	针对自然作用	①技术防护。采取必要的技术措施加以预防或处理。 ②问题治理。因条件有限不易采取防护措施的，要经常检查，发现问题并及时解决
	针对游客	①加强旅游资源所在地的旅游规划工作，充分估计旅游承载力。 ②建立健全应急机制，接待量超负荷时采取如控制来访量、提高价格等备选措施。 ③防护措施：对重要和珍稀的旅游吸引物，应架设隔离装置。 ④游客管理：禁止乱涂乱画，对违反规定的旅游者进行教育、处罚
	针对当地居民和旅游业	①采取预防性措施，加强环保宣传工作。 ②完善法制，制定必要的法律法规。 ③健全管理，落实责任。对违反相关法律法规的单位或个人给予对应的行政处罚、经济处罚，必要时追究法律责任

4.2　课后习题详解

1. 名词解释：旅游资源可进入性；旅游基础设施；旅游上层设施；旅游地生命周期；旅游项目可行性研究。

答：参见本章考研真题与典型题概念题相关习题答案。

2. 举例说明旅游资源的分类，并指出其分类标准或依据。

答：参见本章考研真题与典型题简答题第 1 题答案。

3. 列举并解释旅游资源的特点。

答：参见本章考研真题与典型题简答题第 2 题答案。

4. 决定一项旅游资源价值大小的主要因素有哪些？为什么？

答：参见本章考研真题与典型题简答题第 3 题答案。

5. 试析旅游资源开发的必要性。

答：旅游资源开发是指以发展旅游业为前提，以市场需求为导向，以旅游资源为核心，为了发挥、改善和提高旅游资源对游客的吸引力，有组织、有计划地对旅游资源加以利用的经济技术系统工程。旅游资源开发对潜在的和现实的旅游资源来说都是必要的：

(1)对于潜在的旅游资源，在知名度不高或无力接待他乡游客成规模来访的情况下，只有结合自身特点与条件进行科学规划、合理开发，才能有效提升其吸引力，打造方便旅游者开展活动的旅游环境，促进其转化为现实的旅游资源，使其吸引力得以发挥。

(2)对于现实的旅游资源，每个旅游地或景区景点都有其自身的生命周期，因而需要管理者根据旅游资源自身以及市场情况的变化适时进行继发性/再生性开发，不断更新该旅游地的吸引力，并使其吸引力得以巩固、改善和提高，以延长生命周期。

6. 政府和民间企业在旅游开发中应扮演何种角色？

答：（1）政府在旅游开发中扮演的角色：

世界旅游组织指出，市场经济下，政府不应做私营部门应该做的事情，但并不是说，政府完全不介入旅游开发工作，任其自行发展。具体来说，旅游目的地政府有必要引导乃至直接介入该地的旅游开发工作。旅游目的地政府对旅游开发工作的干预和介入即政府调控，主要包括三种方式：①政策指导；②酌情示范；③必要补充。

（2）民间企业在旅游开发中扮演的角色：

民间企业参与旅游开发工作的中心任务是开发、经营商业性的旅游项目，主要包括：

①提出有关项目开发设想。

②执行具体项目的开发。

③提供项目开发资金，承担财务风险。

④项目开发后的经营和管理。

虽然旅游项目开发工作应遵从旅游规划，但旅游规划工作并不能识别所有的旅游开发项目。实际上，许多旅游项目的点子都是由民间企业通过资助有关研究工作而发现和提出的，因此，民间企业在商业性旅游项目开发方面承担着重要任务。

7. 简述旅游资源开发项目可行性研究报告的主要内容。

答：参见本章考研真题与典型题简答题第 11 题答案。

8. 简述旅游资源开发工作的基本内容。

答：参见本章考研真题与典型题简答题第 10 题答案。

9. 在我国，常有人将“以资源为基础，以市场为导向”作为旅游资源开发工作的原则。你是否赞同这一认识或表述？为什么？

答：开放性问题，可根据个人理解作答，以下为答案示例。

同意这一表述，原因如下：

旅游资源的开发利用以实现经济效益为归宿，其根本内容是对旅游市场和资源进行分析研究。无论采取何种开发方式，保证效益和成功的根本是要把握市场需求及其变动趋势，因此开发工作需要在深入分析旅游资源特性和优势的基础上满足目标客源人群的兴趣和利益追求，同时要注意：

（1）对于资源基础型景点，即那些其赖以为存在基础的资源的品位等级很高、价值意义重大、当代人为加工成分很小的自然景点和历史文化景点，开发时必须实行资源保护型开发，而非完全的市场导向。

（2）对于游客导向型景点，即那些完全以目标游客的需求为依据，利用任何可以使用的资源和条件开发建设成的现代旅游或娱乐景点，这类景点的最大特点在于其全部内容设计的可创新性，其开发和管理必须实行彻底的市场导向。

综上，以市场为导向是旅游资源开发工作的根本性原则，同时应以当地资源特性为基础，结合旅游地特点进行调整，开发与保护相结合，以达到对旅游资源的最佳利用。

10. 对旅游资源实施保护的基本原则是什么?

答:(1)对旅游资源实施保护的基本原则是:以“防”为主,以“治”为辅,“防”“治”结合,运用法律、行政、经济和技术等各种手段,如建立健全法律法规、完善相关管理制度、推进技术研发与更新等,提高旅游资源管理水平,加大资源保护力度。

(2)“防”代表的是在破坏之前的主动式保护,“治”代表的是破坏之后的被动式保护,两种方法相结合,针对不同资源不同情况,相应灵活地采取措施。

11. 试析致使旅游资源遭受损害和破坏的原因。

答:致使旅游资源遭受破坏的原因很多,一般来讲,主要包括自然作用和人为作用两大类。

(1)自然因素的作用:

①突发性天灾。例如,地震、洪水、山火、海啸等突发性自然灾害的出现,往往会使受灾地区旅游资源遭受严重破坏甚至损毁。2008 年汶川大地震对四川省很多旅游资源的破坏便是典型案例。

②自然风化作用。在这方面,风蚀、水蚀、日光照射等都是其中较为常见的因素。因这类因素长年累月的作用对有关旅游资源造成的损害,在世界各地都可见到。以我国山西大同的云冈石窟为例,由于长期遭受风雨剥蚀和后山石壁渗水浸泡的危害,大部分洞窟的外檐都出现裂塌;很多石雕造像因自然风化作用,或断头失臂,或面目模糊,大部分洞窟因损坏严重而无法对游客开放。

③动物侵害。例如,因白蚁以及鸟类粪便等原因对历史建筑和文物造成的破坏。

(2)人为因素的作用:

①旅游者的不良行为,如游客过量、乱涂乱画等。每个旅游区的接待能力都是有限的,都有其接待旅游者的负荷极限,一旦超过这个极限,该地旅游资源遭受破坏的可能性便会成倍地增加。

②当地居民的不当甚至不法行为,如挖取万里长城的砖石作私用;盗掘古墓;乱砍滥伐林木;偷猎稀有野生动物等,比旅游者造成的问题更加严重且不易控制。

③工业污染,包括:

a. 因工业污染而造成的酸雨正在威胁着世界上不少地方的森林。

b. 在我国,一些滨海区域因当地倾泻工业废水而难以进行旅游开发。

c. 在意大利的罗马,其古建筑正遭受当地工业排放气体的侵害。

d. 在印度,著名的泰姬陵因受当地工业废气的污染,颜色正在变黄等。

④规划工作不当。如开发过程中不注意保护环境或旅游业的过度开发等。在某些情况下,因规划工作不当而使当地旅游资源遭到破坏的程度可能比因游客原因而造成的破坏更严重,且更不容易纠正。

⑤管理和使用不当。这方面的原因突出表现为超负荷接待游客,或对游客开展活动的方式安排不当,从而对旅游资源造成破坏。

12. 你认为应如何保护旅游资源?

答:对旅游资源的保护应采取以“防”为主、以“治”为辅、“防”“治”结合的原则,要运用法律、行政、经济和技术等手段，加强对旅游资源的管理和保护。具体来说，保护旅游资源应该从自然作用、旅游者、当地居民和旅游业三个角度来采取措施：

(1)针对自然作用方面的原因：

①旅游资源管理者采取必要的技术措施预防自然作用带来的危害，如在森林火源易发地适当建立隔离带等。

②对因条件有限不宜采取防护措施的旅游资源，应经常检查，发现问题，及时解决。

(2)针对旅游者方面的原因：

①加强旅游资源所在地的旅游规划工作，充分估计旅游承载力和接待能力饱和会对旅游资源造成的破坏性影响。

②建立健全应急机制，提高管理水平。当接待量超负荷时，及时采取有效措施，如控制来访游客进入数量、提高价格、设法将游客引流分散到其他参观点等。

③对重要的文物建筑、珍稀动植物等旅游资源，应加强保护，架设隔离装置。

④通过线上线下对旅游者进行教育，对违反规定的旅游者进行处罚。

(3)针对当地居民和旅游业方面的原因：

①采取预防性措施，增强当地居民和旅游从业人员的环境保护意识，加强对旅游保护资源的宣传工作。

②制定并完善必要的法律法规，提供法律保障。

③对违反相关法律法规、损害旅游资源、破坏环境的单位或个人要给予对应的行政处罚和经济处罚，必要时追究有关人员的法律责任。

④资源保护工作的关键在于分派和落实有关执法和保护工作的责任，使人们自觉承担相应职责，将保护工作落到实处。

4.3 考研真题与典型题

一、单项选择题

1. (　　)是所有各种旅游资源共有的本质特征。[浙江农林2016年研]

A. 涉及范围的多样性　　B. 对旅游者具有吸引力

C. 不可移动性　　D. 易损性

2. 旅游资源价值在量化方面的唯一表现是(　　)。[浙江农林2016年研]

A. 美学价值　　B. 历史文化价值

C. 游客消费量的大小　　D. 吸引来访游客的数量

3. 对于以主题公园为代表的现代人造旅游资源项目，其开发工作必须以实行(　　)为根本原则。[浙江省2016年4月自考真题]

A. 资源保护　　B. 游客导向　　C. 维持原貌　　D. 综合开发

4. 就某项具体的旅游资源而言，它可能对某些旅游者吸引力很强，但对另一些旅游者没有吸引力，这体现旅游资源吸引力的(　　)。[专升本真题]

A. 定量性　　B. 定向性　　C. 自然性　　D. 变化性

5. 一项旅游资源的价值大小取决于其本身固有的______和______的结合情况。(　　)

A. 性质；来访人数　　B. 特性；自然风光

C. 品位；坐落位置　　D. 自然风光；来访人数

6. 采用(　　)对旅游资源进行评价具有科学性和实用性，应成为评价工作的基本方法。

A. 美学标准　　B. 社会标准　　C. 历史标准　　D. 市场标准

二、多项选择题

1. 以下属于自然旅游资源的有(　　)。[浙江省2020年10月自考真题]

A. 气候条件　　B. 动植物资源　　C. 天然疗养条件　　D. 科技发展成就

E. 以主题公园为代表的旅游景点

2. 以下属于人文旅游资源的有(　　)。[浙江省2021年10月自考真题]

A. 气候条件　　B. 历史文物古迹

C. 民族文化及其表现场所　　D. 有重大影响的体育和文化盛事

E. 以主题公园为代表的旅游景点

3. 根据旅游资源的基本属性分类，以下属于社会旅游资源的是(　　)。[浙江省2016年4月自考真题]

A. 美国的"硅谷"　　B. 博物馆

C. 世界杯足球赛　　D. 目的地居民热情好客的社会氛围

E. 主题公园

4. 旅游资源开发项目的可行性研究报告应包含的主要内容有(　　)。[浙江省2021年10月自考真题]

A. 阐明项目开发者的实力和资格

B. 分析和预测市场需求

C. 分析该项目开发和经营方面的微观条件

D. 建设和完善旅游基础设施

E. 分析当地的宏观社会经济条件

5. 下列属于旅游资源特点的是(　　)。

A. 多样性　　B. 易损性

C. 地理位置的不可转移性　　D. 可创新性

E. 吸引力定向性

6. 下列选项属于旅游基础设施的是(　　)。

A. 城市交通　　B. 旅游宾馆、饭店

C. 排污系统　　D. 银行、医院

E. 旅游商店

7. 造成旅游资源遭到损害的人为因素有(　　)。

A. 旅游者的破坏　　B. 旅游地超负荷接待

C. 旅游地当地居民的破坏　　D. 旅游企业的破坏

E. 工业污染

三、判断题(正确的选A，错误的选B)

1. 游客中心等属于旅游基础设施。(　　)[浙江省2021年10月自考真题]

2. 停车场、机场等属于旅游上层设施。(　　)[浙江省2020年10月自考真题]

3. 交通工具本身也是一种旅游资源。(　　)[专升本真题]

4. 旅游资源的开发是指对尚未开发的潜在旅游资源进行论证、规划、设计、施工，使之成为能够带来经济效益、社会效益以及环境效益的旅游景点。(　　)[专升本真题]

5. 旅游资源开发应遵循经济的原则。(　　)

四、填空题

1. 旅游资源的核心在于对外来旅游者的______功能。[浙江省2022年10月自考真题]

2. 自然旅游资源通常是指以______为吸引力本源的旅游资源。[浙江省2021年10月自考真题]

3. 根据旅游资源的开发状态可以分为现实的旅游资源和______的旅游资源。[浙江省2022年10月自考真题]

4. 旅游资源价值的决定主要取决于两个方面的综合作用：一个方面是旅游资源的自身品位，另一个方面则是______。[浙江省2019年10月自考真题]

5. ______是指旅游资源所在地同外界的交通联系以及该地内部交通条件的通畅和便利程度。[浙江省2020年10月自考真题]

6. 根据属性，旅游资源通常可以划分为______旅游资源、______旅游资源和以社会旅游资源为代表的其他旅游资源。[专升本真题]

7. 大多数旅游资源特别是历史和天然旅游资源，都有地理上的______的特点。[专升本真题]

8. 一个旅游点的生命周期可划分为初创期、______期、______期、衰退期等四个阶段。

9. 在旅游目的地开发过程中，政府首先应建设和完善______设施和______设施。[专升本真题]

10. 造成旅游资源遭受破坏的原因分为自然因素和______。[专升本真题]

五、概念题

1. 旅游资源[湖南师大2021年研；浙商大2020年研；河南师大2019年研；西北师大2015年研；江西农大2015年研；河北大学2014年研；南开大学2009年研]

2. 旅游吸引物[中山大学2021年研；华南理工2007年研]

3. 潜在旅游资源[浙商大2017年研；山东师大2008年研]

4. 自然旅游资源与人文资源[北二外2005年研]

相关试题：

(1)自然旅游资源[湖南师大2020年研；浙商大2012年研]

(2)人文旅游资源[扬州大学2016年研；浙商大2005年研]

5. 社会旅游资源[浙商大2013年研]

6. 可再生旅游资源[湖南师大2018年研；浙商大2016年研；山东师大2007年研]

7. 旅游开发[浙商大 2021 年研；南开大学 2016 年研]

8. 可进入性[云南师大 2016 年研；浙商大 2012 年研]

9. 旅游基础设施[桂林理工 2021 年研]

10. 旅游上层设施[云南师大 2016 年研]

11. 旅游地生命周期[湖南师大 2022 年研；山东师大 2016 年研；中山大学 2011 年研]

12. 可行性研究[浙商大 2019 年研；湖南师大 2016 年研]

六、简答题

1. 旅游资源及其常见分类。[华南理工 2019 年研]

相关试题：

(1)举例简述基于事物属性的旅游资源分类。[浙江省 2018 年 10 月自考真题]

(2)简述什么是旅游资源与旅游资源的分类。[湖南师大 2017 年研]

(3)简述旅游资源的概念及其分类。[浙江农林 2017 年研]

(4)旅游资源的定义及其基本分类。[河南师大 2013 年研]

2. 简述旅游资源的特点。[湖南师大 2020 年研；北二外 2008 年研；东北财大 2007 年研；湘潭大学 2007 年研；浙商大 2005 年研]

相关试题：

(1)简述旅游资源的特征。[扬州大学 2022 年研]

(2)列举并简释旅游资源的特点。[湖南师大 2020 年研]

(3)旅游资源的主要特征表现在哪些方面？[扬州大学 2016 年研]

3. 决定一项旅游资源价值大小的主要因素有哪些？[浙商大 2019 年研]

相关试题：

(1)如何衡量旅游资源的价值？[浙商大 2014 年研]

(2)旅游开发企业可以根据哪些标准来衡量旅游资源的价值？为什么？[浙商大 2013 年研]

4. 旅游地生命周期理论简述。[中山大学 2020 年研]

相关试题：

(1)简述旅游地生命周期的基本内容。[湖南师大 2021 年研]

(2)简述旅游地生命周期理论。[华南理工 2018 年研]

(3)简述旅游目的地的生命周期理论的内容与作用。[华南理工 2007 年研]

5. 结合旅游景点生命周期理论，说明旅游资源开发工作的必要性。[浙商大 2010 年研]

6. 简述政府和民间企业在旅游开发中应扮演何种角色。[浙江省 2018 年 10 月自考真题]

7. 请简述旅游资源开发项目的价值评价标准。[浙商大 2017 年研]

8. 简述旅游资源开发应遵循的主要原则。[湖南师大 2017 年研]

相关试题：简述旅游资源开发的原则。[山东师大 2017 年研]

9. 简析旅游产品开发中的“以人为本”原则。[武大 2002 年研]

10. 简述旅游资源开发工作的基本内容。[桂林理工 2022 年研；河南师大 2019 年研]

相关试题：

(1)简述旅游目的地旅游资源开发工作所涉及的主要内容。[浙江省 2021 年 10 月自考真题]

(2)简述旅游资源开发工作的基本任务和主要内容。[青岛大学2017年研]

(3)请简述旅游资源开发工作的主要内容。[浙商大2016年研]

(4)请问旅游目的地的开发工作一般包括哪些内容?[浙商大2011年研]

11. 简述旅游资源开发项目可行性研究报告的主要内容。[浙江省2019年10月自考真题;桂林理工2017年研]

相关试题:

(1)简要说明旅游资源开发项目可行性研究涉及的主要内容。[湖南师大2022年研]

(2)请论述旅游资源开发项目可行性研究的目标和主要内容。[论述题,浙商大2017年研]

12. 有人将“以资源为基础,以市场为导向”作为旅游资源开发工作的原则。问你以何种程度支持或反对这个观点?说明理由。[南开大学2016年研]

13. 简述致使旅游资源遭受损害的人为因素主要有哪些。[湖南师大2018年研]

七、论述题

1. 结合我国民族旅游的实际,谈谈旅游资源开发工作的主要内容和原则。[云南师大2015年研]

2. 旅游资源开发应遵循的原则是什么?如何正确处理旅游资源开发与保护的关系?[武大2003年研]

相关试题:试论旅游资源的开发原则。[四川大学2002年研]

3. 1992年被联合国教科文组织列入“世界自然遗产名录”的我国风景名胜区张家界,2001年却因过度开发遭到联合国世界遗产委员会专家的警告,这是对我国盲目开发旅游资源的警示。请你就我国目前世界自然文化遗产地旅游资源开发现状,提出自己的看法和针对性的建议。[武大2002年研]

八、案例分析题

据近日《中国青年报》报道,国庆前夕,随着展示鲁迅生活时代风貌的鲁迅故里和依鲁迅笔下旧时绍兴生活环境、民俗风情和自然景致建造的鲁镇在绍兴相继开门迎客,绍兴又掀起了一股鲁迅热。据悉,今年“十一”黄金周期间,鲁镇接待游客9.13万人次,门票收入272.76万元;鲁迅故里接待游客11.37万人次,比鲁迅纪念馆去年国庆期间接待的游客增加了258.76%。可观的经济收入,让绍兴人再次认识到鲁迅是他们招财进宝的金字招牌,因而各种以鲁迅命名的街道、商店相继出现和开业,鲁迅笔下的文学作品则被有形化,一批现代阿Q、孔乙己、祥林嫂、七斤嫂等活跃在各景点,一时间,竟让游客不知今夕是何年。

结合以上材料,请你谈谈对于鲁迅商业资产开发的认识。[浙商大2004年研]

4.4 考研真题与典型题详解

一、单项选择题

1. B 【解析】所有各类旅游资源都共有的本质特征是对旅游者具有吸引力。旅游资源所具有的吸引功能很大程度上取决于旅游消费者的主观认识。任一旅游资源的吸引力都会有某种程度的定向性特点。

2. D 【解析】从发展旅游业的角度来看，旅游资源的根本价值在于对旅游市场的吸引力，在于对旅游者的吸引功能。某项旅游资源所能吸引来访的游客数量，是用于测量旅游资源价值的唯一客观标准，同时也是这种价值的唯一量化表现。

3. B 【解析】对遗产性的旅游资源，应在注重保护的前提下，实行根据供给去选择需求的开发原则。而对可再生性旅游资源项目特别是以主题公园为代表的现代人造旅游资源项目，必须以实行完全彻底的游客导向为根本原则。

4. B 【解析】旅游资源共有的本质特征是对旅游者具有吸引力。任何一项旅游资源的吸引力都会有某种程度的定向性特点，而不大可能对所有的旅游消费者人群都具有同等的吸引力。

5. C 【解析】某项旅游资源价值的决定主要取决于两个方面的综合作用：一是该项旅游资源的自身品位，二是该项旅游资源的坐落地点。

6. D 【解析】国际上一般以可能实现的市场价值作为评价旅游资源的标准，以市场调研和定量分析为基础，具有科学性和实效性，值得推崇。此法因此在世界各地成为用于旅游开发项目评价的基本方法。

二、多项选择题

1. ABC 【解析】自然旅游资源通常是指以大自然造物为吸引力本源的旅游资源。一般来讲，自然旅游资源主要包括：①气候条件，如风和日暖、空气清新、干爽宜人等；②风光地貌或自然景观，如辽阔的草原绿地、壮观的瀑布等；③动植物资源，如大片森林、珍稀树种、奇花异草、珍禽异兽等；④天然疗养条件，如天然矿泉、泥浴场、疗效温泉等。D 项属于社会旅游资源；E 项属于文化旅游资源。

2. BCDE 【解析】人文旅游资源又称文化旅游资源，是指以文化事物为吸引力本源的旅游资源。其可分为：①历史文物古迹，主要为不同时代遗留下来的历史建筑、文明遗迹、古战场遗址等；②民族文化及其表现场所，主要是指旅游接待地区的民族历史、民族艺术、民族工艺等；③文体盛事；④以主题公园为典型代表的人造旅游景点。A 项属于自然旅游资源。

3. AD 【解析】常见的社会旅游资源包括：①经济建设成就，如深圳市的“锦绣中华”和“世界之窗”等主题公园、三峡水利工程；②科技发展成就，如美国的“硅谷”、我国的卫星发射基地等；③社会发展成就；④社会好客精神，如旅游接待地区居民热情好客的社会氛围。BCE 三项均属于文化旅游资源。

4. ABCE 【解析】旅游资源开发项目的可行性研究报告的主要内容包括：①阐明项目开发者的实力和资格；②分析和预测市场需求；③分析该项目开发和经营方面的微观条件；④分析当地的宏观社会经济条件。

5. ADE 【解析】一般地讲，特别是与传统的物产资源相比较，旅游资源的基本特点主要涉及以下几个方面：①多样性；②吸引力的定向性；③垄断性或对特定环境的依赖性；④非消耗性；⑤可创新性。

6. ACD 【解析】旅游基础设施应包括：①一般的公用事业设施，如供水系统、排污系统、供电系统、电系统、道路系统等，以及与此有关的配套设施如停车场、机场、火车站和汽车站、港口码头、夜间照明设施等。②现代社会生活所必需的基本设施或条件，包括医院、银行、食品店、公园、治安管理机构等。BE 两项属于旅游上层设施。旅游上层设施包括以宾馆、饭店为代表的各类旅游住宿设施、游客问讯中心、旅游(纪念品/用品)商店、某些餐饮服务设施以及某些娱乐场所等。

7. ABCDE 【解析】致使旅游资源遭受损害和破坏的人为因素，主要涉及以下几个方面：①旅游者的不当行为；②当地居民的不当行为，甚至是不法行为，如造成工业污染等；③旅游业者的不当行为，包括：规划工作不当，如旅游企业的破坏等；管理和使用不当，如超负荷接待等。

三、判断题(正确的选 A，错误的选 B)

1. B 【解析】游客中心等属于旅游上层设施。

2. B 【解析】停车场、机场等属于旅游基础设施。

3. A

4. B 【解析】旅游资源的开发既包括对潜在的旅游资源进行初始开发以使其转化为现实的旅游资源，也包括对现实的旅游资源进行继发性/再生性开发以巩固、改善和提高其吸引力。

5. A

四、填空题

1. 吸引
2. 大自然造物
3. 潜在
4. 该项旅游资源的坐落地点
5. 可进入性
6. 自然；文化
7. 不可移动性
8. 成长；成熟
9. 旅游基础；旅游上层
10. 人为因素

五、概念题

1. 旅游资源[湖南师大 2021 年研；浙商大 2020 年研；河南师大 2019 年研；西北师大 2015 年研；江西农大 2015 年研；河北大学 2014 年研；南开大学 2009 年研]

答：旅游资源是旅游活动的客体或对象，是指自然界和人类社会中凡能对旅游者产生吸引力，可以为旅游业开发利用，并可产生经济效益、社会效益和环境效益的各种事物和因素。旅游资源的理论核心是旅游吸引功能。旅游资源的特点有：①多样性；②吸引力的定向性；③垄断性或对特定环境的依赖性；④非消耗性；⑤可创新性。

2. 旅游吸引物［中山大学 2021 年研；华南理工 2007 年研］

答：旅游吸引物是指一切能够吸引旅游者的旅游资源及各种条件。它不仅包括旅游地的旅游资源，而且还包括接待设施和优良的服务因素，甚至还包括舒适快捷的交通条件。旅游吸引物按属性可分为自然吸引物、人文吸引物和特产吸引物三大类。旅游吸引物可能是物质实体，也可能是某个事件，还可能是一种自然或社会现象。旅游吸引物的区位、数量和质量，决定着旅游产品市场的规模。它既是一个地区能否进行旅游开发的先决条件和旅游者选择旅游目的地的决定性因素，也是构成旅游产品的基本要素。

3. 潜在旅游资源［浙商大 2017 年研；山东师大 2008 年研］

答：潜在旅游资源是指那些本身具有一定吸引力，但由于受该地交通条件或其他接待条件的影响，目前尚不大为外界所知，或暂时无法使很多游客前来观赏的吸引性事物。这意味着，这类吸引性事物向现实旅游资源的转化，需经必要的人工开发。

4. 自然旅游资源与人文资源［北二外 2005 年研］

相关试题：

(1) 自然旅游资源［湖南师大 2020 年研；浙商大 2012 年研］

(2) 人文旅游资源［扬州大学 2016 年研；浙商大 2005 年研］

答：(1) 自然旅游资源是指以大自然造物为吸引力本源的旅游资源。一般来讲，自然旅游资源包括地质旅游资源、地貌旅游资源、气象气候类旅游资源、水文旅游资源、生物旅游资源、太空旅游资源等。自然旅游资源是依照自然发展规律天然形成的旅游资源，是可供人类旅游享用的自然景观与自然环境，它寓于自然界的一定空间位置、特定的形成条件和历史演变阶段。

(2) 人文旅游资源又称文化旅游资源，是指以社会文化事物为吸引力本源的旅游资源。人文旅游资源的构成既涉及有形的文化旅游资源，也涉及无形的文化旅游资源，其内容广泛、类型多样，包括各种历史古迹、古今伟大建筑、民族风俗等，是人类活动的艺术结晶和文化成就。

5. 社会旅游资源［浙商大 2013 年研］

答：社会旅游资源，是指以一定的空间和时间为载体，具有旅游吸引力的当代人类及由当代人类所创造的，不以旅游为主体功能的，与人的生产生活密切相关的事物、现象和活动，是最具活力和潜力的旅游资源类型。社会旅游资源泛指除自然旅游资源和人文旅游资源之外的其他属性的旅游资源，通常包括那些能反映或表现该旅游接待地区的社会、经济以及科学技术发展成就或特色，从而能对旅游者来访产生吸引作用的各种事物，如民俗风情、购物、城市景观、会议、商务、体育保健、娱乐旅游资源等。

6. 可再生旅游资源［湖南师大 2018 年研；浙商大 2016 年研；山东师大 2007 年研］

答：可再生旅游资源是指那些在使用过程中，如果出现耗损过大或遭受毁坏的情况，可通过适当的途径进行人工再造的旅游资源。在自然资源方面，通常是指可通过其自然能力而得以恢复常态的自然旅游资源，如垂钓资源；在人造资源方面，通常是指那些没有重要历史价值或重要文化意义的当代人造旅游景点，如以主题公园为代表的各类现代人造景点。

7. 旅游开发[浙商大2021年研；南开大学2016年研]

答：旅游开发是指人们为了发挥、改善和提高旅游资源的吸引力，而致力从事的有关开拓和建设活动。旅游开发的目的是通过开发使有关旅游资源项目得到有效利用。旅游开发取决于当地拥有旅游者所需要并愿为之支付的优秀的自然资源和人文资源的状况。旅游开发的具体类型主要依赖于该地区环境资源的特殊性质和结构。环境资源在空间分布上的质量和数量差异也决定着旅游开发在国家和地区间的差异，从而相应决定着旅游的经济、环境、社会和其他效应在空间和时间上的分布差异。

8. 可进入性[云南师大2016年研；浙商大2012年研]

答：在国际旅游学术界，旅游资源可进入性通常是指旅游客源地与旅游目的地之间交通运输条件的便利程度；从旅游者角度来看，旅游资源可进入性不仅是指旅游资源所在地与外界(尤为主要客源市场所在地)之间，还包括该地内部交通条件的通畅和便利程度。可进入性反映了旅游者进出旅游目的地的难易程度，包括交通的通达条件、通讯的方便条件、手续的繁简程度、服务效率等。旅游产品的可进入性是旅游产品构成的基本因素之一，它不仅是连接旅游产品各组成部分的中心线索，而且是旅游产品能够组合起来的前提性条件。

9. 旅游基础设施[桂林理工2021年研]

答：旅游基础设施是指旅游地建设的基本设施，是为了旅游地居民生产生活需要所提供给大家共同使用的设施。这些基础设施不直接为旅游者服务，但是旅游部门和企业必不可少的物质基础。旅游基础设施的主要使用者为当地居民。但同时旅游基础设施也是必须向旅游者提供的一些设施，具体包括：①一般的公用事业设施及相关配套设施，如供水系统、排污系统、供电系统、停车场、机场、火车站等；②现代社会生活所必需的基本设施或条件，如医院、银行、公园、治安管理机构等。

10. 旅游上层设施[云南师大2016年研]

答：旅游上层设施是指专门为旅游者提供服务的各种旅游服务设施，包括以酒店为代表的住宿设施、游客问讯中心、旅游纪念品商店、某些餐饮及娱乐场所等。兴建上层设施的目的是接待来访旅游者。旅游上层设施虽然不是必不可少的服务设施，但其对旅游者来说十分重要。

11. 旅游地生命周期[湖南师大2022年研；山东师大2016年研；中山大学2011年研]

答：旅游地生命周期是指旅游地以游客接待量的变化为表现特征的发展或演进过程。旅游地的生命周期一般包括初创期、成长期、成熟期和衰退期四个阶段：在初创期和成长期，由于旅游环境适应了该阶段旅游消费者市场的需要，所以吸引力迅速增大，来访游客迅速增多；在成熟期，游客来访量达到高潮；随着时间推移，接待地进入衰退期，内部可能出现环境污染、服务质量下降等问题，外部消费者市场的兴趣可能会发生转移，导致该地旅游吸引力衰减。

12. 可行性研究［浙商大 2019 年研；湖南师大 2016 年研］

答：旅游项目可行性研究是指在调查研究的基础上，对旅游资源开发项目进行投资决策前，就该项目的技术可行性与经济合理性进行综合评价。其可为最终的投资决策提供可靠的客观依据。其内容包括：①阐明项目开发者的实力和资格；②分析和预测市场需求；③分析该项目开发和经营方面的微观条件；④分析当地的宏观社会经济条件等。

六、简答题

1. 旅游资源及其常见分类。［华南理工 2019 年研］

相关试题：

(1) 举例简述基于事物属性的旅游资源分类。［浙江省 2018 年 10 月自考真题］

(2) 简述什么是旅游资源与旅游资源的分类。［湖南师大 2017 年研］

(3) 简述旅游资源的概念及其分类。［浙江农林 2017 年研］

(4) 旅游资源的定义及其基本分类。［河南师大 2013 年研］

答：(1) 旅游资源的定义，参见本章考研真题与典型题概念题第 1 题答案。

(2) 旅游资源的常见分类：

①按事物属性的旅游资源划分：

a. 自然旅游资源。如气候条件、风光地貌或自然景观、动植物资源、天然疗养条件等。

b. 文化旅游资源。如历史文物古迹、民族文化及其表现场所、文体盛事以及主题公园等。

c. 社会旅游资源。如经济建设成就、科技发展成就、社会发展成就和社会好客精神等。

②按事物特点的旅游资源划分：

a. 可再生性旅游资源。如垂钓资源、以主题公园为代表的各类现代人造景点等。

b. 不可再生性旅游资源。如某一典型的生态环境、古建筑、古墓葬和古文化遗址等。

③按存在状态的旅游资源划分：

a. 现实的旅游资源。主要指那些不仅本身对旅游者具有吸引力，而且已经具备条件且事实上正在接待游客大量来访的旅游资源。

b. 潜在的旅游资源。主要指那些本身具有一定吸引力，但由于不具备交通及其他接待条件，或是由于缺乏宣传还不大为外人所知，目前尚无大量游客来访的旅游资源。

④按品位级别或吸引力范围的旅游资源划分：

a. 世界级旅游资源。主要指经国际机构评选、并可以被旅游业所利用的旅游地，如经联合国教科文组织批准被列入《世界遗产名录》的名胜古迹以及被列入联合国“人与生物圈”保护区网络的自然保护区等。

b. 国家级旅游资源。包括经国务院审定并公布和林业部批准设立的国家重点风景名胜区、历史文化名城、文物保护单位、国家级自然保护区和国家森林公园等。

c. 省级旅游资源。包括省级风景名胜区、历史文化名城、自然保护区等。

d. 市(县)级旅游资源。包括省级以下的市(县)级风景名胜区、文物保护单位等。

2. 简述旅游资源的特点。[湖南师大2020年研；北二外2008年研；东北财大2007年研；湘潭大学2007年研；浙商大2005年研]

相关试题：

(1)简述旅游资源的特征。[扬州大学2022年研]

(2)列举并简释旅游资源的特点。[湖南师大2020年研]

(3)旅游资源的主要特征表现在哪些方面？[扬州大学2016年研]

答：旅游资源是一种特殊的资源类型，具有以下几个特点：

(1)多样性。具体体现在：①旅游资源是一个内涵广泛且丰富的集合概念；②表现形式具有多样性，涉及自然事物、文化事物和社会事物；③旅游消费者出游动机具有多样性。

(2)吸引力的定向性。旅游资源的核心特点是对旅游者具有巨大的吸引力，这是各类旅游资源所共有的本质特征。而这种吸引力是通过给旅游者提供审美和愉悦的心理体验过程而实现的。任何一种旅游资源都不会对所有的旅游消费者具有吸引力，它往往因人而异。有的旅游消费者觉得吸引力很大的旅游资源，对另一些人来说可能兴致缺缺。

(3)区域性与不可转移性：

①区域性。旅游资源总是分布于一定的地域空间，其形成与区域内地理环境等各要素密切相关。

②不可转移性。多数旅游资源在地理上都不可移动，尤其是物质遗产。身为历史文化遗存和自然遗存的旅游资源，一旦移动，就不再拥有旅游资源的地位和价值。

(4)非消耗性。与矿产资源等传统物产资源不同，传统物产资源的存量都有固定性，会消耗殆尽；但旅游资源只要管理得当、利用合理，便可以用之不竭。

(5)可创新性。随着时间的推移，旅游消费者的兴趣及社会时尚潮流都可能发生变化，这使得人造旅游资源的创新成为可能。在自然或历史遗存性旅游资源匮乏的地区，当地为了发展旅游业会人为地创造某些旅游吸引物。

(6)季节性(时间性)。旅游资源的季节性是由其所在地的纬度、地势和气候等因素所决定的。季节性有两个方面的表现：

①自然旅游资源本身具有季节性，旅游一般选择最佳观赏季节。

②旅游资源所处环境的季节性，会对旅游者的生理器官产生不同影响，旅游者会倾向选择生理适宜的季节出游。

(7)文化性。旅游资源的价值在于满足旅游者的心理需要。由于旅游者生活在不同的文化背景之下，其旅游需要自然受到文化因素的影响，从而也影响旅游者对旅游资源的价值判断。生活在东西方不同文化背景之下的人们，既可能创造不同的文化旅游资源，也可能拥有不同的旅游资源观。

3. 决定一项旅游资源价值大小的主要因素有哪些？[浙商大2019年研]

相关试题：

(1)如何衡量旅游资源的价值？[浙商大2014年研]

(2)旅游开发企业可以根据哪些标准来衡量旅游资源的价值？为什么？[浙商大2013年研]

答：影响旅游资源价值大小的因素主要有：

(1)该项旅游资源所能吸引来访的游客数量，是衡量旅游资源价值的唯一客观量化标准。

(2)旅游资源价值的主要决定因素有两点:

①自身品位。即该项旅游资源本身所具有的与众不同的特色及其在同类事物中所处的地位。在为客源市场所了解的前提下,特色越是突出或独特性程度越高,对旅游者的吸引力越强,所吸引的游客来访量越大,该项旅游资源的价值越高。

②坐落地点。旅游资源的坐落地点主要强调了旅游资源的所在地与主要客源地之间的距离。一般而言,无论交通运输条件是否相同,旅游目的地距离主要客源地越近,可进入性程度就较高,其竞争优势也会更强。因此,在各方面条件都相差不大的同类旅游资源中,那些距离主要客源市场较近地的游客接待量通常都大于其竞争者。

4. 旅游地生命周期理论简述。[中山大学2020年研]

相关试题:

(1)简述旅游地生命周期的基本内容。[湖南师大2021年研]

(2)简述旅游地生命周期理论。[华南理工2018年研]

(3)简述旅游目的地的生命周期理论的内容与作用。[华南理工2007年研]

答:旅游地生命周期是指旅游地以游客接待量的变化为表现特征的发展或演进过程。这一演进过程的直观表现是,随着时间的推进,所能吸引来访的游客人数将会出现由少渐多,继而又会逐渐减少,甚至鲜有游客问津。关于旅游地生命周期,目前比较流行的划分方法主要有四阶段说和加拿大学者巴特勒提出的六阶段说。四阶段说将旅游地生命周期划分为引入期/开发期、增长期、成熟期和衰落期;六阶段说则将旅游地生命周期划分为探索阶段、参与阶段、发展阶段、巩固阶段、停滞阶段和后停滞阶段。

(1)巴特勒旅游地生命周期理论的内容:

巴特勒根据产品生命周期理论和其他人文地理学家的研究成果,提出S型旅游地生命周期演化模型,认为旅游地生命周期一般经历六个阶段:

①探索阶段。这是旅游地发展的初始阶段。这个阶段的旅游目的地还没有为满足旅游者的需要而专门建设基础设施,与旅游相关的供给企业还很少,基本没有竞争。参与供给的也多是非正式部门。

②参与阶段。在该阶段,目的地开始出现饭店、餐饮等专门为旅游者服务的机构和设施。旅游市场范围基本确定,旅游的季节性开始显现。

③发展阶段。在该阶段,需求和供给都以最快的速度增长,目的地需要采取一些基本战略继续抓住现有市场,同时还要从竞争对手那里争夺新的顾客,供给价格可能会开始下降。在吸引更多旅游者方面,旅游经营商的地位变得越来越重要。为了获得更多的旅游者,目的地的供给状况明显改善,供给数量和多样性都在增长,可进入性显著提高。为了迎合旅游者,目的地供给的商业化气息越来越浓,甚至出现一些粗制滥造的纪念品,成功的发展已经开始埋下自我破坏的种子。外来(或国际)的更强大、精明的投资者进入目的地,甚至控制了目的地的旅游供给。

④巩固阶段。此时旅游目的地的发展进入了稳定成熟期,旅游地大部分经济活动与旅游业紧密联系在一起。为了扩大市场范围和延长旅游季节,广告投入力度加大,外来投资者对供给的控制进一步增强。由于创造财富和就业的原因,目的地依赖旅游的程度很高。

⑤停滞阶段。该阶段目的地承载力已经饱和或者可能已经超载，供给企业的数量保持在一个稳定水平上，但供给企业之间的竞争并没有丝毫减弱，为了吸引更多旅游者，目的地需要付出更多的促销努力。

⑥后停滞阶段。一旦目的地到了停滞阶段，接下来可能有稳定、复兴、衰落三种可能：

a. 产品没什么重大变化，继续维持旅游者的数量，当地政府这时需通过规划来减少目的地面临的环境、社会和经济压力。

b. 如果能够增加人造景观的吸引力或者开发新资源，从而重新启动市场，目的地将可能显著增加旅游者的数量，完成目的地的复兴。

c. 如果目的地的住宿及娱乐等设施无法满足旅游者的需要，则只能转为疗养康复中心，作为旅游地的功能逐渐弱化。

(2)旅游地生命周期理论的作用：

巴特勒提出的六阶段模型是对旅游地发展问题进行分析的基本框架，为研究旅游地演化发展提供了理论基础。这一概念的提出对生命周期阶段的划分、不同阶段的营销及创新策略具有重要意义，也为占据产品营销的主动权提供了方向。旅游地生命周期的演进受到以下因素的影响：已有目的地之间的竞争、新目的地的开发、旅游替代品的发展、反对旅游开发团体的异议、交通和旅行社等供给企业的作用、旅游者的需要和预期及其价格敏感性、政府干预及立法机构的影响等。通过对旅游地生命周期的分析，企业可以根据所处生命周期的位置和特点调整战略方向，制定合适的营销策略，从而保证该旅游地的可持续发展。

5. 结合旅游景点生命周期理论，说明旅游资源开发工作的必要性。[浙商大2010年研]

答：结合旅游景点生命周期理论，对旅游资源开发工作的必要性分析如下：

(1)旅游景点生命周期理论认为，旅游景区景点的生命周期演进过程一般可划分为四个基本阶段——初创期、成长期、成熟期和衰退期。即其所能吸引来访的游客人数随着时间的推进将会出现由少渐多，继而又会逐渐减少，甚至鲜有游客问津。

(2)引起这种变化的原因，是该项旅游资源的吸引功能发生了变化。旅游资源的吸引力在很大程度上是旅游者主观效用的反映。经初次开发后的旅游资源由于适应当时游客的需要而吸引力逐渐增大，来访的旅游者人数也逐渐增多并形成盛况。但随着时间的推移，供需两方面都可能出现新的变化，特别是需求方面的变化，最终会导致该地旅游资源吸引力的衰减。

(3)实践中，人们可以通过采取各种措施来延长旅游景点的市场寿命，根本办法是不断进行开发，不断更新和再生其吸引力，使其年年添新、岁岁有异。具体来说，旅游资源开发工作的必要性，参见本章课后习题第5题答案。

6. 简述政府和民间企业在旅游开发中应扮演何种角色。[浙江省2018年10月自考真题]

答：参见本章课后习题第6题答案。

7. 请简述旅游资源开发项目的价值评价标准。[浙商大2017年研]

答：旅游资源开发项目的价值评价标准，是该项目开发之后有可能实现的市场价值。采用这种标准去评价有关旅游资源项目的开发价值时，主要侧重评价该项目的开发将能够吸引哪些客源市场，以及有可能实现的吸引力程度或有可能吸引来访的游客规模。

(1)常见的评价标准一般有三类：

①美学标准。即通过分析景观环境与景物的美感特征来评定其观赏价值。但这种评价结果难免会受到评价者的主观影响。

②社会标准和历史标准。前者主要着眼于该项资源能否表现当地现今的社会发展水平和文化特色，后者则着重强调该项资源能否反映过去的历史文化风貌。用这些标准所作的评价结果一般比较客观，但如果将这两种标准同时用于对某项旅游资源的开发评价，难免会出现意见分歧。

③市场标准。即重视开发后的旅游资源对客源市场的吸引力。这种评价多使用定量分析，能够体现开发工作的经济观念和市场观念，同时涉及有关开发项目的投资评价问题。就发展旅游业而言，这一评价标准和方法由于其科学性和实用性而值得推崇，因而应当成为旅游资源评价工作的基本方法。

(2)对旅游资源进行评价的理想方法是将上述标准结合起来进行综合评价。具体来讲，就是从市场观念出发，综合考虑美学、社会及历史等评价标准。

8. 简述旅游资源开发应遵循的主要原则。[湖南师大2017年研]

相关试题：简述旅游资源开发的原则。[山东师大2017年研]

答：旅游资源开发的直接目的是发挥、改善和提高旅游资源的吸引力，最终目的是在发展旅游业、满足旅游者旅游需求的同时推动旅游地社会、经济、环境的全面协调发展。为了实现这些目标，旅游资源开发应遵循以下原则：

(1)根本性原则。即以市场为导向，同时以当地资源特性为基础，结合旅游地特点进行适时调整，开发与保护相结合，以达到对旅游资源的最佳利用。

①对资源基础型景点，开发时必须实行资源保护型开发，而非完全的市场导向。

②对游客导向型景点，开发和管理必须实行彻底的市场导向。

(2)突出独特性原则。旅游资源贵在稀有，其质量在很大程度上取决于其与众不同的独特程度，这是对旅游者产生吸引力的根本所在。这一原则具体体现在：

①尽可能保持自然和历史形成的原始风貌。任何过分修饰和全面废旧立新的做法都是不可取的，开发者必须以市场的价值观念来看待开发后的吸引力问题，而不能主观地作决定。

②尽量选择利用具有特色的旅游资源项目，以突出自己的优越地位。即所谓“人无我有，人有我优”，如某项旅游资源在一定的地理区域内属于最高、最大、最古、最奇等。只有具有独特性，才能确保旅游资源的吸引力和竞争力。

③努力反映当地的文化特点。突出民族性、保持地方传统格调也是为了突出独特性，同时也有利于当地旅游形象的树立。旅游开发中应突出的民族化和地方化主要是指在环境建设及其所表现的文化上，应使人感到有民族感和地方特色。旅游服务设施的内部设计和客用设备应该符合游客的生活习惯，从而使旅游者具有熟悉的感觉。这样才能使来访游客在精神上有置身于异国他乡的新奇感，在生活上又享有“宾至如归”的便利。

(3)经济性原则。主要体现在以下三个方面：

①开发必须服从当地经济发展的总体规划。

②在决定开发旅游资源的情况下，要根据经济实力和开发项目的投资效益预测，分期分批、有重点地优先开发某些项目，做到“有步骤、有区别、有阶段、分地域”地逐步进行。

③在开发建设过程中，要尽量利用当地或本国的原材料、技术力量和人员。除非是当地或本国实在不能解决而项目建设又特别需要的，否则不应从国外进口，以免外汇流失。

(4)保护性原则。在旅游资源开发过程中，要注重保护环境，切实加强旅游资源保护，不能单纯地片面强调开发而忽视保护问题，以保证旅游资源的永续利用和旅游产业的可持续发展。

9. 简析旅游产品开发中的“以人为本”原则。[武大2002年研]

答：坚持“以人为本”就是在旅游产品开发过程中，注重人文关怀，既要充分发挥人的主观能动性，最大限度合理地开发出高质量的旅游产品，又要以市场需求为导向，尽量考虑消费者的需求。“以人为本”不仅是旅游业发展对时代精神的把握，更是旅游产业特点的本质要求。在旅游产品开发过程中，“以人为本”至少有以下三方面的体现：

(1)关注人，即以人性化的眼光关注旅游者的愿望与需求。这强调在提供产品和服务时将遵循人类活动的身心规律，满足人在审美、文化(信仰)、交流、康体、休憩等方面多样化的需求作为努力方向，将促进人的全面自由发展作为不懈的追求。

(2)依托人，即承认和重视人在旅游发展中的贡献。旅游产品的开发不仅要依托直接参与其间的各种人力资源，而且需要依托一个更广泛的、由人组成的社会基础和人文环境。目的地社区的文化传统、对旅游者的友好态度、土著居民的知识与智力产权都能够贡献于旅游产品的开发。

(3)造福人，即通过旅游产品的开发提高人民福祉。应通过旅游业的发展增加人们在旅游及其相关经济活动中创造财富的机会，应使更多的人(尤其是对旅游业的贡献未得到正确评估和公平回报的弱势群体)不断分享旅游业发展的成果。

10. 简述旅游资源开发工作的基本内容。[桂林理工2022年研；河南师大2019年研]

相关试题：

(1)简述旅游目的地旅游资源开发工作所涉及的主要内容。[浙江省2021年10月自考真题]

(2)简述旅游资源开发工作的基本任务和主要内容。[青岛大学2017年研]

(3)请简述旅游资源开发工作的主要内容。[浙商大2016年研]

(4)请问旅游目的地的开发工作一般包括哪些内容？[浙商大2011年研]

答：旅游资源开发工作的主要内容有：

(1)解决和改善该地的可进入性：

①可进入性通常是指旅游资源所在地与旅游客源地之间交通运输条件的便利程度(外部)。

②从旅游者角度来看，可进入性还包括该地内部交通条件的通畅和便利程度。

(2)建设和完善旅游配套设施。旅游配套设施主要包括：

①旅游基础设施，主要是为当地居民生产生活需要而修建的一些设施。这些设施是该地社会生活所必不可少的，具体包括：

a. 一般的公用事业设施，如水、电、热、气的供应系统，废物、废水、废气的排污处理系统，邮电通信系统，道路系统，安全保卫系统等。

b. 现代社会生活所必需的基本设施或条件，如医院、银行、食品店、公园、治安管理机构等。

②旅游上层设施，指那些虽然也可供当地居民使用，但主要是供外来旅游者使用的旅游服务设施，满足旅游者娱乐、休闲需要的设施。其内容包括以酒店为代表的住宿设施、游客问讯中心、旅游纪念品商店、某些餐饮及娱乐场所等。

(3)开发建设与管理旅游景区景点。景点或风景区的规划和建设是旅游资源开发工作的核心与出发点。它既可以是对尚未利用的旅游资源的初次开发，也可以是对已经利用了的景观或旅游吸引物的深度开发。这方面的工作还涉及有关硬件方面的开发与建设，以及对游客活动策划等软件内容的开发。

(4)完善旅游服务。旅游服务是旅游产品的核心，旅游资源只是旅游产品的基本条件。旅游服务工作的水平或质量高低，也会相应增强或削弱该地对客源市场的吸引力，因而其开发必须注重旅游服务的完善。同时，对从业人员进行专业培训以提高服务水平和质量，也是完善旅游服务、增强目的地吸引力的有力手段。

(5)加强宣传促销。旅游资源的开发不仅仅是聚焦于旅游资源本身进行景点开发和配套设施建设等工作，还必须进行市场开拓工作，发展完善的产业结构，以获得预期的经济和社会效益。

(6)重视旅游资源的保护。旅游资源的开发要以旅游资源的合理保护为基本前提：

①要在旅游从业者和群众间树立资源保护的观念，把开发与保护并重的思路融入旅游地的每一个角落。

②要建立科学保护旅游资源的机制，定期进行检查、维护，保证旅游资源开发工作的顺利进行。

(7)营造良好的旅游环境。营造良好的旅游环境既可突出本地旅游资源的特色，又可提高旅游者对旅游资源的认可度和满意度。其内容主要包括制定有利于旅游业发展的旅游政策、提高当地居民的文化修养等。

11. 简述旅游资源开发项目可行性研究报告的主要内容。[浙江省 2019 年 10 月自考真题；桂林理工 2017 年研]

相关试题：

(1)简要说明旅游资源开发项目可行性研究涉及的主要内容。[湖南师大 2022 年研]

(2)请论述旅游资源开发项目可行性研究的目标和主要内容。[论述题，浙商大 2017 年研]

答：旅游资源开发项目可行性研究报告主要包括以下内容：

(1)分析项目开发者的实力和资格。无论是由政府投资还是企业投资，都应根据量力而行的原则对当地的经济实力和经营管理能力进行分析和评价，从而有效降低项目的开发风险，特别是在项目开发者为民间企业的情况下。

(2)分析和预测市场需求。通过开展市场调研工作，分析和预测该项目开发后的游客来源、客源类型、市场规模、游客的消费水平等，同时还要调查该开发项目所在地周围一定距离的地域范围内有无竞争的同类旅游点，以及存在竞争的程度。

(3)分析该项目开发和经营方面的微观条件。即分析与该项目开发和经营有关的劳动力条件、工程技术条件、场址条件等，并在所作分析的基础上，提出可供选择的几种解决方案，并分别就其有关的成本费用进行测算。最后，就该项目的投资回收前景作出预测。

(4)分析当地的宏观社会经济条件。分析内容包括当地居民的生活水平、社会风俗、现有的基础设施状况等，并就该项目开发对当地社会有可能带来的经济、社会、文化等影响进行损益分析。

12. 有人将“以资源为基础，以市场为导向”作为旅游资源开发工作的原则。问你以何种程度支持或反对这个观点？说明理由。[南开大学 2016 年研]

答：参见本章课后习题第 9 题答案。

13. 简述致使旅游资源遭受损害的人为因素主要有哪些。[湖南师大 2018 年研]

答：参见本章课后习题第 11 题答案。

七、论述题

1. 结合我国民族旅游的实际，谈谈旅游资源开发工作的主要内容和原则。[云南师大 2015 年研]

答：(1)旅游资源开发工作的主要内容，参见本章考研真题与典型题简答题第 10 题答案。

(2)旅游资源开发应遵循的原则，参见本章考研真题与典型题论述题第 2 题答案。

2. 旅游资源开发应遵循的原则是什么？如何正确处理旅游资源开发与保护的关系？[武大 2003 年研]

相关试题：试论旅游资源的开发原则。[四川大学 2002 年研]

答：(1)旅游资源开发应遵循的原则：

旅游资源开发的目的，就是使旅游资源为旅游业所利用，从而使其潜在资源优势转变成现实的经济优势。因此，旅游资源开发的内容，不仅包含旅游资源本身的开发、利用，还包括旅游配套设施建设、相关外部条件的开发与改造、旅游环境的建设等。为实现可持续发展，旅游资源在开发时要遵循以下原则：

①面向市场、掌握市场的原则。旅游资源的开发、利用是以实现经济效益为归宿，但取得经济效益的基本保证是客源。在旅游资源的开发过程中，其根本内容是组织开展对旅游市场和旅游资源深入全面的分析研究。无论采取何种开发方式，保证效益和成功的根本就是要把握市场消费需求及其变动趋势，了解相关生产供给和需求关系状况，结合分析自身的资源特性和各种优势，用长远的战略眼光按照市场需要组织开发旅游资源。

②特色鲜明、主题创新的原则。旅游资源吸引旅游者的根本是其自身特色，故“特色”成为旅游资源的灵魂所在。“独一无二”“世界之最”的客体对旅游者具有强烈的吸引力。因此，在开发过程中，只有突出自己的主题形象，体现自己独特的个性，才能增加旅游吸引力，形成竞争优势。

a. 尽量保持原始风貌。对于美学特征突出、科研价值高、具有深刻文化内涵和重大历史价值的旅游资源，开发时不宜过分修饰，更不能毁旧翻新，应按原有的形态、内容及环境条件完整地加以修缮和保护。

b. 突出民族特色。“越是民族的，越是世界的。”观新赏异、体验异域风情是旅游者来访的重要目的之一。因此，在资源开发和旅游项目设置上，应当充分体现当地的民俗文化特色。

c. 创意新颖。创意是景点开发前总的设计意图，中心主题是从市场需求、资源特色、区位和环境条件综合分析得出的结论。

③协调统一、烘托景观的原则。文化的自然美是旅游资源的核心和主体“乐章”，而人工建筑是“配乐”，起到点缀、充实和强化的作用。人工建筑必须在特定的环境中表现个性。人工建筑在造型风格、比例尺度、色调对比上要服从环境整体，使人工美和自然美达到完美的高度统一。另外，在基础设施的建设上，也应充分考虑到与景观的和谐统一。

④突出重点、综合开发的原则。地域较大的旅游区往往存在多种不同类型的旅游资源，不可能一起开发，必须先确定重点发展项目，对垄断性强、区位条件好、具有辐射和带动功能的旅游资源要集中资金优先开发，这样才能见效快。同时，对其他各类旅游资源要根据实际情况，着眼未来，制订长期建设的总体规划，进行逐步开发，使旅游区形成一个旅游吸引力各异的群体，增加该地的旅游价值，带动其他行业的发展。

⑤维护和创造生态环境的原则。旅游景点未开发前，生态平衡处于相对稳定状态，一旦进行旅游开发，建筑物落户、旅游者进入，这种平衡就会受到破坏。因此，制定旅游开发规划时，应把生态环境的保护作为重要内容，确保在生态环境和资源保护能力许可的情况下进行开发。

⑥注重经济效益和社会效益的原则。旅游资源开发的经济效益取决于成本和收入两个因素，因此在开发时要做好经济预算，进行投入产出分析，根据经济实力，分期分批、主次有序地进行开发。一般应先选择投资少、回收期短的项目，并在开发中采取一定措施降低成本，提高经济效益。旅游资源开发在讲求经济效益的同时，还应考虑是否会危及当地居民的思想道德和社会生活质量、是否会破坏社会的安定团结等。因此，旅游资源的开发应力求维持当地传统文化特色，协调好传统文化和外来文化的关系，减少旅游活动的开展对当地社会风气的影响，以取得最佳社会效益。

(2)旅游资源开发与保护的关系：

①二者相互联系、相互依存：

a. 旅游资源的保护是旅游资源开发和旅游业发展的前提，保护是为了更好地开发。旅游资源是旅游者进行旅游活动的基础和前提条件，一旦遭到破坏，旅游业将失去依存的条件。因此，保护是开发的前提，是当前的迫切任务。有些资源，还存在如何开发的争议，并涉及开发后的环境、社会、经济及可持续发展问题，可以先予以保护而后开发。

b. 旅游资源的开发是保护的进一步体现，是旅游业发展的基础。从可持续发展的角度看，资源保护归根到底是为了更好地开发。旅游资源必须经过开发利用，才能发挥其为游客提供观赏、游玩、猎奇、探险等方面的功能，从而实现经济效益。资源保护的意义只有通过开发才能得以体现。

c. 对旅游资源的开发本身就意味着保护。一般来说，合理、科学的旅游资源开发，或对资源加以整修以延长其生命周期，或对历史遗迹进行深度发掘、修复、保护，或对人文旅游资源进行资料搜集和整理，重现其光芒。同时，因资源开发促进旅游发展带来的收益的一部分又可以通过各种形式返回资源地，用于资源环境的改造、基础设施和环境建设。在这个意义上，开发意味着保护。

②二者相互矛盾：

a. 旅游资源的开发不可避免地会造成某种破坏。

b. 从人为角度看，旅游资源的开发也会产生极大的破坏作用。因此，对旅游承载力(旅游环境容量)的研究和应用显得尤为迫切。同时，游客的不文明行为也会对旅游资源造成破坏。

c. 旅游资源(尤其是人文旅游资源)具有文化性，开发所带来的外来文化冲击也可能是对旅游资源的毁灭性打击。

③对旅游资源的过度保护，妨碍了资源开发。过度的保护不能体现出资源本身所具有的价值，旅游业也就得不到发展。

3. 1992年被联合国教科文组织列入“世界自然遗产名录”的我国风景名胜区张家界，2001年却因过度开发遭到联合国世界遗产委员会专家的警告，这是对我国盲目开发旅游资源的警示。请你就我国目前世界自然文化遗产地旅游资源开发现状，提出自己的看法和针对性的建议。[武大2002年研]

答：旅游资源是指自然界和人类社会，凡能对旅游者有吸引力、能激发旅游者的旅游动机，具备一定旅游功能和价值，可以为旅游业开发利用，并能产生经济效益、社会效益和环境效益的事物和因素。旅游资源开发的目的，就是使旅游资源为旅游业所利用，从而使其潜在资源优势转变成现实的经济优势。张家界风景名胜区被警告反映了我国旅游景区仍然存在着过度开发的问题。

(1)我国世界遗产资源开发利用的现状：

①对遗产资源的过度开发和掠夺性索取导致遗产资源破坏严重。

②旅游开发中的人工化、商业化、城市化导致遗产资源美学价值大大降低。

③城市化进程的加快致使遗产资源面临原真性和完整性消失的危险。

④游客过量及不文明的旅游行为，导致遗产地自然风貌、历史风貌的破坏。

⑤缺乏有效的管理和科学的保护知识，导致遗产资源受损严重。

(2)我国世界遗产保护与管理的对策：

①树立自然、文化遗产可持续发展的理念，合理开发利用世界遗产资源。

②加强世界遗产保护法制建设，依法管理世界遗产资源。

③健全管理体制，加强对世界遗产的统一管理。

④建立世界遗产管理监控体系，加强对遗产资源的科学管理。

⑤多渠道募集资金，加大遗产保护经费的投入。

⑥重视遗产保护基础理论与应用研究，探索遗产保护的基本规律和方法。加快遗产保护专业技术人才的培养，重视遗产保护的基础理论和应修复遗产保护管理工作的科技含量。

⑦加强遗产知识宣传教育，科学引导旅游者的旅游行为。

八、案例分析题

结合以上材料（材料略），请你谈谈对于鲁迅商业资产开发的认识。［浙商大2004年研］

答：(1)鲁迅旅游资源是以历史名人为主体的人文旅游资源。对鲁迅文化的开发，促进了对相关历史文化遗迹的保护。鲁迅旅游资源极具旅游价值、文化价值和历史价值。通过对鲁迅故里的参观，能使广大群众尤其是青少年更加直接和轻松地学习鲁迅的爱国精神和民族精神。

(2)在开发鲁迅商业资产时，该景点在故居的基础上又扩大了开发广度，提高了开发深度：

①以鲁迅命名的商店、街道的开业，促进了旅游业和零售业的结合，拓宽了收益渠道。

②有形化的人物出现在景点，使景点游览的乐趣增加。

(3)在开发过程中，仍有许多问题需要注意：

①人文旅游资源的开发要与经济社会发展相协调。

②要树立以人为本的旅游精神，避免出现黑商店、乱收费、高额门票的情况。

③注意对历史文化遗产的保护，避免在旅游过程中遭受破坏。

④由于其历史文化的特殊性，在开发过程中要时刻尊重历史事实。

此外，绍兴旅游资源丰富，尤其是人文旅游资源，如古越文化、名士文化、黄酒文化、书法文化等。绍兴应当全面开发，避免出现旅游产品单一的情况。

第五章 旅游业

5.1 复习笔记

【知识框架(庖丁解牛)】

- 旅游业
  - 旅游业概述
    - 旅游业的界定
    - 旅游业的构成
      - 三大支柱：旅行社、饭店业、交通运输业
      - 五大部门：旅行业务组织部门、交通运输部门、住宿接待部门、游览场所经营部门、目的地旅游组织
      - 两大层级：直接、间接旅游企业
    - 我国旅游业的基本构成：八大部门
  - 旅游业对旅游活动发展的作用
    - 旅游供给的主要提供者
    - 沟通供需的桥梁
    - 旅游活动的催化剂
  - 旅游业的性质：经济性产业
  - 旅游业的基本特点
    - 综合性产业
    - 劳动密集型服务产业
    - 政治/政策性强产业
    - 脆弱性产业
  - 旅游业的产品
    - 旅游产品的概念：整体、单项旅游产品
    - 旅游产品的特点：一般性、独具性特点
    - 旅游产品的质量：重要性、衡量标准
    - 旅游服务质量管理：感受质量的控制模型、基本途径

【通关提要(提纲挈领)】

本章以旅游业为主体，主要从概念、作用、性质、特点、产品等方面对旅游业进行介绍。学习时，要掌握构成旅游业的“三大支柱”说和“五大部门”说、旅游业的性质和特点、旅游产品的概念和特点，熟悉旅游产品对旅游业实际工作的意义，了解旅游业的界定依据以及旅游业对旅游活动发展的拉动作用。本章主要考查选择题、概念题和简答题，整体难度不大。复习时要注意各个知识点之间的联系，理解旅游业的经济性质，并区分旅游业的特点和旅游产品的特点这两个易混淆知识点。

【考点难点归纳（厚积薄发）】

考点一：旅游业概述（见表5－1） ★★★

表5－1 旅游业概述

要点	主要内容		
概念	指以旅游者为对象，为其旅游活动创造便利条件并提供其所需商品和服务的综合性产业		
构成	三大支柱	联合国	①旅行社；②以饭店为代表的住宿业；③交通运输业
		我国	①旅行社；②饭店业；③交通运输业
	五大部门［国家或地区旅游发展角度］	旅行业务组织部门	旅游经营商、批发商、零售代理商等
		住宿接待部门	饭店、宾馆、度假村等
		交通运输部门	航空公司、铁路公司、公交公司等
		游览场所经营部门	以旅游景点为代表，如主题公园、博物馆、花园等
		目的地旅游组织	国家旅游组织、旅游行业协会等
	八个部门	我国旅游业的基本构成，见图5－1	
	两大层级［侧重划分旅游企业］	直接旅游企业［旅游核心行业］	指主要营业收入来自直接为旅游者提供服务的旅游企业，如旅行社、航空公司和饭店［对应三大支柱］
		间接旅游企业	指虽然也为旅游者提供服务，但不以此为主要营业收入的企业，如餐馆、礼品商店、娱乐企业等
		旅游行政机构和旅游行业组织	
作用	旅游供给的主要提供者	①旅游目的地要素组合：自然旅游资源、旅游基础设施、旅游上层设施、交通运输和文化资源。 ②旅游业的供给和拉动实现了大规模的旅游需求	
	沟通供需的桥梁［组织］	供给方面	旅游业按旅游需求组织和设计各种旅游产品
		需求方面	旅游业为旅游产品发现和组织客源
	旅游活动的催化剂	旅游业提供的便利服务刺激了旅游活动规模的增长。旅游活动开展模式大多体现为有组织的大中型旅游	

我国旅游业的基本构成

- 旅游供应商
  - 交通运输部门［行］
  - 旅游景点部门［游］
  - 住宿服务部门［住］
  - 餐饮服务部门［食］
  - 旅游纪念品/用品零售部门［购］
  - 娱乐服务部门［娱］
- 旅游供应商产品的销售渠道——旅行社部门
- 旅游行政机构和旅游行业组织

图5－1 我国旅游业的基本构成

【真题链接】旅游业及其构成。［简答题，桂林理工2019年研］

考点二：旅游业的性质和特点(见表5－2) ★★★★

表5－2 旅游业的性质和特点

要点	主要内容	
性质	旅游业的根本性质是一项经济性产业，原因如下： ①旅游业的根本目的是经济创收，即获取收入。 ②旅游业的基础构成——旅游企业，以营利为目的，并独立核算。 ③旅游业是国民经济的组成部分，而非文化事业	
基本特点	综合性产业	①综合性由旅游者的消费特点决定，同时也体现在旅游业构成的复杂性和多样性上。 ②认识综合性特点，有重要的现实意义和必要性，主要表现为： a. 相关行业相互支持、联合营销的必要性——形象一体、利益相关。 b. 实行全行业管理的必要性——开发、经营主体的不确定性
	劳动密集型服务产业	①劳动密集：工资成本在全部营业成本中占比较大。 ②服务性是旅游业的核心。旅游业属于第三产业，主要提供劳务服务
	政治/政策性强产业	旅游业具有涉外性，受外交政策等因素影响
	脆弱性产业	①内部供给因素：旅游供给在数量、质量上易脱节，造成供给失调。 ②外部环境影响：旅游需求有较大弹性

【真题链接】

(1)简述旅游业及其特征。[简答题，中山大学2022年研]

(2)简述旅游业的(基本)特点。[简答题，浙商大2021年研]

考点三：旅游业的产品 ★★★

1. 旅游产品的概念(见表5－3)

表5－3 旅游产品的概念

层次	主要内容	
整体旅游产品	需求角度	①指以旅游者在旅游目的地的活动为核心，构成一次完整旅游经历的各种有形和无形因素的集成或总和。 ②在旅游者看来，整体旅游产品是通过支付其价格[旅游中的全部开支]而获得的一次完整旅游经历或体验
	供给角度	①指由旅游经营者向旅游者提供的，满足其一次旅游活动所需的各种物品和服务的总和。 ②整体旅游产品的供给要素——4As： a. Attractions——旅游吸引物，即以旅游景点为代表的旅游资源。 b. Access——可进入性，包括交通基础设施和交通运营服务。 c. Amenities——必要的接待设施和服务。 d. Attitude——当地居民接待游客的社会氛围
单项旅游产品	指旅游企业面向旅游消费者市场提供的设施和服务	

2. 旅游产品的特点(见表5－4)

表5－4 旅游产品的特点

要点	主要内容	
一般性特点	无形性	旅游产品是一种经历或体验，具有无形性
	不可转移性	①旅游产品在空间上不可转移，只能在生产地消费。 ②旅游产品销售后的所有权不变，仅使用权交付
	不可储存性	旅游产品的效用和价值在时间和地点上具有不可储存性
	生产与消费同步性	旅游产品的生产和消费具有不可分割的统一性，在时空上同步进行
独具性特点	整体旅游产品的综合性最突出，因此目的地各旅游行业间的合作与联合营销意义重大	

【真题链接】请简述旅游产品的特点。[简答题，湖南师大2023年研；中山大学2021年研；浙商大2017年研]

3. 旅游产品的质量(见表5－5)

表5－5 旅游产品的质量

要点	主要内容		
重要性	是旅游业生存和发展的生命线		
质量标准	旅游企业	外部标准	符合并满足顾客期望即顾客满意[重功能，终极衡量标准]
		内部标准	服务工作的开展符合该项工作的规范要求[工作规范、服务标准]
		关系	必须同时满足：外部标准[顾客满意]是目的或结果；内部标准[技术规范]是优质服务的保障
	旅游者	①殷勤程度；②工作能力；③善解人意	
服务质量管理	基本理论模型	格朗鲁斯的"感受质量的控制模型"认为，服务产品的质量最终表现为顾客感受质量，即预期服务和感知服务的吻合程度，取决于技术质量与功能质量的综合作用结果。 ①服务质量＝技术质量[服务内容]＋功能质量[服务方式]。 ②技术质量[实际获得服务的使用价值]＝感知服务。 ③功能质量[服务交付过程或方式的理想程度]＝预期服务	
	基本途径	①要使员工有做好工作的愿望和本领。 ②要有做好服务工作的条件。 ③要有严格的保障措施	

5.2 课后习题详解

1. 解释下列概念：旅游业；直接旅游企业；劳动密集；旅游产品；技术质量；功能质量。

答：(1)旅游业、直接旅游企业、旅游产品，参见本章考研真题与典型题概念题相关习题答案。

(2)劳动密集，是指单位劳动占用的资金数量较少，或资本有机构成较低的那一类型的经济活动。评判一个企业或行业是否属于劳动密集型的公认标准是，代表劳动力代价的工资成本在其全部营业成本/费用中所占比重的高低。一个企业或行业的工资成本所占全部营业成本的比重越大，劳动密集的程度也就越高。当一个企业的劳动力成本在全部营业成本的比重过半时，该企业被判定为劳动密集型企业。

(3)技术质量，是指提供该项服务时所涉及的技术条件的质量，包括提供服务的硬件设施和相关物资供应的质量，即顾客从该项服务中所实际获得的使用价值。这些服务条件或使用价值和有形产品一样，能够客观地进行衡量。

(4)功能质量，是指该项服务交付过程或交付方式的理想程度，其中包括服务人员对待客人的态度、行为举止，以及对服务工作的专注程度等。这取决于顾客在使用该服务产品时的主观感受。

2. 试析旅游业的性质。

答：旅游业从根本上来说是一项经济性产业，原因如下：

(1)旅游业的根本目的是从为旅游活动提供所需的产品和服务中获取经济收益，发展国家经济。虽然旅游业的发展涉及社会、文化、环境等各方面因素，并反过来对它们产生影响，但这些都不能改变旅游业作为一项产业的营利本质。

(2)旅游业的基础构成——旅游企业，是以营利为目的，且需要进行独立核算的经济组织。

(3)旅游业作为我国的战略性支柱产业，是国民经济的重要组成部分，而非文化事业。旅游业对拉动经济增长、创造就业机会、促进地区发展等具有重要意义。

3. 和制造业相比，旅游业有哪些基本特点？

答：参见本章考研真题与典型题简答题第2题答案。

4. 解释旅游产品的特点，并说明认识这些特点有何实际意义。

答：旅游产品的特点包括两类：一类是包括旅游产品在内的大多数服务产品所共有的且有别于实物产品的一般性特点；另一类是旅游产品相对于其他服务产品所特别具有的独具性特点。具体的特点以及认识这些特点的实际意义如下：

(1)一般性特点：

①无形性。旅游产品对旅游者来说，是一段完整的经历或体验；对旅游企业来说，则是向旅游者提供的便利服务。它本质上属于非物质的服务产品，具有无形性。因而旅游者通常无法在购买前准确评估产品质量，旅游经营者需要将无形的产品进行有形展示。

②不可转移性。旅游产品的这一特点既是指旅游产品具有在空间上不可转移的特点，也是指提供旅游服务的相关设施设备的所有权具有不可转移的特点。

③不可储存性。旅游产品的效用和价值固定于特定的时间，旅游者只能购买旅游产品的使用权。在规定时间内未被使用的产品，其价值将会流失，特定时间内未能售出的旅游产品也无法存放再次出售。这一特点决定了旅游企业需要去刺激市场需求，从而在最大限度上提高其设施设备的使用率。

④生产与消费的同步性。旅游产品的生产、交换和消费往往需要在时间、空间上同步

进行，这一特点决定了质量控制工作在旅游经营中具有重要意义。

(2)独具性特点：

在旅游产品的独具性特点中，整体旅游产品的综合性最为突出，它决定了一个旅游目的地的各旅游行业间有必要进行合作、开展联合营销。

5．旅游服务质量的高低会受到哪些因素的影响？

答：根据格朗鲁斯提出的服务产品感受质量的控制模型，服务产品的质量最终表现为消费者在接受该项服务时所实际感受或体验到的质量。

(1)消费者所实际感受的质量好坏，取决于“预期服务”和“感知服务”这两个变量的吻合程度。

①预期服务是指消费者事先对该项服务所抱有的期望值。预期服务质量是影响顾客对整体服务质量感知的重要前提。如果顾客对服务的预期过高，那么即使从某种客观意义上说顾客所享受到的服务水平很高，其仍然会认为企业的服务质量较低。

②感知服务是指消费者在接受该项服务时所感受或体验的实际情况。当顾客对服务的感知水平符合或高于其预期水平时，顾客会获得较高的满意度，从而认为企业具有较高的服务质量；反之，则会认为企业的服务质量较低。

(2)旅游消费者对有关服务产品形象的感知，取决于“技术质量”与“功能质量”这两方面综合作用的结果。

①技术质量是指顾客从该项服务中所实际获得的使用价值。这些服务条件或使用价值如同有形产品一样，能够被客观地进行衡量。

②功能质量是指顾客对该项服务交付过程或交付方式的理想程度，比如服务人员的工作态度、行为举止、对服务工作的专注程度等。

6．作为旅游企业的管理人员，你认为应如何去评判员工的服务质量？

答：作为旅游企业的管理人员，应当结合外部标准和内部标准来评判员工的服务质量，其中外部标准是目的或结果，内部标准是优质服务的保障。合乎质量标准的产品必须同时满足内部标准和外部标准的要求。具体如下：

(1)外部标准：

衡量服务质量的外部标准是指该项服务能满足顾客的期望，即能够让顾客得到满意。高质量旅游服务的实现就是要长期做到符合并满足顾客的预期。只有令顾客满意的服务才是优质的服务。

(2)内部标准：

衡量质量的内部标准是指该项服务能符合该项工作本身的规范要求。该规范要求必须是以营销调研为基础，以顾客的需要和反应为依据而制定的。高质量旅游服务的实现就是要长期做到符合并满足该项服务的工作规范或标准。同时，顾客满意的实现不能以违背工作规范、牺牲本企业的利益为代价。

7．作为旅游企业的管理人员，你认为应如何去保证和提高本企业的产品质量？

答：作为旅游企业的管理人员，可以采取以下措施来保证和提高本企业的产品质量：

(1)要让员工有做好工作的强烈愿望。旅游企业的职工只有对本职工作充满热情和责任感时，才能持之以恒地做好接待服务工作，这意味着：

①在招聘新员工时，应注意考查员工的职业兴趣和事业心。

②对员工进行思想培训工作，培养和引导其有做好工作的愿望。

(2)要让员工有做好工作的本领，即服务知识和技能。对工作充满热情固然重要，但掌握有关服务工作的知识和技能也必不可少，所以在对员工进行思想培训的同时，还要注意不断加强员工在业务知识、技术技能等方面的培训。

(3)要有做好服务工作的条件。要保证提供旅游服务项目的设施和设备随时保持完好的待用状态，让服务人员在良好状态的设施和设备上发挥最大的作用。

(4)要有严格的保障措施。建立和健全各项服务规范、工作规章、检查制度、奖惩制度，使服务工作的开展有据可依，并且严格依据检查制度和奖惩制度对违反服务规范和岗位制度的行为予以教育和惩处，保证各项规范和制度切实执行，从而使服务质量得到落实和提高。

5.3 考研真题与典型题

一、单项选择题

1. 旅游业从根本上说是一项(　　)产业。[浙江农林 2016 年研]

A. 政治性　　B. 经济性　　C. 文化性　　D. 包括 A、B、C

2. 饭店的客房只要有一天闲置，所造成的损失将永远无法追补回来，这说明了旅游产品具有(　　)的特点。[2008 年 1 月自考真题]

A. 无形性　　B. 生产与消费的同步性

C. 不可储存性　　D. 不可转移性

3. 旅游服务质量的(　　)指该项服务可以符合并满足顾客的预期。[浙江省 2022 年 10 月自考真题]

A. 外部标准　　B. 内部标准　　C. 技术标准　　D. 量化标准

4. 旅游产品实质上是一种综合性的群体产品，其核心内容是(　　)。[专升本真题]

A. 景点　　B. 食宿　　C. 交通　　D. 服务

5. 由于旅游产品具有(　　)的特征，旅游企业必须对其产品采取各种差价手段以及各类的营销手段以确保企业收入的最大化。[专升本真题]

A. 无形性　　B. 不可转移性

C. 不可储存性　　D. 生产与消费的同步性

二、多项选择题

1. 目的地的旅游供给要素有(　　)。[华南理工 2013 年研]

A. 自然资源与环境　　B. 人造环境

C. 运营部门　　D. 好客精神

E. 文化资源

2. 以下属于间接旅游企业的有(　　)。[浙江省 2020 年 10 月自考真题]

A. 旅行社　　B. 航空公司　　C. 出租汽车公司　　D. 娱乐企业

E. 礼品商店

3. 旅游产品具备以下(　　)特点。[浙江省2016年4月自考真题]

A. 无形性　　B. 不可转移性

C. 不可储存性　　D. 生产与消费的同步性

E. 综合性

4. 旅游企业的类型中，直接依赖于旅游者存在的企业包括(　　)。[专升本真题]

A. 旅行社　　B. 交通企业　　C. 饭店　　D. 娱乐企业

E. 餐饮企业　　F. 购物企业

5. 旅游业的突出特点包括(　　)。[专升本真题]

A. 依赖性　　B. 劳动密集型

C. 技术或知识密集型　　D. 资本密集型

E. 政治性

三、判断题(正确的选A，错误的选B)

1. 旅行社、航空公司和饭店企业是典型的间接旅游企业。(　　)[浙江省2021年10月自考真题]

2. 旅游服务产品都是在顾客来到生产现场时才进行生产并交付顾客使用。(　　)[浙江省2020年10月自考真题]

3. 旅游产品对于旅游消费者来说，是通过支付其价格而获得的某种经历或体验。(　　)[浙江省2020年10月自考真题]

4. 旅游产品与一般商品具有同样的价值及使用价值的内涵。(　　)[华东师大2001年研]

5. 旅游者是具有文化知识的人，旅游资源是文化的载体，旅游业是生产文化产品的企业，所以旅游业从根本上说是一项文化性产业。(　　)[专升本真题]

四、填空题

1. 旅游业是以______为服务对象，为其旅游活动的开展创造便利条件并提供其所需商品和服务的综合性产业。[浙江省2022年10月自考真题]

2. 旅游业基本特点主要包括：______、劳动密集型的服务性产业、政治/政策性较强的产业、脆弱性产业。[浙江省2020年10月自考真题]

3. 旅游业在促进旅游活动发展中的作用主要体现在：旅游供给的主要提供者、沟通供需的桥梁、______。[浙江省2020年10月自考真题]

4. 旅游产品一般性特点包括：无形性、不可转移性、______、生产和消费的同步性。[浙江省2021年10月自考真题]

5. 整体旅游产品是基于______的视角和理解而提出的。[浙江省2022年10月自考真题]

6. 顾客对服务质量的实际感受，取决于技术质量与______两个方面综合作用的结果。[浙江省2016年4月自考真题]

7. 旅游业的三大支柱产业包括：______、______和交通运输业。[专升本真题]

8. 旅游业五大部门包括住宿接待部门、旅游业务组织部门、______、______和______。[专升本真题]

五、概念题

1. 旅游业[浙商大2020年研；桂林理工2015年研；江西农大2015年研；华南理工2014年研；河南师大2014年研；陕西师大2014年研；南开大学2008年研]

2. 直接旅游企业[南京师大2021年研；山东师大2017年研；南开大学2016年研]

3. 间接旅游企业[湖南师大2023、2017年研]

4. 旅游产品(tourist products)[浙商大2018年研；华南理工2014年研；中山大学2013年研；河南师大2013年研；南开大学2009年研；西外2005年研；山东师大2005年研]

5. 整体旅游产品[山东师大2006年研；北二外2002年研]

6. 旅游体验[中山大学2022年研；东北财大2003年研]

六、简答题

1. 旅游业及其构成。[桂林理工2019年研]

相关试题：旅游业的基本构成。[河南师大2012年研]

2. 简述旅游业的(基本)特点。[浙商大2021年研；四川大学2008年研]

相关试题：

(1)简述旅游业及其特征。[中山大学2022年研]

(2)简述旅游业的概论及其特点。[中山大学2011年研]

(3)试比较旅游业不同于传统经济产业的主要特点。[中南财大2006年研]

(4)同制造业相比，旅游业有哪些基本特点？[武大2005年研]

3. 请简述旅游产品的特点。[湖南师大2023年研；中山大学2021年研；浙江农林2018年研；浙商大2017年研]

相关试题：

(1)简述旅游产品的特征。[扬州大学2019年研]

(2)简要谈谈旅游产品的特征及其特殊性。[江西财大2016年研]

(3)旅游产品与其他产品相比有何特殊性？请归纳出至少三个方面的特殊性。[华南理工2015年研]

(4)什么是旅游产品的不可贮存性？请结合实例说明，旅游企业经营者正确地认识旅游产品的不可贮存性，对于旅游企业的经营具有哪些意义。[浙商大2012年研]

4. 简述实施旅游服务质量管理的基本途径。[浙江省2019年10月自考真题]

相关试题：

(1)旅游业可以通过哪些途径提高服务质量？[浙江省2022年10月自考真题]

(2)旅游企业对服务产品的质量行使管理与控制的基本途径有哪些？[浙江省2016年4月自考真题]

(3)服务质量是旅游产品的生命力。以某一类或某一家旅游企业为例，阐述其如何保证服务质量。[中山大学2013年研]

5. 我国旅游产业发展的原则。[江西财大2005年研]

七、论述题

1. 试述旅游产品的构成与分类。

相关试题：论述旅游产品的内涵及构成。[扬州大学2018年研]

2. 谈谈你对整体旅游产品构成内容的认识和理解。[南开大学2005年研]

3. 试述旅游产品生命周期理论的实质及其影响因素。

5.4 考研真题与典型题详解

一、单项选择题

1. B 【解析】旅游业是国民经济的组成部分，其根本性质在于它是一项经济性产业。

2. C 【解析】旅游产品的一般性特点主要包括：①无形性；②不可转移性；③不可储存性；④生产与消费的同步性。其中，不可储存性表现在：随着时间的流逝，旅游产品在特定时间内的价值会自然消失，并且永远不复存在。即旅游产品的效用和价值不仅固定于特定的空间，而且捆绑于特定的时间。如不论是航空公司的客机舱位，还是饭店企业的客房，只要某日出现闲置，因此而带来的损失将永远无法追补。

3. A 【解析】合乎质量标准的服务产品，必须同时满足外部标准和内部标准的要求。外部标准，是指该项服务能符合并满足顾客的预期，即能够实现顾客满意。内部标准，是指该项服务能符合并满足该项工作本身的规范要求。

4. D 【解析】旅游业属于服务业。旅游产品在性质上属于服务性产品，其核心内容是服务。

5. C 【解析】旅游产品具有不可储存性，有时也称不耐久性。即旅游产品的效用和价值不仅固定于特定的空间，也捆绑于特定的时间。这一特点决定了很多旅游企业有必要对其产品实行差别定价，并采用各种营销手段去刺激和影响市场需求，以最大限度地提高其设施设备的使用率。

二、多项选择题

1. AE 【解析】作为旅游目的地，一个国家或地区的旅游供给涉及五项基本要素：包括相关服务在内的自然旅游资源、旅游基础设施、旅游上层设施、交通运输和文化资源。这五项基本的旅游供给要素也被有些学者称为“旅游目的地要素组合”。

2. CDE 【解析】一般来说，多数餐馆、出租汽车公司、礼品商店、娱乐企业、市区景点等属于间接旅游企业。AB两项，旅行社、航空公司和饭店企业属于直接旅游企业。

3. ABCDE 【解析】旅游产品具有的一般性特点包括：①无形性；②不可转移性；③不可储存性；④生产与消费的同步性。此外，旅游产品最突出的独具性特点是整体旅游产品的综合性。

4. AC 【解析】直接旅游企业，是指其大部分营业收入都是来自直接为旅游者提供服务的业务的那些旅游企业，即那些若没有旅游者便将无法生存的企业。其典型代表是旅行社、航空公司和饭店企业。而一般情况下，多数餐馆、出租汽车公司、礼品商店、娱乐企业、市区景点等属于间接旅游企业。

5. ABE 【解析】旅游业的基本特点主要包括：①综合性产业，又称各利益相关者间的相互依赖性；②劳动密集型的服务性产业；③政治/政策性强的产业；④脆弱性产业。

三、判断题(正确的选A，错误的选B)

1. B 【解析】旅行社、航空公司和饭店企业是典型的直接旅游企业。直接旅游企业，是指其大部分营业收入都来自直接为旅游者提供服务的业务的那些旅游企业，即那些若没有旅游者便将无法生存的企业。

2. A

3. A

4. B 【解析】商品的价值量由生产该商品的社会必要劳动时间决定。旅游产品价值量的大小取决于生产旅游产品所耗费的社会必要劳动时间。但由于旅游产品的特殊性，其价值量的确定具有以下特征：①质量标准。旅游服务是旅游产品的核心。服务质量的好坏直接影响旅游产品的价值量大小及其实现。②价值量的确定有一定的垄断性。旅游资源是构成旅游产品的重要内容。旅游资源的不可估量反映在价格上即为垄断价格。因此，某些旅游产品的价值量具有一定的垄断性，并最终形成旅游产品的垄断价格。

5. B 【解析】我国已明确将旅游业列为国民经济的组成部分，而不是将其列作文化事业。即旅游业的根本性质是一项经济性产业。

四、填空题

1. 旅游消费者

2. 综合性产业

3. 旅游活动的催化剂

4. 不可储存性

5. 需求方

6. 功能质量

7. 旅行社；饭店业

8. 交通运输部门；游览场所经营部门；目的地旅游组织

五、概念题

1. 旅游业[浙商大2020年研；桂林理工2015年研；江西农大2015年研；华南理工2014年研；河南师大2014年研；陕西师大2014年研；南开大学2008年研]

答：旅游业是以旅游者为服务对象，以旅游市场为联系纽带，以旅游资源和设施为基础，以旅游经营活动为中心，为旅游活动创造便利条件并提供所需的产品和服务的综合性产业。旅行社、饭店业和交通运输业构成旅游业的三大支柱。旅游业的五大部门分别为旅行业务组织部门、交通运输部门、住宿接待部门、游览场所经营部门和目的地旅游组织。

2. 直接旅游企业［南京师大 2021 年研；山东师大 2017 年研；南开大学 2016 年研］

答：直接旅游企业是指依赖旅游者的存在而生存的企业，其主要营业收入都直接来自为旅游者提供服务的旅游企业，即若没有旅游者，这些企业便将无法生存。这类旅游企业的典型代表是旅行社、交通运输企业和饭店企业。

3. 间接旅游企业［湖南师大 2023、2017 年研］

答：间接旅游企业，是指那些虽然也为旅游者提供商品和服务，但其主要供应对象并非旅游者，或者说旅游者的存在与否并不危及其生存的企业。如出租汽车公司、餐馆、宾馆、礼品商店以及游览娱乐企业等。

4. 旅游产品（tourist products）［浙商大 2018 年研；华南理工 2014 年研；中山大学 2013 年研；河南师大 2013 年研；南开大学 2009 年研；西外 2005 年研；山东师大 2005 年研］

答：旅游产品是指旅游经营者凭借旅游吸引物、旅游设施和旅游服务生产和开发的，为了满足旅游者特定需要的一切有形实物旅游产品和无形服务旅游产品的总和。旅游产品是一个整体概念，它包含五个层次：核心旅游产品、形式旅游产品、期望旅游产品、附加旅游产品和潜在旅游产品。旅游产品由实物和服务构成，包括：旅行商集合景点、交通、食宿、娱乐等设施设备、项目及相应服务，出售给旅游者的旅游线路类产品，旅游景区、旅游饭店等单个企业提供给旅游者的活动项目类产品。根据不同的主体立场，其可分为整体旅游产品和单项旅游产品两个层面。

5. 整体旅游产品［山东师大 2006 年研；北二外 2002 年研］

答：整体旅游产品从需求和供给两个角度看各有不同。从需求角度看，整体旅游产品是指旅游者从离家外出开始到完成旅游活动并返回家中为止这一期间的全部旅游经历的总和。从供给角度看，总体旅游产品是指旅游目的地（经营者）为游客提供的一次旅游活动所需要的各种单项旅游产品和服务的总和。其中单项旅游产品是旅游企业所经营的设施和服务，或者说旅游企业借助一定的设施和服务向旅游者提供的项目服务。基于实用目的，整体旅游产品通常是指以旅游者在旅游目的地访问期间的活动为基础而实现的一次完整旅游经历。

6. 旅游体验［中山大学 2022 年研；东北财大 2003 年研］

答：旅游体验是一种以追求旅游愉悦为目标、以超功利性体验为主的综合性体验。旅游体验从内容上包含了对旅游审美愉悦和旅游世俗愉悦两大类愉悦的体验。旅游审美愉悦是旅游者在欣赏自然的美、艺术品和其他人类产品时所产生的一种心理体验，是一种在没有利害感的情况下得到的享受。旅游世俗愉悦是指旅游者在旅游过程中体验到的审美愉悦以外的一切愉悦。

六、简答题

1. 旅游业及其构成。［桂林理工 2019 年研］

相关试题：旅游业的基本构成。［河南师大 2012 年研］

答：旅游业是以旅游消费者为服务对象，为其旅游活动的开展创造便利条件并提供其所需商品和服务的综合性产业。对旅游业的具体构成，有以下不同的认识：

(1)从旅游活动的过程来看，旅游业有三方面内容：

①有关旅游“准备”的行业。

②有关旅游“移动”的行业。

③有关旅游“逗留”的行业，如旅馆业、餐饮业、景区景点、旅游商品业等。

(2)根据联合国《国际产业划分标准》，旅游业主要由三部分构成：旅行社、交通客运部门和以旅馆为代表的住宿业部门。

(3)美国夏威夷大学旅游学院院长朱卓仁教授等提出，旅游业由直接供应者、辅助服务机构和包括政府管理机构在内的开发性组织三部分组成。

(4)我国把旅行社、旅游饭店和旅游交通作为旅游业三大支柱。

(5)英国的维克托·米德尔顿从国家或地区的旅游发展出发，把旅游业划分为五个部分：

①住宿接待部门，如饭店、宾馆、度假村等。

②交通运输部门，如火车站、机场等。

③旅行业务组织部门，如旅游经营商、旅游批发商、旅游零售代理商、预订服务代理商等。

④游览场所经营部门，如主题公园、博物馆、国家公园、野生动物园、花园、自然历史遗产游览点等。

⑤目的地旅游组织部门，如各级旅游组织、旅游协会等。

(6)从国家或地区的旅游发展角度来看，旅游业主要由五大部分组成：旅行业务组织部门、住宿接待部门、交通运输部门、游览场所经营部门和各级旅游管理组织。

(7)按旅游收入占企业全部收入的比例不同划分，旅游业可分为：直接旅游企业和间接旅游企业。

2. 简述旅游业的(基本)特点。[浙商大2021年研；四川大学2008年研]

相关试题：

(1)简述旅游业及其特征。[中山大学2022年研]

(2)简述旅游业的概论及其特点。[中山大学2011年研]

(3)试比较旅游业不同于传统经济产业的主要特点。[中南财大2006年研]

(4)同制造业相比，旅游业有哪些基本特点？[武大2005年研]

答：同制造业相比，旅游业具有以下几个基本特点：

(1)综合性产业。首先，旅游者在外旅游期间，会涉及行、游、住、食、购、娱等方面的多重需要，因而需要由多种不同类型的企业为其提供相关的产品和服务，满足旅游者需要这一业务纽带将不同的旅游企业联系在一起，使它们集结成一个整体。其次，旅游业中的各利益相关者间具有相互依赖性，因此各行业间需要相互支持、开展联合营销。最后，旅游者购买的是整体性的旅游经历，因此旅游企业需要协调合作，旅游业逐渐成为一项综合性产业。

(2)劳动密集型的服务性产业：

①旅游业从属于第三产业——服务业，其产品主要是以劳务形式表现的服务，目的是

满足旅游者对某种旅游经历的需要。

②旅游业具有劳动密集性。国际学术界统一认为包含旅行社、饭店和航空公司在内的各类旅游企业都是劳动密集型企业，原因是旅游企业的工资成本在全部营业成本中所占的比重均达到或高于50%，符合“劳动密集型企业”的标准。

(3)政治/政策性强的产业。旅游业是一项涉及国与国之间人际交往的产业，具有涉外性。任何国家出入境旅游业务的开展都不能违背本国的涉外政策。现代旅游是一种跨国界、跨地区的交往活动，不同的国家或地区有着不同的社会制度、社会文化和生活方式。

(4)脆弱性产业。旅游业的经营与发展受到诸多因素的冲击，易遭受挫折。具体表现在：

①从旅游目的地内部环境来看，旅游供给在数量和质量上有任何部分出现脱节，都会造成当地旅游业的供给失调，从而影响该地旅游业的发展。

②从目的地或企业经营的外部环境来看，旅游需求有较大的弹性。一旦当地的经济、社会、自然与政治环境等出现某种重大不利变化，都会使旅游需求产生较大波动，对旅游业产生重大影响。

3. 请简述旅游产品的特点。［湖南师大2023年研；中山大学2021年研；浙江农林2018年研；浙商大2017年研］

相关试题：

(1)简述旅游产品的特征。［扬州大学2019年研］

(2)简要谈谈旅游产品的特征及其特殊性。［江西财大2016年研］

(3)旅游产品与其他产品相比有何特殊性？请归纳出至少三个方面的特殊性。［华南理工2015年研］

(4)什么是旅游产品的不可贮存性？请结合实例说明，旅游企业经营者正确地认识旅游产品的不可贮存性，对于旅游企业的经营具有哪些意义。［浙商大2012年研］

答：旅游产品的核心是服务，因而旅游产品属于服务性产品。其特点如下：

(1)综合性。旅游产品是一个异质产品：

①从旅游产品的构成来看，它是由物质产品、精神产品及旅游服务等多种成分构成的综合性产品。

②从旅游产品的内容来看，它是以旅游线路为内容，其凭借物由多种旅游资源、多种旅游设施和各式各样的特殊旅游服务活动组成。

③从旅游产品的形成过程来看，生产或提供旅游产品所涉及的部门和行业众多，除涉及旅游部门中的各个行业外，还涉及不少旅游部门之外的其他国民经济部门与行业。

(2)无形性。旅游企业基本上不进行实物产品的生产，它们只是凭借实物产品为旅游者提供服务。

①旅游产品主要表现为旅游服务，看不见，摸不着，闻不到，不能“先尝后买”。

②无形性还表现在旅游产品的价值和使用价值不是凝结在具体的实物上，而是凝结在无形的服务中。

(3)不可转移性：

①旅游服务所凭借的旅游资源和旅游设施无法从旅游目的地运输到客源所在地供游客

消费，被运输的对象是旅游者。

②旅游产品在消费过程中不发生所有权的转移，旅游者在使用或消费过程中只是取得该旅游产品在特定的时间和地点的暂时使用权。

(4)不可储存性：

①旅游服务和旅游消费在时空上的同一性决定了没有旅游者的购买和消费，以服务为核心的旅游产品就不会被生产出来，从而也就无法像其他实物产品那样暂时销售不出去时可以储存起来留待以后再销售。

②旅游产品的核心是服务。服务是一种行为。只有当旅游者来到并进行消费时，服务所创造的使用价值和价值才会实现。“闲置就是浪费”，旅游产品的效用和价值不仅固定在地点上，而且固定在时间上。无论是航空公司飞机的舱位还是饭店客房的床位，只要有一天闲置，所造成的损失将永远无法弥补回来。

(5)生产、交换、消费的同一性：

①旅游产品的生产表现为旅游服务的提供。因此，旅游产品的生产必须以旅游者来到旅游目的地为前提，即以旅游需求为前提。

②旅游者直接介入旅游产品的生产过程，并在直接消费中检验旅游产品的数量和质量，并以自己亲身感受表明他们的满足程度。

③旅游产品的生产、交换、消费在空间上同时并存，在时间上同时发生、同时结束，旅游产品的使用价值与价值同时实现。

(6)脆弱性。又称“易冲击性”，是指旅游产品使用价值和价值的实现要受到多种因素的制约。

①构成旅游产品各个部分之间的比例关系是否协调，对旅游产品价值和使用价值的实现影响很大。行、游、住、食、购、娱、卫(含旅游厕所)“七条腿”中，只要有一条腿短了，都会影响旅游经济的健康发展。

②旅游目的地的地理位置、季节变化等自然条件差异对旅游产品的价值实现产生影响。

③客源发生国和旅游目的地国的政治环境与经济发展水平，也会影响旅游产品的生产和销售。

(7)文化性。“文化是旅游之魂，特色是文化之基”。旅游活动就是旅游者为满足其精神文化需求而进行的活动。通过旅游活动，旅游者可以获得各种知识和精神文化感受。从某种意义上讲，旅游者参加旅游活动是为了寻求文化的差异性，是一种综合性的审美实践。

4. 简述实施旅游服务质量管理的基本途径。[浙江省2019年10月自考真题]

相关试题：

(1)旅游业可以通过哪些途径提高服务质量？[浙江省2022年10月自考真题]

(2)旅游企业对服务产品的质量行使管理与控制的基本途径有哪些？[浙江省2016年4月自考真题]

(3)服务质量是旅游产品的生命力。以某一类或某一家旅游企业为例，阐述其如何保证服务质量。[中山大学2013年研]

答：参见本章课后习题第7题答案。

5．我国旅游产业发展的原则。［江西财大 2005 年研］

答：我国旅游产业发展应遵循以下原则：

（1）与国民经济发展相适应原则。为了加快经济建设步伐，发展中国家往往选择超前发展国际旅游业的发展战略，以解决经济建设对外汇资金的需要。但是发展中国家经济基础比较薄弱，尤其是基础工业严重滞后。旅游业的超前发展，要注意不能脱离相关产业的发展和支持。

（2）成长阶段性原则。从旅游和旅游经济发展规律看，旅游发展特别是国际旅游的发展会受到社会经济环境的制约。由于各国国情不同，旅游业发展目标、方向、模式和措施也不尽相同，因而旅游业成长阶段性的标志和特征有所不同。

（3）城市中心原则。以旅游城市为中心制定旅游发展战略，可以优化旅游业结构和地区结构，促进旅游业和旅游地区的协调发展。

（4）整体利益与局部利益相协调原则。相对于整个社会经济发展的利益而言，旅游经济发展利益则代表局部利益。但如果把旅游业看作一个大系统，那么旅游经济发展利益便是整体利益，其内部的各行业、各地区就是局部利益的代表。

（5）可持续发展原则。在制定旅游发展战略时，必须坚持旅游业的可持续发展原则，只有这样，旅游业才能长期稳定地发展，才能在竞争日益激烈的旅游市场中不断前进与提高。

七、论述题

1．试述旅游产品的构成与分类。

相关试题：论述旅游产品的内涵及构成。［扬州大学 2018 年研］

答：（1）旅游产品的构成：

①按旅游产品的存在形态分，旅游产品的构成可分为无形产品和有形产品两种。无形旅游产品主要是指旅游服务，是旅游及其相关行业的从业人员直接为旅游者提供的各项活劳动，如导游服务、交通服务以及咨询、保险、签证、出入境手续等多种辅助服务。有形旅游产品是指旅游者购买和消费的有形物品，如舒适的饭店设施、旅行汽车、风景景观、各类旅游商品等。

②按旅游产品的功能分。不同的旅游产品，在旅游产品消费的不同环节，旅游者的功能需求都不一样。按实物存在形态划分，旅游产品构成可分为：景区（点）、交通、住宿、餐饮、购物、娱乐及其他服务等。

③按旅游产品的核心分。旅游产品的核心，是指旅游产品的基本功能与旅游者追求的基本利益，是整个旅游产品的基础和最具竞争力的内容。旅游产品的核心产品是经过开发的旅游资源即旅游景点、景区或旅游事项，也即旅游吸引物。旅游吸引物可能是物质实体，也可能是某个事件，还可能是一种自然或社会现象。旅游吸引物的区位、数量和质量决定着旅游产品市场的规模。

④按旅游产品的形式分。旅游产品的形式，是指旅游产品的形象、知名度、品牌、特色、组合形式等。它是核心产品借以实现的形式、方式，是产品依托旅游资源及旅游设施而反映出来的外在价值，是激发旅游者旅游动机，引导和强化旅游消费行为的具体形式。

⑤按旅游产品的延伸分。旅游产品的延伸，是指旅游者购买和消费旅游产品时获得的

附带服务、优惠条件及其他附加利益。在旅游经济活动分析和研究中，除了要注意旅游产品有形部分、无形部分、核心部分和形式部分的特色外，还要对旅游产品的延伸部分给予足够的重视，以谋求充分的市场竞争优势。

(2)旅游产品的分类：

①按旅游产品的组合数量划分：

a. 单项旅游产品，指由旅游吸引物、交通、食宿和各种娱乐活动组成的旅游产品中的一个组成部分。

b. 整体旅游产品，指满足旅游者一次旅游活动所有需求的组合旅游产品。整体旅游产品又可划分为大尺度、中尺度和小尺度三种。

c. 多元组合型旅游产品，指满足旅游者一次旅游活动某几方面需求的多种单项旅游产品组合形成的旅游产品。

②按旅游产品的核心特点划分：

a. 观光旅游产品，指旅游者以观赏和游览为主要目的的旅游产品。其主要特点有：游客旅游时间短暂、走马观花式的观光游览。常见的有自然生态观光和人文历史观光。

b. 度假旅游产品，指旅游者停留时间长、旅游花费相对较高、进行修身养性、消除紧张疲劳和娱乐健身的旅游产品。通常度假旅游地的特点有：优美的自然景色、温和宜人的气候以及舒适住宿、特色餐饮、锻炼、保健等设施。

c. 专题旅游产品，主要有：会议旅游、商务旅游、体育健身旅游、医疗保健旅游、教育旅游、科学考察旅游、探险旅游(包括挑战极限旅游)等。

③按旅游产品的开发程度划分：

a. 全新型旅游产品，指基于旅游者的新需求，旅游生产者或经营者运用新技术、新方法、新手段所设计的与众不同或创新的旅游产品，是短时游客迅速攀升的最佳旅游产品。

b. 换代型旅游产品，指通过对现有旅游产品进行大规模升级改造所形成的产品品位、档次更高的新旅游产品，是时代和市场需求的旅游产品。

c. 改进型旅游产品，指对原旅游产品的某些要素进行改动或完善所形成的更具吸引力和竞争力的新产品。包括：旅游景区增加娱乐项目，旅游饭店提供某些个性化服务，旅游路线中个别目的地的改变等。

d. 仿制型旅游产品，指旅游生产者或经营者对异地已有旅游产品的实体、基本原理和结构设计进行仿制形成的旅游产品，是非本地特色的旅游产品，如常见的人造景观、微缩景观等。

2. 谈谈你对整体旅游产品构成内容的认识和理解。[南开大学2005年研]

答：(1)旅游产品是一个整体概念，它包含五个层次：

①核心旅游产品，是顾客真正在购买的东西，是最直接、最基本的能满足消费者需要的、能带给消费者核心利益的东西。

②形式旅游产品，是顾客认为他们所购买的东西，是旅游产品的外在表现形式。它包括质量、价格、风格、特色和旅游类型。

③期望旅游产品，是指消费者购买旅游产品时，期望得到的与旅游产品密切相关的一整套属性和条件。如饭店的客人期望得到清洁的床位、洗浴香波、浴巾的服务等。因为大

多数旅馆均能满足旅客的这些一般期望，所以旅游者在选择档次大致相同的饭店时，一般不是选择哪家饭店能提供期望旅游产品，而是根据饭店的就近和方便程度来定。

④附加旅游产品，是顾客所接受或经历的所有利益。它是伴随所有服务的一个完整系统，包括售前服务、售中服务和售后服务。

⑤潜在旅游产品，是指现有旅游产品最终可能实现的全部附加部分和新转换部分，或指与现有旅游产品相关的未来可发展的潜在性旅游产品。潜在旅游产品指出了旅游产品可能的演变趋势和前景，如餐馆也许会成为人们休闲、娱乐和交流的场所等。

(2)产品整体概念的提出，对旅游企业的营销活动具有多方面的意义。具体表现在：

①它向企业昭示，明确消费者所追求的核心利益十分重要。如旅游者购买旅游产品，并非为了占有菜肴、纪念品之类的具体物品，而是体现了一种放松、享受、体验的愿望。企业如果不明白这一点，就不可能真正满足消费者的需求，从而也不可能获得经营的成功。

②企业必须特别重视产品的无形方面，包括产品形象、服务等。旅游者对产品利益的追求包括功能性和非功能性两个方面，前者更多地体现了旅游者在物质方面的需求，后者则更多地体现了旅游者在精神、情感等方面的需要。随着社会经济的发展和人民收入水平的提高，旅游者对产品的非功能性利益越来越重视，在很多情况下甚至超越了对功能性利益的关注。由此，要求旅游企业摆脱传统的产品概念，重视产品非功能性利益的开发，更好地满足消费者的需要。

③旅游企业在产品方面的竞争可以从多个层次展开。对于在功能、品质上极为接近的成熟产品，企业难以制造较大的差异，但这并不意味着企业之间的竞争只能在价格上相互拼杀。产品整体概念的提出给企业带来了新的竞争思路，即可以通过在品牌、售后服务等多个层面创造差异来确立市场地位和赢得竞争优势。

④产品整体概念清晰地体现了以消费者为中心的市场营销观念。这一概念的内涵和外延都是以消费者需求为标准的，并由消费者的需求来决定。可以说，产品整体概念是建立在“需求 = 产品”这样一个等式基础之上的。

3. 试述旅游产品生命周期理论的实质及其影响因素。

答：(1)旅游产品的生命周期，是指旅游产品经开发进入市场后，直到被市场淘汰(再无生产的可能和必要)为止的全部持续时间。旅游产品的生命周期长短决定着旅游地生命周期的命运。旅游产品的生命周期具有较明显的阶段性，是制定每个阶段旅游产品市场营销重要策略的依据。

(2)旅游产品生命周期理论：

根据巴特勒的旅游地生命周期理论，旅游产品的生命周期可划分为五个相互接续的阶段，即介入期、缓慢成长期、快速成长期、成熟期和衰退期。

①旅游产品的介入期。这个时期又称旅游产品的“婴儿期”。这个时期内，光顾该旅游产品的是那些具有冒险精神，对已过分商业化的旅游产品不感兴趣的旅游者。这些旅行者数量很小，但感情专注，示范作用强，因此常常是一个旅游产品得以赢得一定市场份额的有力促进因素。

②旅游产品的缓慢成长期。缓慢成长期的标志是伴随各种促销努力和早期旅游市场的示范效应，旅游产品开始被市场接受，并以一定速度向前发展。

③旅游产品的快速成长期。快速成长期内，旅游产品被越来越多旅游者接受，旅游产品销售量的增长速度进一步加快。而消费该种旅游产品已成为时髦之举，其消费将促成一种大众化倾向。

④旅游产品的成熟期。成熟期内的旅游产品，相对以往来说，销售和游客规模可能继续有所扩大，但增长速度放慢或接近零甚至出现负增长，旅游产品原来凭借的综合魅力正在消失。一部分旅游者因旅游住宿条件、旅游环境恶化、旅游产品出现老化迹象等，开始相继另寻新品，这预示着该旅游产品的衰退期可能就要到来。

⑤旅游产品的衰退期。指产品因失去吸引力而被消费者所抛弃，并在总体上不断收缩其市场份额的过程。当一个旅游产品在进入衰退期持续冷销若干年后，只要保护完好，它就很有可能获得再生的机会。对一个旅游产品来说，其衰退期与再生期之间的时间间隔可能是几年，也可能是几代。

(3)旅游产品生命周期的影响因素：

①需求因素。作为消费者或潜在消费者的行为结果，是决定旅游产品产生、发展和消亡的最重要客观因素之一。尤其是在开发论证阶段，需求论证是决定旅游产品开发可行性的直接决定性因素。

②效应因素。效应因素是一种继发性影响因素。它对旅游产品生命周期的影响，主要表现在由旅游产品的生产、销售和消费所引起的对经济、社会和环境的影响。这种影响可能是积极的，也可能是消极的。不论其表现形式如何，都必须在开发的初始阶段给予充分的注意，并运用科学的方法予以评估。

③环境因素。旅游产品的经营者在设计、销售其旅游产品的过程中要将对外部大环境的积极适应能力，与外部经营环境协作关系的性质及自身组织结构、企业文化资源获得方面的组合情况等共同构成的多元环境影响因素，不断渗入旅游产品经营过程中，成为能决定旅游产品生命周期得以延续的重要因素。

第六章　旅游业中的主要经营部门

6.1　复习笔记

【知识框架(庖丁解牛)】

- 旅游业中的主要经营部门
  - 旅行社行业
    - 旅行社的界定：概念、性质、趋势
    - 旅行社的分类
      - 外国：批发/经营商、专项策划/组织商、零售商
      - 我国：一般、有出境游资质的旅行社
    - 旅行社在旅游业中扮演的角色[作用]
    - 我国旅行社的基本业务
      - 包价旅游：含义、特点、形式
      - 散客旅游：含义、特点、业务
  - 饭店与住宿业
    - 住宿业的演进：含义、三阶段
    - 饭店的概念、类型、作用
    - 饭店的等级及其评定工作：考核内容、实施原则
    - 饭店业中的集团化经营
      - 集中化与集中率
      - 饭店集团
        - 饭店连锁集团
        - 饭店合作集团
    - 我国饭店业的发展：集团化、国际化、现代化
  - 旅游交通
    - 旅游交通概述：含义、特点、任务、作用
    - 主要旅行方式：汽车、航空、铁路、水路旅行及海上巡游等的优缺点
    - 我国旅游交通的发展
    - 影响旅行方式选择的因素：旅行目的、运输价格、距离、个人偏好与经验
  - 旅游景点
    - 旅游景点的含义：广义、规范意义
    - 旅游景点的类型：按性质、成因、复杂程度、表现形式、质量等级分
    - 旅游景点的地位
    - 旅游景点实现长期成功的关键[影响因素]

【通关提要(提纲挈领)】

本章主要介绍旅游业中的主要经营部门，比较重要。学习时，要总体把握旅行社、饭店、交通运输、景点等旅游行业的作用、基本业务、发展状况和行业趋势。具体来说，要熟悉外国和我国对旅行社的分类、旅游景点的类型，掌握我国旅行社的基本业务、饭店业中的集团化经营，熟悉饭店的等级及其评定工作、当前主要的旅行方式，掌握影响旅行方式选择的因素、旅游景点行业实现长期成功的关键。本章主要考查选择题、概念题、简答

题和论述题，要理解记忆。复习时，要注重整体把握知识点，逐个突破；同时要理解这些经营部门并非独立，而是存在着千丝万缕的联系与合作，可结合起来学习。

【考点难点归纳(厚积薄发)】

考点一：旅行社行业 ★★★★

1. 旅行社概述(见表6－1)

表6－1 旅行社概述

要点	主要内容
概念	指从事招徕、组织、接待旅游者等活动，为旅游者提供相关旅游服务，开展国内、入境或出境旅游业务的企业法人[《旅行社条例》]
性质	属于旅游中介机构[非生产机构]；通过提供中间商服务获取收益
作用 [扮演角色]	旅游业的“龙头”：①旅游供应商的产品分销渠道；②旅游业的前哨与先锋[把握需求、指导供给、提供咨询]；③大众型旅游活动的组织者 [需求角度：组织者、中介；供给角度：产品销售渠道]
趋势	直接面对面的“高接触”服务是趋势，需要优化服务内容与质量，业务方向向旅游咨询转移

【**真题链接**】结合实际说明旅行社在我国旅游业发展中的主要作用。[简答题，浙商大2013年研]

2. 旅行社的分类

(1)外国旅行社分类(按业务类型划分，见表6－2)：

表6－2 外国旅行社分类

类型	主要内容		
一般旅游批发/经营商	概念	指面向旅游消费者大众，主要经营批发业务的旅游公司	
	分类	旅游批发商	通过第三方[旅游零售商]出售包价旅游产品
		旅游经营商	自销+第三方出售包价旅游产品
专项旅游策划/组织商	概念	指一些实行专门化经营的旅游批发商，其收入为加价	
	对象	以企业为典型代表的组织购买者或团体客户	
	分类	①奖励旅游策划商；②会议策划商	
旅游零售商	含义	典型代表是旅行代理商，也包括在线旅游公司	
	代理业务	①咨询服务；②代客预订；③代理服务[护照与签证]；④信息反馈	
	收入	①被代理企业支付的佣金；②向顾客收取的中介手续费和咨询服务费	

(2)国内旅行社分类(见表6－3)：

表 6-3　国内旅行社分类

时间	主要内容	
改革开放至20世纪90年代中期	第一类旅行社	招徕并接待海外游客
	第二类旅行社	只接待海外游客
	第三类旅行社	只经营国内旅游业务
1996年《旅行社管理条例》	按经营范围分为：①国际旅行社[出境+入境+国内旅游业务]；②国内旅行社	
2009年《旅行社条例》	①一般旅行社，经营国内、入境旅游业务。 ②有经营出境游资质的旅行社，经营国内、入境和出境旅游业务。 外商投资旅行社，包括中外合资、中外合作经营旅行社和外资旅行社，不得经营招徕和组织中国居民出境旅游的业务	

(3)与欧美国家旅行社的分类相比，中国的旅行社分类：

①源于加强旅行社行业管理的需要，不是业务类型的自然分工。

②没有真正区分批发商和零售商，基本都经营批发、零售业务。

3. 我国旅行社的基本业务(见表 6-4)

表 6-4　我国旅行社的基本业务

业务	主要内容		
包价旅游	含义	即综合包价旅游(产品)，指旅行社经过事先计划、组织和编排旅游全程的活动项目，向旅游大众推出的包揽全程服务工作的一种打包式旅游产品[一次性收取全程费用]	
	价格	包价旅游价格一般不包括：①旅游证件手续费；②意外事故保险费；③行李保险费、超重费；④计划外活动项目和私人花费	
	特点	需求方面	①省心省力省钱；②安全；③方便[但活动时间不自由]
		供给方面	利于批量生产，节约成本，扩大经营
	形式	全包价旅游	一般是团体旅游：国际上人数至少为15人，我国至少为10人(含导游)
		小包价旅游	部分包价：①往返交通；②目的地住宿；③目的地早餐
散客旅游	含义	国际惯例	指个人、家庭以及15人以下自行结伴旅游者
		我国	指独自旅游的个人，以及9人以下自行结伴旅游者
	标志	散客接待量的大小标志着一个旅游目的地的成熟程度	
	特点	①选择余地大、时间充裕、活动自由、满足个性化需求，适应现代旅游发展趋势。 ②费用比包价旅游高	
	业务	散客成团业务	将来自不同客源地的到访散客临时组合成团，组织其前往某地旅游。一般不设导游，游客到达后自行活动
		委托代办业务	①当地单项委托[临时]：代办预订饭店、租车、翻译导游等服务。 ②联程委托：包括国内联程委托和国际联程委托[事先委托]，服务对象主要是入境旅游者

【真题链接】简述旅行社散客旅游业务的特点与接待要求。[简答题，南京师大2019年研]

考点二：饭店与住宿业 ★★★★

1. 住宿业的演进

住宿业是由各种经营住宿服务的企业所构成，面向不同类型的来访旅游者提供食宿接待服务的一类企业的总称，即为旅游者提供住宿、餐饮及多种综合服务的行业。全球住宿业演进的三个阶段见表6－5：

表6－5　全球住宿业演进的三个阶段

时间	阶段	交通工具	主要接待设施类型
19世纪中叶以前	客栈时期	公共马车	分布于主要道路沿线及城镇中的小客栈或小客店
19世纪中叶至20世纪中叶	饭店发展时期	火车、轮船	“饭店”这一住宿接待设施得到推广
20世纪中叶至今	以饭店为主力的多种住宿设施竞争时期	飞机	汽车旅馆、度假村、度假营地、自助式住宿接待设施[如青年旅舍、公寓]等

2. 饭店概述(见表6－6)

表6－6　饭店概述

要点	主要内容	
概念	指为旅游者与一般消费者提供餐饮住宿等功能的场所	
类型	目标市场	度假、商务、会议饭店等
	坐落地点	城市、度假地、海滨饭店等
	旅行方式	铁路、机场、海港、汽车饭店等
	规模	大型、中型、小型饭店
	档次或等级	高档、中档、低档饭店；星级[一星至五星]、经济饭店
	经营管理方式	独立、连锁饭店
	经济类型	国有、民营、外资、合资饭店
作用	①饭店是旅游业发展的重要物质基础。 ②饭店是旅游和社会活动的重要场所。 ③饭店是国家或地区获取旅游收入、吸收外汇的重要渠道。 ④饭店是地区发展、创造社会就业的重要途径和促进者	

3. 饭店的等级及其评定工作(见表6－7)

表6－7　饭店的等级及其评定工作

要点	主要内容	
目的	①加强质量管理；②保护旅游消费者的利益	
等级	国际惯例	一星级、二星级、三星级、四星级和五星级[法国为四级]
	中国	一星级、二星级、三星级、四星级、五星级和白金五星级

续表

要点	主要内容	
等级评定工作	主要考核内容	①设施和设备的档次和健全程度。 ②服务项目的健全程度和服务的质量水准。 ③顾客满意度和满意率。 ④社会形象
	实施原则	①参评饭店须有1年以上的营业史。 ②评定工作须经多次调查。 ③等级高低通常与规模无关。 ④获评等级会根据实际表现调整

【真题链接】在评定某一饭店等级的时候，一般应考虑哪些内容？为什么？［简答题，浙商大2012年研］

4. 饭店业中的集团化经营

（1）集中化与集中率：

①集中化程度是指一个行业中的企业平均规模。平均规模越大，集中化程度越高，同行业竞争者的数量就越少。

②集中率主要用来衡量行业的集中化程度，通常表示为一个产业或行业中一批大型企业所占的市场份额。在饭店业中通常以大型饭店公司所拥有的客房数或床位数在饭店业客房供给总量中所占份额来表示。

（2）饭店集团（见表6－8）：

表6－8　饭店集团

类型	主要内容		
饭店连锁集团	含义	又称联号经营，指以某一饭店公司的品牌为纽带，将若干成员饭店统一于该品牌旗下，实行集团化联号经营的紧密型饭店集团	
	经营优势	①资本优势［资金调集、担保］；②技术经济优势［平摊成本］；③市场营销优势［宣传知名度］；④集中采购优势［品牌比较与谈判］；⑤管理效率优势；⑥分散风险优势	
	成员类型	完全成员	自己拥有产权，并自己直接经营［产权＋经营权］
		租赁成员	租来经营的饭店［有经营权］
		管理合同成员	代管经营，即连锁公司代理或参与经营
		特许经营成员	特许经营：出让经营权，不参与管理，给予指导
饭店合作集团	含义	指若干独立饭店为了在物资采购、房间预订、人员培训及市场营销等方面采取联合行动而自愿组建起来的一种松散型饭店联合体	
	类型	①营销合作集团［地域性、共同目标市场］；②采购合作集团［价格谈判、扩大规模］；③员工培训合作集团［共同技术交流］；④预订系统合作组织	

【真题链接】

（1）简要说明饭店合作集团的类型。［简答题，湖南师大2022年研］

(2)简述饭店集团化经营的类型。[简答题，浙商大2020年研]

(3)什么是饭店连锁集团？请详细论述它所具有的竞争优势。[论述题，浙商大2019年研]

(4)现代饭店集团相对于单体饭店的优势主要体现在哪些方面？[简答题，湖南师大2019年研]

考点三：旅游交通 ★★★

1. 旅游交通概述(见表6-9)

表6-9 旅游交通概述

要点	具体内容
含义	指旅游者利用某种交通手段或途径，实现从一个地点到达另一地点的空间转移过程
特点	①游览性；②舒适性；③季节性；④区域性；⑤其他特性，如无形性、不可储存性、生产与消费同时性等
作用	①从需求方面看，旅游交通是旅游者完成旅游活动的技术条件，是旅游业产生并发展的先决条件。 ②从供给方面看，旅游交通是发展旅游业的命脉，能促进旅游区的兴起与发展。 ③旅游交通是旅游收入和创汇的重要且稳定的来源。 ④旅游交通是旅游活动的重要内容

【真题链接】简述旅游交通在旅游业中的作用。[简答题，湖南师大2019年研]

2. 主要旅行方式(见表6-10)

表6-10 主要旅行方式

方式	优点	缺点/局限性
汽车旅行	①灵活性大；②自由度大；③普及性广；④便利	①不适合长途旅行，易造成交通拥挤。 ②人均废气排放量大，不利于环保。 ③载客量小，安全性较差
航空旅行 [飞机]	①快速省时。 ②安全舒适。 ③适于远程旅行	①个别游客的恐惧心理。 ②部分地方缺乏可进入性，不在航程内。 ③抵离机场时间长。 ④能耗大、噪声大，影响周围环境质量
铁路旅行	①运力大；②价廉；③安全性高；④车内活动自由；⑤能耗低、污染小、环保	①受到线路规划设计条件的限制。 ②速度远不及飞机，灵活性和普及性不及汽车
水路旅行 [轮船]	①客运能力强；②费用低；③安全可靠，连续性强；④污染小；⑤可以欣赏沿岸风景，船内自由活动	费用高、速度慢、灵活性差，受自然因素影响大。 ①远洋客运业务已衰落，营业成本高。 ②短程海上渡轮地区限制较大。 ③多数内河航运业务已向游船服务业务发展
海上巡游 [邮轮]	①悠闲、舒适。 ②兼具交通与住宿功能 [漂浮的度假村/旅馆]	①价格昂贵，适用于高端消费人群。 ②速度慢，耗时长。 ③劳动密集程度高，人力和投资成本高

【真题链接】简述汽车旅行兴起的原因。[简答题，湖南师大2021年研]

3. 影响旅游者选择旅行方式的因素(见表 6－11)

表 6－11　影响旅游者选择旅行方式的因素

因素	具体表现	
旅行目的	因公差旅型	①注重安全、便利、快速和舒适，较少考虑费用。 ②乐于选择航空、铁路和小汽车旅行，很少乘坐长途汽车和轮船
	消遣型	①注重安全、经济、高效，对价格较敏感。 ②短程旅游时常选择自驾车，远程旅游时选择飞机或火车
	因私事务型	介于上述二者之间，追求安全、高效、经济
运输价格	因公差旅型	对价格不太敏感
	其他类型	对价格普遍较敏感
旅行距离	①通常涉及空间距离和时间距离。空间距离越大，旅行时间越长，支出越高。 ②长距离旅行通常倾向选择航空；中短途旅行倾向选择汽车或火车	
个人偏好与经验	依赖型人格	倾向自驾车，不愿乘坐飞机
	冒险型人格	中远程旅行时倾向选择航空
其他	天气、旅伴、安全保障、地理位置等	

【真题链接】

(1)人们对于旅行方式的选择主要受到哪些因素影响?［简答题，湖南师大 2022 年研］

(2)简述旅游者选择旅行方式的影响因素。［简答题，南京师大 2021 年研］

考点四：旅游景点(见表 6－12)　★★★

表 6－12　旅游景点

要点	主要内容	
含义	广义	任一个可供旅游者或来访游客参观游览或开展其他休闲活动的场所
	规范意义［狭义］	指为专供来访公众参观、游乐或增长知识而设立和管理的长久性休闲活动场所
特点/条件	专用性	专供游人参观、游览或开展其他休闲活动
	长久性	须有长期固定的场址
	可控性	须能对游人出入进行有效控制
类型	设立性质	①商业性景点；②公益性景点
	成因	①自然旅游景点；②人造/人文旅游景点
	复杂程度	①单一型旅游景点；②复合型旅游景点
	内容和表现形式	①古代遗迹；②历史建筑；③博物馆；④美术馆；⑤公园和花园；⑥野生动物园区；⑦主题公园；⑧早期产业旧址
	质量等级	五个等级从高到低依次为：5A 级、4A 级、3A 级、2A 级和 A 级
地位	旅游景点是旅游资源的重要组成部分，是旅游资源吸引力的主要来源［激发和吸引的作用］，在目的地旅游业整体产品中居于中心位置	

续表

要点	主要内容
管理问题	①忽视环境承载力管理；②门票价格缺乏全局观念；③服务质量有待提高
成功关键 [影响因素]	经营者要做好内部管理工作，重视以下长远性外部环境因素的影响： ①竞争状况。包括同一地域内及其与周边相邻地区同类景点之间的竞争。 ②顾客需求层次的变化。要关注需求变化方向，更新服务条件和服务水准。 ③新型应用技术的发展。关注新技术的发展与应用，把握创新机会。 ④宏观政策变化。密切关注，及时预测分析，积极应对

【真题链接】

(1)简述影响景点经营的基本因素。[简答题，湖南师大2021年研；桂林理工2020年研]

(2)简述旅游景点的分类标准。[简答题，湖南师大2023年研]

(3)旅游景点在旅游业中的地位和作用是什么？[简答题，湖南师大2020年研]

6.2 课后习题详解

1. 解释下列概念：旅行社；旅游批发经营商；旅游零售商；包价旅游；旅游景点。

答：参见本章考研真题与典型题概念题相关习题答案。

2. 比较欧美国家与我国对旅行社的分类。

答：(1)欧美国家对旅行社的分类：

①一般旅游批发/经营商，指那些面向旅游消费者大众，主要经营批发业务的旅游公司，具体可分为旅游批发商和旅游经营商。

②专项旅游策划/组织商，指那些进行专门化经营的旅游批发商，其服务对象不是消费者大众，而是以企业为典型代表的组织购买者或团体客户，主要包括奖励旅游策划商和会议策划商。

③旅游零售商，又称零售代理商，是旅游批发商和旅游者之间的联系纽带，泛指所有主要经营零售业务的旅行社，以及其他各种形式的旅游零售代理者。传统上以旅行代理商为典型代表，现在也包括通过互联网从事代理预订业务的在线旅游公司。

(2)我国对旅行社的分类：

①改革开放至20世纪90年代中期，我国将旅行社分为三类：

a. 第一类旅行社，负责对外招徕并接待海外游客来我国大陆地区旅游。

b. 第二类旅行社，接待由第一类旅行社和其他一些涉外部门组织的来华访问的海外游客。

c. 第三类旅行社，只能经营国内旅游业务。

②1996年出台的《旅行社管理条例》将旅行社分为：国际旅行社、国内旅行社。

③2009年出台的《旅行社条例》将旅行社分为两种：

a. 经营国内和入境旅游业务的旅行社。

b. 经营国内、入境和出境旅游业务的旅行社。

其区别在于是否有权经营出境旅游业务。

3. 简述第二次世界大战后团体包价旅游迅速普及的原因。

答：在第二次世界大战结束之后的半个世纪中，旅行代理商的数量迅速增长，团体包价旅游迅速普及，其原因主要基于以下两个方面：

(1)需求方面：

①它所提供的全程活动安排使旅游者感到方便易行，省心省力。

②以团体的方式进行，增强了旅游过程的安全感。

③价格上优惠。

(2)供给方面：

这一产品形式有利于批量生产，旅行社可以更有效率地扩大经营规模。

4. 饭店等级评定标准所涉及的内容主要包括哪些方面？评定工作的主要原则有哪些？

答：(1)饭店等级评定标准涉及的内容：

①设施和设备的档次和健全程度。

②服务项目的健全程度和所能提供服务的质量水准。

③顾客的满意率和满意程度。

④社会形象。

(2)评定工作的主要原则：

①参评饭店须有1年以上的营业史。

②饭店等级的高低，通常不受规模大小的限制。

③获评等级并非固定不变，可根据情况变化作出调整。

5. 同独立自营的饭店相比，饭店连锁集团何以会有竞争优势？

答：同独立自营的饭店相比，饭店连锁集团的竞争优势主要体现在以下几个方面：

(1)资本优势：

①饭店连锁集团规模大，自身资金实力雄厚，资源众多。

②在面临资金短缺时，公司一方面在成员饭店间调集资金，以适应项目的资金需要；另一方面凭借其雄厚的资产实力，比较容易从金融机构获得贷款。

(2)技术经济优势。饭店连锁集团可根据成员饭店的分布情况，对某些重大设施设备进行统一调配，从而降低成员饭店相关服务项目的单位产品成本，提升产品或服务项目的价格竞争力。

(3)市场营销优势：

①各成员饭店在店名、店徽、设施设备以及服务程序和标准上进行统一，易于在市场上树立品牌形象。

②标准化的实施，可以让消费者预知了解连锁集团每一个成员饭店的产品或服务项目，以及这些产品或服务的质量。

③每一个成员饭店开展的营销宣传可以对整个集团起到宣传作用。

④各成员饭店之间可相互代理预订，互通客源。

⑤饭店连锁集团可利用自身实力和一些最先进的应用技术来构建和完善计算机预订

系统。

(4)集中采购优势：

①饭店连锁集团的大批量采购有利于提高饭店和供应商谈判时的地位，减小谈判压力，获得价格优惠，降低成本。

②面对多种品牌产品的选择时，可以降低采购失误的风险。

(5)管理效率优势：

①集团总部集中行使多种管理职能，可以降低成员饭店的管理费用。

②饭店连锁集团在高级人员的聘用方面拥有优势，既能实现高水平管理，又能控制聘用成本。

(6)分散风险优势。成员饭店分散于不同国家或地区，可以降低因某地经营环境变化而带来的风险。

(7)品牌优势。饭店业的竞争，实质上是品牌的竞争。跨国饭店集团依靠其成功的品牌经营，为客人所熟悉和信任，借助品牌的美誉度，引来客人对品牌的忠诚，并且保证其获得更好的价格。

(8)人才优势。饭店集团一般聘请并培训一批理论水平高、实践经验丰富的各方面人才，可以随时为联号内各酒店提供服务。同时，酒店一般都有比较完善的培训系统，培养饭店所需要的各类人才，并经常对在职人员进行轮训，提高管理和技术水平。

6. 目前可供人们外出旅游时选用的旅行方式主要有哪些？各自有哪些主要特点？

答：目前可供人们外出旅游时选用的旅行方式主要有汽车、飞机、铁路、水路等。其特点如下：

(1)汽车旅行，如自驾车、搭乘城际公共汽车、包乘旅行大客车等。其特点有：

①自由、便利、灵活。

②不适合长途旅行。

③人均能耗/废气排放量大，对环境造成一定程度的污染，不利于环境保护。

④安全性较差。

(2)航空旅行，如航空公司经营定期航班以及包机。其特点有：

①速度快、途中耗费时间少、旅行舒适。

②包机业务价格低、灵活性高。

③很多地点不具备可进入性。

④机场选址通常远离市区，游客抵离机场耗时长。

⑤能耗较大，且噪声大，容易造成环境破坏和声污染，影响周围环境质量。

(3)铁路旅行，其特点有：

①运力大，票价低，安全性高。

②不会遇到交通堵塞问题，车内活动自由。

③人均能耗低，对环境污染小，比较环保。

(4)水路旅行，如远洋定期班轮、海上短程渡轮以及内河客运。其特点有：

①远洋客运业务的营业成本高，不利于同航空公司竞争。

②短程海上渡轮受地区限制，自海底公路和铁路隧道开通使用后受到沉重打击。

③多数内河航运业务已发展为游船服务业务，不再作为一种旅行方式。

(5)海上巡游，如邮轮旅游。其特点有：

①悠闲、舒适，兼具交通与住宿功能。

②价格昂贵，速度慢，耗时长。

③劳动密集程度高，人力和建设投资成本高，因而目标市场局限于中高端人群。

7. 影响人们选择旅行方式的主要因素有哪些？

答：参见本章考研真题与典型题简答题第8题答案。

8. 在对旅游景点进行分类方面，常用的依据有哪些？

答：在对旅游景点进行分类时，常用的依据主要有：

(1)按旅游景点的性质划分：

①商业性景点，指投资者完全因盈利目的而建造或设立的旅游景点，属于企业性质。

②公益性景点，指政府或社会团体出于社会公益目的而设立和管理的旅游景点。这类景点虽然也采取收费准入的管理方法，但其目的并不是营利或回收投资。

(2)按旅游景点的成因划分：

①自然旅游景点，指以自然景观为吸引因素的旅游景点。

②人造/人文旅游景点，指以人为产物为吸引因素的旅游景点。

(3)按旅游景点的复杂程度划分：

①单一型旅游景点，指主题单一或仅指有一项参观游览内容的旅游景点，如某一历史建筑或人类遗址、名人故居等。

②复合型旅游景点，指那些主题多样，形式丰富，或由多项参观游览内容共同构成的旅游景点。

(4)按旅游景点的表现形式划分：

①古代遗迹，如古代城防建筑、古墓葬等。

②历史建筑，以历史上遗留下来的各种建筑物为主要游览内容的旅游景点，如名人故居、庙宇寺院等。

③博物馆：

a. 以特定收藏品为展示内容，如各种科学博物馆、历史博物馆、军事博物馆等。

b. 以特定场址为展示内容，如我国的故宫博物院、英国的铁桥堡博物馆等。

④美术馆，多以收藏和展览历史或传统美术作品为主。

⑤公园和花园，以具有特色的自然环境和植物环境为主要内容的旅游景点，如国际公园等。

⑥野生动物园区，以观赏野生动物为主要内容的旅游景点，如动物园、水族馆等。

⑦主题公园，根据某一中心主题而兴建的大型人造游览娱乐园区，如深圳的世界之窗和锦绣中华等。

⑧早期产业旧址，指在那些已经遗弃的早期工矿产业基础上形成的参观景点。

(5)按旅游景点的质量等级划分：

根据我国现行标准对旅游景点的质量等级进行划分，旅游景点可分为五个等级，从高到低依次为：5A级、4A级、3A级、2A级和A级。

9. 在旅游景点的经营中，实现长期成功的影响因素主要有哪些？

答：旅游景点的经营中，实现长期成功的影响因素主要包括：

(1)竞争状况。包括地处同一地域内及其与周边相邻地区的同类景点之间的竞争。

(2)顾客需求层次的变化。旅游景点的经营者必须随时关注人们需求层次的变化，了解市场变化趋势，及时更新景点的服务设施，提高景点的接待条件和服务质量水准，以迎合并满足旅游者的需要。

(3)新型应用技术的发展。随着现代科技的发展，一些新技术的出现也会为景点的建设和更新改造带来新的机会。旅游景点经营者应该及时关注和了解，积极引入并应用这些新技术。

(4)宏观政策变化。任何行业的发展都会受到国家宏观政策的影响。旅游景点的经营者必须密切关注国家的宏观政策，及时预测并分析宏观政策对旅游景点经营的影响，并积极采取相应措施。

(5)内部管理水平。一线服务人员的服务水平和服务质量的高低直接影响旅游者对旅游景点的感知印象和游客的满意度。因此，经营者应当培训能胜任专业水平旅游服务的工作人员，做好内部管理工作，提高工作效率。

6.3 考研真题与典型题

一、单项选择题

1. 在饭店合作集团中，最早出现的一类是(　　)。[浙江省2016年4月自考真题]

A. 营销合作集团　　B. 采购合作集团

C. 员工培训合作集团　　D. 预订系统合作组织

2. 独立饭店与连锁饭店的最主要区别在于(　　)。

A. 饭店的经营管理方式不同　　B. 饭店的规模不同

C. 饭店的等级不同　　D. 旅游者逗留期的长短不同

3. 在我国涉外旅游饭店星级评定工作中，五星级饭店的评定是由(　　)。

A. 各省、自治区的旅游局评定

B. 国家旅游局星级评定机构评定

C. 省市旅游局或国家旅游局评定

D. 省市旅游局初评后，根据国家旅游局确定

4. 在下列几种旅游交通中，安全性最高的是(　　)。

A. 铁路旅游交通　B. 航空旅游交通　C. 公路旅游交通　D. 水路旅游交通

二、多项选择题

1. 我国旅行社企业组织的国内小包价旅游产品中，最为常见的包价内容有(　　)。[浙江省2020年10月自考真题]

A. 出发地与目的地之间的往返交通　　B. 在目的地停留期间的住宿

C. 在目的地停留期间的每日早餐　　D. 行李保险费

E. 计划外活动项目和私人花费

2. 根据饭店的主要业务或主要接待对象进行分类，可分为(　　)。[浙江省2020年10月自考真题]

A. 度假饭店　　B. 商务饭店　　C. 铁路饭店　　D. 机场饭店

E. 会议饭店

3. 根据饭店的坐落地点进行分类，可分为(　　)。[浙江省2019年10月自考真题]

A. 城市饭店　　B. 铁路饭店　　C. 度假地饭店　　D. 商务饭店

E. 独立饭店

4. 就国际上的一般情况而言，评定某一饭店的等级时，通常涉及考核其“硬件”和“软件”多项指标。其中主要的考核内容包括(　　)。[浙江省2020年10月自考真题]

A. 设施和设备的档次和健全程度　　B. 服务项目的健全程度

C. 提供服务的质量水准　　D. 顾客的满意率和满意程度

E. 社会形象

5. 饭店等级评定工作的实施原则一般包括(　　)。[浙江省2019年10月自考真题]

A. 参加等级评定的饭店必须要有一年以上的营业历史

B. 参加等级评定的饭店必须要有两年以上的营业历史

C. 饭店等级的高低通常要受规模大小的限制

D. 评定后的等级并非永久不变，根据日后情况，可升可降

E. 饭店等级的高低通常不受规模大小的限制

6. 汽车是人们作中短程外出旅游时乐于选择的旅行方式，其主要原因有(　　)。[浙江省2021年10月自考真题]

A. 具有自由、便利、灵活等优点

B. 公路的建设和高速公路网的发展

C. 很多中短程的旅游目的地只有公路可通

D. 私家车的普及

E. 汽车旅行安全性高

7. 下面关于铁路旅行优缺点的说法正确的有(　　)。[浙江省2020年10月自考真题]

A. 运力大　　B. 票价低

C. 安全性高　　D. 不会受到交通堵塞问题的干扰

E. 车内活动自由

8. 规范意义上的旅游景点需要符合以下(　　)几个方面的条件。[浙江省2016年4月自考真题]

A. 综合性　　B. 长久性　　C. 可控性　　D. 经济性

E. 专用性

9. 依据旅游景点吸引因素的成因，可分为(　　)。[浙江省2021年10月自考真题]

A. 商业性的旅游景点　　B. 单一型的旅游景点

C. 人造(人文)旅游景点　　D. 自然旅游景点

E. 公益性的旅游景点

10. 发达国家的旅行社的类型包括(　　)。[专升本真题]

A. 旅游批发商　　B. 旅游经营商　　C. 旅游代理商　　D. 国际旅行社

E. 国内旅行社

11. 关于旅行社，正确的是(　　)。

A. 欧美国家的旅行社可分为包价和散客经销商两类

B. 我国旅行社可分为一类社、二类社和三类社三类

C. 我国旅行社在代理旅游零售预订业务中，往往向游客收取手续费

D. 国内旅行社可经营长期居住国内的外国人的旅游业务

E. 旅行社属于旅游中间商

12. 依据景点的展示内容或表现形式，可将旅游景点分为(　　)。

A. 主题公园　　B. 美术馆　　C. 野生动物园区　　D. 古代遗迹

E. 博物馆

三、判断题(正确的选A，错误的选B)

1. 旅游经营商在组合出包价旅游产品后，自己并不直接面向消费者大众进行零售。(　　)[浙江省2020年10月自考真题]

2. 通过互联网从事代理预订业务的在线旅游公司是旅游零售商。(　　)[浙江省2020年10月自考真题]

3. 散客接待量的大小往往是一个旅游目的地成熟程度的重要标志。(　　)[浙江省2021年10月自考真题]

4. 国际上旅游业通行的惯例，所谓团体或团队顾客，应该是人数至少为9人(含旅行社导游人员在内)的旅游团。(　　)[浙江省2021年10月自考真题]

5. 各省、自治区、直辖市旅游饭店星级评定机构组织实施五星级饭店的评定与复核工作。(　　)[浙江省2020年10月自考真题]

6. 饭店企业的平均规模越大，集中化程度也就越低。(　　)

四、填空题

1. 欧美国家中对旅行社的分类，往往划作三类：一般的旅游批发商/经营商、专项旅游策划/组织商、______。[浙江省2021年10月自考真题]

2. 在欧美国家，人们在传统上根据旅行社行业中的自然分工情况，将旅行社企业划分为______和______。[浙江省2016年4月自考真题]

3. 旅行社在旅游业中扮演的角色主要有：旅游供应商的产品分销渠道、旅游业的前哨、______。[浙江省2019年10月自考真题]

4. 主题饭店的主要特征：个性化的现代设计；规模较小；高水准的个性化服务；反映着设计者/业主/经营者的个性或风格；______。[浙江省2021年10月自考真题]

5. 饭店集团化经营的优势主要有：资本优势、技术经济优势、______、集中采购优势、管理效率方面的优势、分散风险的优势。[浙江省2020年10月自考真题]

6. ______是指旅游者通过某种手段或方式，实现从一个地点达到另外一个地点的空间

转移过程。[浙江省2020年10月自考真题]

7. ______是一种不定期的航空包乘服务业务。[浙江省2019年10月自考真题]

8. 水路客运业务可划分为三种：______、海上短程渡轮服务、内河航运服务。[浙江省2021年10月自考真题]

9. 影响旅游者选择旅行方式的因素主要有旅行目的、运输价格、______以及______。[浙江省2016年4月自考真题]

10. 旅游景点实现长期成功的关键必须重视以下几项长远性外部环境因素的影响，主要有：竞争状况、顾客需求层次的变化、______。[浙江省2021年10月自考真题]

11. 为了适应旅游市场的需要以及我国国情，1996年的《______管理条例》将我国的旅行社分为______和______两类。

12. 根据世界上饭店集团的发展现状，基本上可将饭店集团分为______集团和______集团。[专升本真题]

五、概念题

1. 旅行社[浙商大2011年研；北二外2002年研]

2. 旅游批发经营商[南开大学2016年研；河南师大2014年研；郑州大学2010年研；浙商大2010年研]

相关试题：旅游经营商[南开大学2007年研]

3. 旅游批发商与旅游零售商[南开大学2007年研；北二外2005年研]

相关试题：

(1)旅游批发商[广东财大2008年研；南开大学2007年研]

(2)旅游零售商[浙商大2016年研]

4. 旅游批发业务[北二外2002年研]

5. 入境旅游业务[浙商大2017年研]

6. 包价旅游[扬州大学2022年研；山东师大2017年研；桂林理工2015年研；浙商大2014年研；四川大学2005年研；西北师大2004年研]

7. 团体旅游与散客旅游[北二外2006年研]

8. 饭店合作集团[青岛大学2017年研；浙商大2015年研]

9. 饭店连锁集团[浙商大2021年研]

10. 独立饭店[浙商大2016年研]

11. 旅游饭店[浙商大2011年研]

12. 主题饭店[浙商大2012年研]

13. 旅游交通[湖南师大2017年研；浙商大2017年研；桂林理工2016年研]

14. 旅游景点[山东师大2017年研；桂林理工2017年研；湖南师大2016年研；浙商大2013年研；南开大学2011年研]

15. 旅游规划(tourism planning)[中山大学2013年研]

16. 公益性旅游景点[浙商大2016年研]

17. 主题公园[华南理工2019年研；浙商大2017年研；中山大学2014年研]

六、简答题

1. 简述旅游批发经营商的主要经营方式及特点。[山东师大2005年研]

2. 请问2009年5月颁布的《旅行社条例》将我国旅行社规范为哪两大类旅行社？不同类型旅行社的主要经营内容包括哪些？[浙商大2011年研]

3. 结合实际说明旅行社在我国旅游业发展中的主要作用。[浙商大2013年研]

相关试题：试析旅行社在旅游业中的主要作用。《旅游法》的颁布对旅行社经营有何影响？如何应对？[分析题，云南师大2016年研]

4. 简述旅行社散客旅游业务的特点与接待要求。[南京师大2019年研]

5. 简述饭店集团化经营的类型。[浙商大2020年研]

相关试题：

(1)简要说明饭店合作集团的类型。[湖南师大2022年研]

(2)简述饭店集团的优势与主要连锁经营形式。[南京师大2018年研]

(3)简析饭店合作集团的主要类型及特点。[山东师大2005年研]

6. 解释什么是特许经营(Franchising)。[华南理工2013年研]

7. 简述旅游交通在旅游业中的作用。[湖南师大2019年研]

8. 简述旅游者选择旅行方式的影响因素。[南京师大2021年研]

相关试题：

(1)人们对于旅行方式的选择主要受到哪些因素影响？[湖南师大2022年研]

(2)简述影响旅游者选择旅行方式的因素。[浙江省2020年10月自考真题]

(3)以某一次旅行经历为例，论述影响你选择旅行方式的因素，并结合该次旅行经历为我国旅游交通的良性发展给出适当的建议。[论述题，湖南师大2016年研]

(4)影响人们选择旅行方式的主要因素有哪些？[桂林理工2016年研]

(5)影响旅游者选择旅行方式的因素有哪些？[云南师大2015年研]

9. 什么是狭义的旅游景点概念？请结合实例说明，旅游景点应符合哪几个方面的条件。[浙商大2012年研]

10. 简述旅游景点的分类标准。[湖南师大2023年研]

11. 简述影响景点经营的基本因素。[湖南师大2021年研；桂林理工2020年研]

相关试题：

(1)简述景区经营的影响因素。[南京师大2021年研]

(2)影响旅游景点经营的基本因素。[湖南师大2018年研]

七、论述题

1. 在评定某一饭店等级的时候，一般应考虑哪些内容？为什么？[浙商大2012年研]

2. 什么是饭店连锁集团？请详细论述它所具有的竞争优势。[浙商大2019年研]

相关试题：

(1)简述饭店连锁集团的竞争优势。[简答题，扬州大学2022年研]

(2)现代饭店集团相对于单体饭店的优势主要体现在哪些方面？[简答题，湖南师大2019年研]

(3)饭店进行集团化经营有何优势？其成员饭店的类型有哪些？[浙商大2014年研]

(4)饭店集团化发展与独立经营的单体饭店相比具有哪些优势？为什么？[浙商大2013年研]

(5)同单体经营的饭店相比，饭店连锁集团在竞争中何以会有优势？主要表现在哪些方面？[南开大学2010年研]

(6)饭店连锁集团有哪些竞争优势？[四川大学2008年研]

(7)在饭店业竞争中，饭店连锁集团显示出较大的优势，请论述其优势的主要表现方面。[四川大学2005年研]

3. 论述目前可供人们外出旅游时选用的旅行方式主要有哪些。各自有哪些特点？[浙江省2019年10月自考真题]

6.4 考研真题与典型题详解

一、单项选择题

1. A 【解析】饭店合作集团按成员饭店间的主要合作领域可分为四类：①营销合作集团；②采购合作集团；③员工培训合作集团；④预订系统合作组织。在饭店合作集团中，最早出现的一类是营销合作集团。

2. A 【解析】饭店根据经营管理方式不同，可分为独立饭店、连锁饭店；根据规模不同，可分为大型饭店、中型饭店、小型饭店；根据档次不同，可分为：高档、中档、低档饭店；根据等级不同，可分为：星级饭店、经济饭店。

3. B 【解析】《中华人民共和国评定旅游涉外饭店星级的规定》第五条规定，全国旅游涉外饭店星级评定最高权力机关是国家旅游局。第六条规定，国家旅游局设饭店星级评定机构，负责全国旅游涉外饭店星级评定领导工作，并具体负责评定全国四星级、五星级饭店。

4. B 【解析】据不完全统计，世界上安全系数最高的交通工具排名如下：飞机、火车、汽车。

二、多项选择题

1. ABC 【解析】ABC三项，在所推出的小包价旅游产品中，最常见的包价内容包括：①出发地与目的地之间的往返交通；②在目的地停留期间的住宿；③在目的地停留期间的每日早餐。DE两项，国际惯例中，包价旅游产品的价格中一般不含下列项目：①旅游证件(护照和签证)的手续费；②意外事故保险费；③行李保险费；④行李超重费；⑤计划外活动项目和私人花费。

2. ABE 【解析】ABE三项，饭店按主要业务或主要接待对象可分为三类：①度假饭店；②商务饭店；③会议饭店。CD两项，饭店按其与交通设施或交通工具的关系可分为铁路饭店、机场饭店、海港饭店、汽车饭店等。

3. AC 【解析】AC 两项，饭店按坐落地点可分为城市饭店、度假地饭店、海滨饭店等；B 项，饭店按其与交通设施或交通工具的关系可分为铁路饭店、机场饭店、海港饭店、汽车饭店等；D 项，饭店按主要业务或主要接待对象可分为商务饭店、度假饭店、会议饭店；E 项，饭店按经营管理方式可分为独立饭店、连锁饭店。

4. ABCDE 【解析】国际上，评定某一饭店等级的主要考核内容包括：①设施和设备的档次和健全程度；②服务项目的健全程度和提供服务的质量水准；③顾客的满意率和满意程度；④社会形象。

5. ADE 【解析】饭店等级评定工作的实施原则一般包括：①参评饭店须有 1 年以上的营业史；②饭店等级的高低，通常不受规模大小的限制；③获评等级并非永久不变，其等级根据该饭店日后的实际表现可升可降。

6. ABCD 【解析】短程外出旅游时，人们乐于选用的旅行方式是汽车，主要原因有：①私家车的普及；②公路的建设和高速公路网的发展；③很多中短程旅游目的地只有公路可通；④汽车旅行特别是自驾车旅行，具有自由、便利、灵活等优点。E 项，汽车旅行的安全性较差。

7. ABCDE 【解析】铁路客运的优点主要有：①运力大。一列火车可同时运载上千名旅客。②票价低。对于中低收入或价格敏感的旅游者具有较大的吸引力。③安全性高。在各类交通运输手段中，铁路运输事故的人员伤亡率最低。④不会受到交通堵塞问题的干扰。⑤车内活动自由。⑥人均能耗低，污染小，环保性强。

8. BCE 【解析】规范意义上的旅游景点需符合以下条件：①专用性，指专供游人或公众参观、游览或开展某些其他消遣活动的场所；②长久性，指必须有长期固定的场址；③可控性，指必须有人行使管理职能，能够对游人的出入进行有效控制。

9. CD 【解析】CD 两项，旅游景点按景点吸引因素的成因，可分为自然、人造(或人文)旅游景点。AE 两项，旅游景点按设立性质，可分为商业性、公益性旅游景点。B 项，旅游景点按所含内容的复杂程度，可分为单一型、复合型旅游景点。

10. ABC 【解析】在以欧美为代表的多数国家中，一般按有关旅行社企业所从事的主营业务类型(即是主营批发业务还是主营零售业务)将旅行社企业划分为两大类：①旅游批发/经营商(通常简称旅游批发商)；②旅游零售商，典型代表是旅行代理商。

11. CE 【解析】A 项，欧美国家的旅行社一般分为两类：旅游批发商、旅游零售商。B 项，我国旅行社目前分为两大类：①经营国内旅游业务和入境旅游业务的旅行社；②经营国内旅游业务、入境旅游业务和出境旅游业务的旅行社。D 项，国际旅行社可经营长期居住国内的外国人的旅游业务。

12. ABCDE 【解析】根据景点的展示内容或表现形式不同，旅游景点可分为：①古代遗迹；②历史建筑；③博物馆；④美术馆；⑤公园和花园；⑥野生动物园区；⑦主题公园；⑧早期产业旧址。

三、判断题(正确的选A，错误的选B)

1. B 【解析】旅游经营商在组合出包价旅游产品后，除了经由独立旅游零售商向消费者大众出售外，还会通过本公司自设的零售网点直接面向消费者大众进行零售。

2. A

3. A

4. B 【解析】按照国际惯例，团体或团队顾客应指人数至少为15 人的旅游团。而在我国，根据现行行业惯例，作为团体或团队顾客，同行人数至少为 10 人(含旅行社导游人员在内)。

5. B 【解析】各省、自治区、直辖市旅游饭店星级评定机构在国家旅游局的指导下开展工作，负责组织实施本地区饭店的星级评定与复核工作。全国旅游饭店星级评定领导机构负责制定饭店星级评定工作的实施办法和检查细则，组织实施五星级饭店的评定与复核工作。

6. B 【解析】饭店业的平均规模越大，集中化程度也就越高。

四、填空题

1. 旅游零售商
2. 旅游批发商；旅游零售商
3. 大众型旅游活动的组织者
4. 精心设计的时髦建筑与内装修
5. 市场营销优势
6. 旅游交通
7. 包机服务
8. 远洋定期班轮服务
9. 旅行距离；个人偏好与经验
10. 新型应用技术的发展
11. 旅行社；国际旅行社；国内旅行社
12. 饭店连锁；饭店合作

五、概念题

1. 旅行社[浙商大 2011 年研；北二外 2002 年研]

答：参见本章考点难点归纳相关内容。

2. 旅游批发经营商[南开大学 2016 年研；河南师大 2014 年研；郑州大学 2010 年研；浙商大 2010 年研]

相关试题：旅游经营商[南开大学 2007 年研]

答：旅游批发经营商是指面向旅游消费者大众，主要经营批发业务的旅游公司，包括旅游批发商与旅游经营商两种类型。其中，旅游批发商是以从事旅游商品的批发业务为主，兼有旅游商品生产活动的旅行社。旅游经营商是通过自己的零售网点或代理商向公众销售旅游产品的旅行社。它们从旅游批发商手中购买旅游产品后，负责组织旅游团和具体接待服务。

3. 旅游批发商与旅游零售商[南开大学2007年研；北二外2005年研]

相关试题：

(1)旅游批发商[广东财大2008年研；南开大学2007年研]

(2)旅游零售商[浙商大2016年研]

答：(1)旅游批发商又称批发旅游经营商，主要从事组织和批发包价旅游业务。他们与饭店、交通运输部门、旅游景点及包价旅游所涉及的其他部门签订协议，预先购买这些服务项目，然后根据旅游者的不同需求和消费水平，设计出各具特色的包价旅游产品，通过旅游零售商在旅游市场上销售。

(2)旅游零售商又称零售代理商，泛指所有主要经营零售业务的旅行社以及其他各种形式的旅游零售代理者，是旅游批发商和旅游者之间的联系纽带。其主要业务是代理批发商招徕、组织旅游者，并为旅游者提供接待服务，由旅游批发商根据销售额付酬。

4. 旅游批发业务[北二外2002年研]

答：旅游批发业务是指旅行社根据自己对市场需求的了解和预测，大批量订购交通运输公司、饭店、目的地经营接待业务的旅行社、旅游景点等有关旅游企业的产品和服务，然后将这些单项产品组合成为不同的包价旅游线路产品或包价度假集合产品，最后通过一定的销售渠道出售给旅游消费者。

5. 入境旅游业务[浙商大2017年研]

答：入境旅游业务，是指招徕、组织、接待外国居民来我国旅游，香港特别行政区和澳门特别行政区的居民来内地旅游，台湾地区居民来大陆旅游，以及招徕、组织、接待在中国的外国人、在内地的港澳地区居民和在大陆的台湾地区居民在我国境内(含沿海岛屿)开展旅游的经营活动。

6. 包价旅游[扬州大学2022年研；山东师大2017年研；桂林理工2015年研；浙商大2014年研；四川大学2005年研；西北师大2004年研]

答：包价旅游是指旅行社以一定价格向市场推销的成批量组合的旅行路线产品。即旅行社事先规划、组织和编排全程的活动项目，面向消费者推出的包揽全程服务工作的一种打包式旅游产品。包价旅游可分为全包价和小包价两种，前者包括一次旅游活动的全部旅游服务，后者只包括其中主要的几项服务。包价旅游的优点是：能享受到较低的价格优惠，省却旅行中许多不便和烦恼；缺点是：享受旅游产品的时间受限制，过于呆板不自由，甚至旅游线路上安排的旅游产品不能让游客满意。

7. 团体旅游与散客旅游[北二外2006年研]

答：按旅游活动的组织方式来划分，旅游活动可以分为团体旅游和散客旅游两种形式。团体旅游是通过旅行社和相关旅游服务中介机构，通过旅游包价的形式，按照一定的旅游行程进行的旅游活动；散客旅游是一种自主旅游形式，它是由旅游者自行安排旅游活动行程，或者通过旅游中介机构办理单项委托业务，零星支付旅游费用的旅游形式。

二者的区别在于：团体旅游是由旅游中介组织提供全程旅游服务；而散客旅游要么不通过旅游服务中介，要么通过旅游服务中介购买部分服务。

8. 饭店合作集团[青岛大学2017年研；浙商大2015年研]

答：参见本章考点难点归纳相关内容。

9. 饭店连锁集团[浙商大2021年研]

答：参见本章考点难点归纳相关内容。

10. 独立饭店[浙商大2016年研]

答：独立饭店是指独立核算，有经营自主权、有自己的注册资本、具有法人资格的饭店。独立饭店是相对于连锁饭店的经营模式而言的。连锁饭店有一整套完善的预订系统和一定的饭店订阅源，卫生服务指标合格，有一定的价格优势。连锁饭店需要提供预订支持、营销及客户忠诚度计划、品牌标准（如质量保证）和贷款支持等，这些都要付出代价。但独立饭店不需要担心；独立酒店采取了全包式的定价，其更富弹性的定价比连锁酒店的定价更具活力。

11. 旅游饭店[浙商大2011年研]

答：旅游饭店是指以旅游接待设施为依托，通过向旅游者及所在社区提供住宿、餐饮、娱乐等综合服务来实现经济效益和社会效益的企业。按不同习惯，它也被称为宾馆、酒店、旅馆、旅社、宾舍、度假村、俱乐部、大厦、中心等。旅游饭店是旅游过程中重要的活动场所，是重要的旅游基础设施。一个国家或地区旅游饭店数量的多少和规模的大小是一个国家和地区旅游接待能力的重要指标，反映了这个国家或地区的经济发展水平和旅游业发展水平。

12. 主题饭店[浙商大2012年研]

答：主题饭店又称“特色酒店”，是指以某一特定的主题来体现酒店的建筑风格和装饰艺术，以及特定的文化氛围的集休息、住宿、餐饮等多功能为一体的场所。主题饭店旨在让顾客获得富有个性的文化感受，同时将服务项目融入主题，以个性化的服务取代一般化的服务，让顾客获得欢乐、知识和刺激。

13. 旅游交通[湖南师大2017年研；浙商大2017年研；桂林理工2016年研]

答：参见本章考研真题与典型题简答题第7题答案。

14. 旅游景点[山东师大2017年研；桂林理工2017年研；湖南师大2016年研；浙商大2013年研；南开大学2011年研]

答：旅游景点是指对游客有吸引力并被规划和开发的旅游资源。它集中反映和展现了旅游目的地的民族文化、自然风貌、人文情怀等。从广义上来说，任何一个可供来访游客参观游览或开展其他休闲活动的场所都可以称为旅游景点；规范意义上的旅游景点是指那些由某一组织或企业对其进行管理，与外界有明确的界限，有固定的出入口，且对游人的出入行使有效控制的游览点或参观点。

15. 旅游规划（tourism planning）[中山大学2013年研]

答：旅游规划是指以旅游学为理论依据，以特定的区域为对象，根据旅游发展条件与发展规律，将与旅游活动有关的各种资源进行优化配置，作出全面战略安排与总体部署，规划、设计具体经济技术方案与措施，以充分发挥整个旅游系统的功效，达到预期的目标效益的一项科学活动。

16. 公益性旅游景点[浙商大2016年研]

答：公益性旅游景点是指那些依托自然景观、文物古迹等社会公共资源，由政府部门或社会团体出于社会公益目的而设立和管理的旅游景点。这些景点多具有经营垄断性、目标多重性、资源不可再生性等特点，是我国旅游产品的主体，是旅游景区发展的重点。这种景点采用收费准入的做法多是为了景点的日常管理与维护，而非营利。

17. 主题公园[华南理工2019年研；浙商大2017年研；中山大学2014年研]

答：主题公园是指以营利为目的兴建的，占地、投资达到一定规模，实行封闭管理，具有一个或多个特定文化旅游主题，为游客有偿提供休闲体验、文化娱乐产品或服务的园区。主要包括以大型游乐设施为主体的游乐园，大型微缩景观公园，以及提供情景模拟、环境体验为主要内容的各类影视城、动漫城等。

六、简答题

1. 简述旅游批发经营商的主要经营方式及特点。[山东师大2005年研]

答：旅游批发经营商是主要经营批发业务的旅行社或旅游公司。

(1)旅游批发经营商的主要经营方式：

旅行社通过了解和预测市场需求，大量订购交通运输公司、饭店、目的地经营接待业务的旅行社、旅游景点等有关旅游企业的产品和服务，再将这些单项产品组合成不同的包价旅游线路产品或包价度假集合产品，最后通过一定的销售渠道出售给旅游消费者。

(2)旅游批发商的特点：

①旅游批发商处于企业之间，一般不与游客接触，连接的是地接社和组团社。

②旅游批发商是组合旅游产品的旅行社。它们以最低价格批量预订交通、住宿、旅游设施及景点等使用权利，并将其组合成整套旅游产品(旅游线路、项目和日程)后，以包价批发形式出售给旅游经营商。

③旅游批发商交易的对象是旅游企业。

2. 请问2009年5月颁布的《旅行社条例》将我国旅行社规范为哪两大类旅行社？不同类型旅行社的主要经营内容包括哪些？[浙商大2011年研]

答：2009年5月颁布的《旅行社条例》按所准许经营的市场范围将我国旅行社分为两类：国内旅行社和国际旅行社。其含义和主要经营内容如下：

(1)国内旅行社：

国内旅行社主要是指经营国内旅游业务和入境旅游业务的旅行社。国内旅游业务是指招徕、组织和接待中国居民在中国(含沿海岛屿)境内开展旅游的经营活动；入境旅游业务是指招徕、组织、接待外国居民、香港和澳门特别行政区居民、台湾地区居民来国内(内地)旅游，以及在我国境内(含沿海岛屿)开展旅游的经营活动。其主要经营内容是为国内/入境团体旅游者提供以下服务：

①安排交通、住宿、餐饮、观光游览、休闲度假等服务。

②提供导游、领队服务。

③提供旅游咨询、旅游活动设计服务。

④接受各类国内/入境旅游者/游客的委托，为其代订交通客票和代订住宿。

⑤接受机关、事业单位和社会团体的委托，为其在我国境内的差旅、考察、会议、展览等公务活动代办交通、住宿、餐饮、会务等事项。

⑥接受企业的委托，为其在我国境内的各类商务差旅、奖励旅游等，代办交通、住宿、餐饮、会务安排、观光游览、休闲度假等事项。

⑦经旅游行政管理部门批准的其他旅游服务。

(2)国际旅行社：

国际旅行社简称“具备出境旅游业务经营权的旅行社”，是指经营国内旅游业务、入境旅游业务和出境旅游业务的旅行社。即在国内旅行社的经营业务范围之外，还有权经营出境旅游业务，有权接受旅游者的委托，为其代办出入境手续。出境旅游业务，是指旅行社招徕、组织、接待中国居民出国旅游。

另外，根据旅行社的经济类型，新的《旅行社条例》将“外商投资旅行社”作为国际旅行社的一个亚类。外商投资旅行社可分为中外合资经营旅行社、中外合作经营旅行社和外资旅行社。外商投资旅行社不得经营中国内地居民出国旅游业务以及赴香港特别行政区、澳门特别行政区和台湾地区旅游的业务，但是国务院决定或者我国签署的自由贸易协定和内地与香港、澳门关于建立更紧密经贸关系的安排另有规定的除外。

3. 结合实际说明旅行社在我国旅游业发展中的主要作用。[浙商大2013年研]

相关试题：试析旅行社在旅游业中的主要作用。《旅游法》的颁布对旅行社经营有何影响？如何应对？[分析题，云南师大2016年研]

答：(1)旅行社的性质：

旅行社在旅游活动中扮演着双重角色，它既是旅游产品的组合，把交通、食宿、景点和服务等组成一条线路或项目；又是旅游产品的销售者。因此，旅行社不仅是旅游者和旅游对象之间的中介，而且在不同旅游企业之间起着联络和协调的作用。

(2)旅行社的作用：

随着旅游业的迅速发展，旅行社向“综合服务”的方向发展，业务范围更加广泛。归纳起来有四个方面：

①在旅游者和旅游对象之间起中介作用。

②为旅游者提供综合服务，即为旅游者安排旅途中和逗留期间所需要的全部服务。这些服务涉及旅游者行、游、住、食、购、娱、卫等各个方面。

③为旅游者提供信息和咨询。

④为旅游者提供其他服务。如办理出境和入境证件(护照与签证)、兑换货币等。

4. 简述旅行社散客旅游业务的特点与接待要求。[南京师大2019年研]

答：(1)散客旅游的特点：

①旅行社提供全程各项相关旅游服务项目的组合安排，不是费用上的全部包价。散客旅游者通常只会让旅行社购买或订购某一个或某一些单项的旅游服务产品。有的散客旅游

者还会自己规划旅行路线，要求旅行社按照他们的要求代办或预订全程一系列的相关接待服务。

②费用高于同内容的包价旅游产品。对于散客旅游，旅行社是按照所需服务项目提供者的报价来分别计费，并在这个基础上加上一定的代办服务费，所以其费用比同样线路和内容的包价旅游产品价格高。

③旅游者选择余地较大，自由度较高。

(2)散客旅游的接待要求：

①增加旅游产品的文化含量，增强产品文化内涵。

②建立计算机网络化预订系统，提高服务效率与质量，增强顾客满意度。

③建立广泛、高效、优质的旅游服务供应网络。

5. 简述饭店集团化经营的类型。[浙商大2020年研]

相关试题：

(1)简要说明饭店合作集团的类型。[湖南师大2022年研]

(2)简述饭店集团的优势与主要连锁经营形式。[南京师大2018年研]

(3)简析饭店合作集团的主要类型及特点。[山东师大2005年研]

答：饭店集团化经营主要包括饭店连锁集团、饭店合作集团两种类型：

(1)饭店合作集团：

饭店合作集团是指若干独立经营的饭店为了追求通过联合集体行动所能带来的规模经济，而自愿组合建立起来的一种饭店合作组织。其是一种以共同利益为纽带，自愿组建的松散型联合组织。饭店合作集团主要包括以下类型：

①市场营销合作集团。最初加入这种合作集团的都是完全独立自营的饭店。组建这种合作集团的主要目的是争取能以较为平等的地位同饭店连锁集团竞争客源。

②物资采购合作集团。这类饭店合作集团是继市场营销合作集团之后，或者是在营销合作的基础上发展起来的饭店合作组织。

③人员培训合作集团。这类合作集团的特点是其联合活动只限于各成员饭店的员工培训工作，不涉及成员饭店的经营业务。

④预订系统合作组织。一般来说，预订系统合作组织的结构更为松散，特别是纯粹的预订系统组织更是如此。成员饭店除了缴纳费用使用该预订系统之外，基本上没有什么合作往来，所以严格地说，这种组织不大具备集团的性质。

(2)饭店连锁集团：

饭店连锁集团是指以某一个饭店公司的品牌为纽带，将若干成员饭店统一于该品牌旗下，实行集团化联号经营的紧密型饭店集团。饭店连锁集团旗下的成员饭店基本上可分为四种类型：

①完全成员。指饭店连锁公司自己拥有产权，并由自己直接经营的那些成员饭店。饭店集团既是连锁分店的投资者，又是其直接经营者。

②租赁成员。指饭店连锁公司从有关房地产开发商或是从某些其他投资者手中租到房产，用于自己经营的饭店。被承租的饭店的所有权不属于饭店集团，但其经营权属于饭店集团，此饭店便成为集团的一员。

③管理合同成员。有些饭店所有者因缺乏管理经验或不打算自己经营，于是以签订管理合同的形式或直接把饭店委托给饭店管理公司(第三方管理公司)或饭店集团(饭店连锁公司派遣管理人员)来经营，饭店使用集团的名称，采用集团的服务标准和管理方式，从而成为集团的一员。

④特许经营成员。即经饭店连锁公司的特许，在连锁公司旗下开展经营的饭店。

6. 解释什么是特许经营(Franchising)。[华南理工2013年研]

答：特许经营是指饭店集团向其成员饭店出售、转让本集团的特许经营权，与之签订合同，允许其使用饭店集团的名称、标记、经营程序操作规程、服务标准等，同时对成员饭店选址、开业、人员培训、资金筹措和经营管理技术进行咨询、指导和监督。对于饭店集团(特许方)而言，特许经营的优势主要有：

(1)特许方能够集中控制，同时控制规模，可以规避高资本风险，不用管加盟方的日常琐事，从中可以赚取一定的利润。

(2)特许方通过增加加盟店的方式扩大规模，利用加盟方对本地更了解的优势，可以广泛延伸到行业的各个角落，扩展业务范围，并且付出较小的成本。

(3)特许方不参与加盟商的员工管理工作，因而相对减少了员工问题。

(4)特许方由于承担的风险较少，所以可以不受资金限制地扩大市场，并且能以最低的成本迅速扩张规模，打造品牌效应。

(5)由于加盟商自负盈亏，会努力做好店铺经营，解决了特许方的激励机制问题。

7. 简述旅游交通在旅游业中的作用。[湖南师大2019年研]

答：旅游交通是指旅游者使用某种交通手段或旅行方式，从一个地点到达另外一个地点的空间转移过程，其核心是因旅游需求而伴随着旅游全过程的交通线路、工具、设施以及服务的总和。旅游交通是旅游者抵达旅游目的地以及在旅游目的地内部进行活动往来的手段。其在旅游业中的作用有：

(1)从需求方面看，旅游交通是旅游者完成旅游活动和旅游业产生并发展的先决条件。

旅游者外出旅游，首要必须解决从居住地到旅游目的地的空间转移，其次选取耗时最短、交通费用最少、最舒适的旅游交通工具，是旅游者完成旅游活动的先决条件。旅游业的发展历史证明，交通的发展对其起着十分重要的作用。

(2)从供给方面看，旅游交通能促进旅游区的兴起与发展，是发展旅游业的命脉。

旅游业是依赖旅游者来访而生存和发展的产业。一个地方的旅游业发展很大程度上取决于该地由旅游交通业带来的可进入性。交通方面的可进入性主要表现在能否进得去、散得开、出得来。一个旅游区与内、外部交通衔接越好越发达，可进入性就越强，从而促进旅游资源的开发，旅游景区的发展，具备吸引众多旅游者的条件也就越成熟。

(3)旅游交通是旅游收入和旅游创汇的重要来源。

旅游交通服务是旅游者在旅游过程中使用最为频繁的服务。一些具备行车条件的旅游景区，旅游交通是缓解游客体力、创造旅游经济价值较容易的行业。尤其对远距离旅游，如国际旅游，其交通费用所占的比重更大。

(4)旅游交通是一种重要的旅游活动形式，丰富了旅游活动的内容。

旅游交通不仅是人们到达目的地的一种手段，同时也可作为人们旅游活动的形式之一，发挥其无可替代的作用。人们乘坐交通工具，如乘船游湖、游江，乘车游览野生动物园等，通过边行走、边欣赏的旅游活动形式完成了静态景观同动态景观的转化；一些富有挑战性、刺激性的水上漂流等旅游交通工具，及突出地方特色和民族风格的交通工具，甚至现代化高度运转的交通工具，给游客带来增添旅游活力的效果和体验到参与性运动项目的刺激感。

8. 简述旅游者选择旅行方式的影响因素。［南京师大 2021 年研］

相关试题：

(1) 人们对于旅行方式的选择主要受到哪些因素影响？［湖南师大 2022 年研］

(2) 简述影响旅游者选择旅行方式的因素。［浙江省 2020 年 10 月自考真题］

(3) 以某一次旅行经历为例，论述影响你选择旅行方式的因素，并结合该次旅行经历为我国旅游交通的良性发展给出适当的建议。［论述题，湖南师大 2016 年研］

(4) 影响人们选择旅行方式的主要因素有哪些？［桂林理工 2016 年研］

(5) 影响旅游者选择旅行方式的因素有哪些？［云南师大 2015 年研］

答：影响旅游者选择旅行方式的主要因素有：

(1) 旅行目的：

①因公差旅型旅游者的出行目的是完成工作任务。除了安全因素外，他们最关心的往往是安全、便利、快速和舒适，对费用的考虑相对较少，常常选择航空、铁路和小汽车旅行，很少乘坐长途汽车和轮船。

②消遣型旅游者的外出目的是消遣或度假，对价格较为敏感，其旅行方式的选择标准一般是安全、高效而价廉。这类旅游者常喜欢自己驾车旅游，尤其是在短程旅游时；远程旅游时则选择飞机或火车出行。

③因私事务型旅游者的特点介于因公差旅型和消遣型旅游者之间，选择旅行方式时一般既追求安全高效，又追求价格低廉。

(2) 运输价格：

①因公差旅型旅游者往往能公费报销，因此对运输价格一般不大敏感。

②其他各类旅游者对运输价格普遍都很敏感。

(3) 旅行距离：

①旅行距离通常涉及空间距离和时间距离两个方面。一般来说，空间距离越大，完成旅行所需的时间也就越多，旅费开支越高。

②对于长距离的旅行，人们通常倾向选择航空旅行方式；对于中短途旅行，人们倾向选择乘坐汽车或火车。

(4) 个人偏好与经验：

①不论距离远近，依赖型人格的人往往都倾向自驾车前往，而不愿乘坐飞机。

②冒险型人格的人在中远程旅行时往往选择乘坐飞机。

(5) 其他因素。天气、旅伴、安全保证、目的地的地理位置特点等因素也会影响旅游者对旅行方式的选择。

9. 什么是狭义的旅游景点概念？请结合实例说明，旅游景点应符合哪几个方面的条件。［浙商大 2012 年研］

答：(1)狭义的旅游景点概念：

旅游景点是指对游客有吸引力、并被规划和开发的旅游资源，它集中反映和展现了旅游目的地的民族文化、自然风貌、人文情怀等。规范意义上的旅游景点是指那些由某一组织或企业对其进行管理，同外界有明确的界限并有固定的出入口，对游人的出入行使有效控制的游览点或参观点。

(2)以都江堰青城山为例，狭义上的旅游景点应符合以下条件：

①专用性。旅游景点是出于商业性或公益性决策，专门供游人参观、游览、或开展某些其他消遣活动的场所。如青城山景区作为著名的国家重点风景名胜区，吸引了众多中外游客观光游览。

②长久性。作为规范意义上的旅游景点，必须要有其长期固定的场址。青城山景区作为世界文化遗产，有着悠久的历史文化。

③可控性。作为规范意义上的旅游景点，必须有人行使管理，能够对游人的出入行使有效控制。青城山景区作为5A级风景区，内部实行严格的管理规范，对于游客准入、工作人员管理等都有明确的规章制度。

10. 简述旅游景点的分类标准。［湖南师大 2023 年研］

答：参见本章课后习题第 8 题答案。

11. 简述影响景点经营的基本因素。［湖南师大 2021 年研；桂林理工 2020 年研］

相关试题：

(1)简述景区经营的影响因素。［南京师大 2021 年研］

(2)影响旅游景点经营的基本因素。［湖南师大 2018 年研］

答：参见本章课后习题第 9 题答案。

七、论述题

1. 在评定某一饭店等级的时候，一般应考虑哪些内容？为什么？［浙商大 2012 年研］

答：参见本章课后习题第 4 题答案。

2. 什么是饭店连锁集团？请详细论述它所具有的竞争优势。［浙商大 2019 年研］

相关试题：

(1)简述饭店连锁集团的竞争优势。［简答题，扬州大学 2022 年研］

(2)现代饭店集团相对于单体饭店的优势主要体现在哪些方面？［简答题，湖南师大 2019 年研］

(3)饭店进行集团化经营有何优势？其成员饭店的类型有哪些？［浙商大 2014 年研］

(4)饭店集团化发展与独立经营的单体饭店相比具有哪些优势？为什么？［浙商大 2013 年研］

(5)同单体经营的饭店相比，饭店连锁集团在竞争中何以会有优势？主要表现在哪些方面？［南开大学 2010 年研］

(6)饭店连锁集团有哪些竞争优势?[四川大学2008年研]

(7)在饭店业竞争中,饭店连锁集团显示出较大的优势,请论述其优势的主要表现方面。[四川大学2005年研]

答:(1)饭店连锁集团的含义,参见本章考点难点归纳相关内容。

(2)饭店连锁集团的竞争优势,参见本章课后习题第5题答案。

3. 论述目前可供人们外出旅游时选用的旅行方式主要有哪些。各自有哪些特点?[浙江省2019年10月自考真题]

答:参见本章课后习题第6题答案。

第七章　政府调控与旅游组织

7.1　复习笔记

【知识框架(庖丁解牛)】

- 政府调控与旅游组织
  - 政府对旅游发展的干预
    - 支持动机：政治、社会、经济动机
    - 干预必要性
    - 调控手段：调控需求、供给
  - 国家旅游组织
    - 定义、基本职能
    - 设置形式：政府部门机构、半官方组织、民间组织
    - 设置形式存在差异的原因
  - 我国旅游业中的非营利组织
    - 旅游行政组织
      - 国家层次：文化和旅游部
      - 地方层次
    - 旅游行业组织：概念、宗旨、任务、类型
  - 国际旅游组织
    - 国际旅游组织的概念、分类
    - 我国加盟的国际旅游组织
      - 世界旅游组织(UNWTO)
      - 世界旅游理事会(WTTC)
      - 太平洋亚洲旅游协会(PATA)
      - 国际航空运输协会(IATA)
      - 国际民用航空组织(ICAO)
      - 世界旅行社协会联合会(UFTAA)
      - 国际饭店业协会(IHA)

【通关提要(提纲挈领)】

本章主要介绍政府调控与旅游组织，比较基础。学习时，要熟悉政府支持发展旅游业的动机和干预的必要性，掌握政府调控旅游发展的手段，熟悉国家旅游组织的设置形式、各类非营利性旅游组织的作用和宗旨以及我国加盟的国际旅游组织，了解国际旅游组织的概念和分类等。本章主要考查选择题、填空题和简答题，内容相对简单，学习时要注意对细微知识点的把握。

【考点难点归纳(厚积薄发)】

考点一：政府对旅游发展的干预　★★★★

1. 政府支持旅游业发展的动机(见表7-1)

表7-1 政府支持旅游业发展的动机

动机	主要内容
政治动机	①民间外交，了解他国，宣传本国。 ②增进国际交流，促进世界和平。 ③国家的政治和外交需要，如改革开放前的涉外旅游政治色彩浓烈
社会动机	①尊重人权，有助于人们放松身心、开阔视野、增长见识。 ②提高国民素质，促进社会发展
经济动机	①扩大外汇收入来源[创汇]，平衡国际收支。 ②增加就业机会，为国民充分就业创造条件。 ③缩小地区差别

2. 政府介入和干预旅游发展的必要性

包括：(1)刺激经济增长；(2)协调各部门行动，应对市场失灵；(3)推广和树立目的地形象；(4)保护旅游者权益；(5)提供公共服务；(6)维持社会秩序；(7)保护环境与旅游资源；(8)处理国际间的旅游事务。

【真题链接】简述国家政府干预旅游业发展的必要性。[简答题，湖南师大2017年研]

3. 政府调控旅游发展的手段(见表7-2)

表7-2 政府调控旅游发展的手段

要点		主要内容	
调控需求	对外传播、促销宣传	通过调整对外营销传播的性质和力度刺激或抑制旅游需求	
	控制游客来访量	①限制游客的来访数量，如禁止外国客运包机入境。 ②分流已到访的游客，如各种控制准入的做法	
	控制价格、影响需求	直接手段	控制国有旅游企业的产品价格或服务收费标准来直接影响旅游需求
		间接手段	颁布相关经济性指令如实行差别税率或外汇管制、设立免税商店等来间接刺激或抑制游客来访量
	提供信息服务	①提供便利，通过设立游客问讯中心或问询点进行需求管理，影响游客的流向和流量，如限制过度宣传，避免拥挤时间段等。 ②影响游客行为，如教育游客，避免不当行为	
调控供给	控制土地用途[最基本方法]	①根据城乡规划立法，制订并执行用地规划。 ②必要时实行强制性土地征购等	
	建筑物管制	规定有关区域内建筑物的规模、高度、风格、颜色以及配套停车场安排等	
	市场管制	①通过立法和法规，直接管制并规范旅游企业的市场行为。 ②通过旅游行业协会等制订并推行行业行为规范，进行间接管制	
	特别征税	通过征收旅游税、机场税来影响旅游供给	
	投资鼓励政策	给予资金、政策等方面的扶持。鼓励政策按目的大致分为三类：①减小项目投资额；②减小项目经营成本；③保证项目投资安全	

【真题链接】
(1)简述政府干预旅游发展的主要手段有哪些。[简答题，桂林理工2021年研]
(2)简述政府对旅游发展调控所行使的供给管理手段。[简答题，浙商大2019年研]

考点二：国家旅游组织 ★★★

1. 国家旅游组织概述(见表7-3)

表7-3 国家旅游组织概述

要点	主要内容	
含义	①简称NTO/NTA，泛指一个国家中为中央政府所承认，负责管理全国旅游行政事务的机构。[UNWTO的解释] ②一国的国家旅游组织通常为该国的最高旅游行政管理机构	
设置形式	政府部门机构	由政府直接设立的政府部门：①独立旅游部或旅游局，如中国、菲律宾、墨西哥等；②混合部，如法国、意大利等；③部辖机构，如日本、韩国等
	半官方组织	经政府承认，代表政府执行全国性旅游行政事务，如英国、爱尔兰、瑞典等
	民间组织	经政府承认，民间自发组成的全国性旅游协会，如德国、新加坡
基本职能	代表国家政府工作，实施国家旅游政策，引导本国旅游业向最优化方向发展： ①组织编制国家旅游发展总体规划，实施国家旅游政策。 ②海外市场推销宣传，包括设立国际客源地旅游办事处。 ③确定重点支持地区，负责国家资助开发项目的审批及开发工作的监控。 ④同其他相关部门协调旅游业的发展问题。 ⑤开展旅游调研与统计，特别是分析和预测市场需求。 ⑥代表本国政府参与旅游相关的外交事务。 ⑦支持和参与旅游业人力资源开发	

【真题链接】什么是国际旅游组织？您知道有哪些国际旅游组织？您认为国际旅游组织在全球旅游业发展中应当发挥怎样的作用？[简答题，浙商大2017年研]

2. 国家旅游组织设置形式存在差异的原因(见表7-4)

表7-4 国家旅游组织设置形式存在差异的原因

要点	主要内容	
政治经济制度	社会主义国家或发展中国家	旅游企业国有成分大，政府直接干预程度高，国家旅游组织多由政府直接设立
	资本主义和自由市场经济国家	旅游企业私营成分大，国家旅游组织多为半官方的法定机构或民间组织
旅游业发达程度	发展中国家	旅游业发展时间短，基础设施不完善，因此需要政府直接介入；国家旅游组织被设为政府部门，且拥有较大的权力
	发达国家	旅游业发展早，设施完善，因而政府介入程度较低，国家旅游组织多为半官方的法定组织或民间旅游行业组织

续表

因素	主要内容
旅游业的地位	部分发达国家的旅游业在国民经济中占有重要地位，国家旅游组织也直接设为政府职能机构，如法国、意大利、西班牙

【真题链接】简述国家旅游组织设置形式存在差异的原因。[简答题，湖南师大2023年研]

考点三：我国旅游业中的非营利组织(见表7－5) ★★★

表7－5　我国旅游业中的非营利组织

<table>
<tr><th>要点</th><th colspan="3">主要内容</th></tr>
<tr><td rowspan="2">旅游行政组织</td><td>国家层次</td><td colspan="2">①1964年，成立“中国旅行游览事业管理局”。
②1978年3月，改为“中国旅行游览事业管理总局”。
③1982年8月，更名为“中华人民共和国国家旅游局”。
④2018年3月，调整为“中华人民共和国文化和旅游部”</td></tr>
<tr><td>地方层次</td><td colspan="2">①省、自治区和直辖市旅游局或旅游管理委员会。
②省级以下地方旅游行政机构</td></tr>
<tr><td rowspan="5">旅游行业组织</td><td>概念</td><td colspan="2">指由有关的社团组织和企事业单位在平等自愿的基础上组织成立的各种行业协会，其组织性质为具有独立社团法人资格的非营利组织</td></tr>
<tr><td>宗旨</td><td colspan="2">①代表和维护本行业的共同利益和会员的合法权益。
②在政府有关业务主管部门的指导下，为本行业及本组织会员服务。
③在政府与会员之间发挥桥梁和纽带作用，促进我国旅游业持续、快速、健康发展</td></tr>
<tr><td>任务</td><td colspan="2">①协助政府实施和推广各项政策和计划，协调企业与政府的关系。
②协调会员间的关系，制订行业公约并督促会员共同遵守。
③开展调查研究，向会员提供行业信息、资料和咨询服务。
④组织行业发展研讨和经验交流，促进行业服务质量和水平的提高。
⑤组织行业人才培训，为会员提供业务培训。
⑥加强旅游行业内外联系，以民间组织身份对外开展国际交流与合作。
⑦承办政府主管部门交办的其他工作</td></tr>
<tr><td rowspan="2">类型</td><td>全国性</td><td>①中国旅游协会(CTA)，成立于1986年，具有总会性质，实行团体会员，宗旨是“依法设立、自主办会、服务为本、治理规范、行为自律”。
②中国旅行社协会(CATS)，成立于1997年。
③中国旅游饭店业协会(CTHA)，成立于1986年。
④中国旅游车船协会(CTACA)，成立于1988年。
⑤中国旅游报刊协会(CATJ)，成立于1993年</td></tr>
<tr><td>地方性</td><td>①由各省、自治区、直辖市成立，名称不一。
②成员包括团体会员和个人会员</td></tr>
</table>

考点四：国际旅游组织 ★★★★

1. 国际旅游组织概述(见表7－6)

表 7－6　国际旅游组织概述

要点	主要内容		
概念	狭义	指其成员来自多个国家并为多国利益工作和服务的全面性、专职性国际旅游组织，典型代表为世界旅游组织（WTO）	
	广义	除包含狭义的国际旅游组织外，还包括工作范围部分涉及国际旅游事务的国际性组织，以及专门涉及某一旅游行业的国际性旅游同业组织	
分类	加盟成员身份	个人	如国际旅游科学专家联合会（AIEST）、国际旅游学会（IATS）
		公司	如世界旅游理事会（WTTC）、国际航空运输协会（IATA）
		社会团体	如国际旅游联盟（AIT）、欧洲旅游委员会（ETC）
		国家政府代表	如世界旅游组织（WTO）
	组织性质或地位	政府间组织	①区域集团，如欧洲联盟（EU）等。 ②共同利益集团，如经济合作与发展组织（OECD）。 ③行业组织，如欧洲民航会议（ECAC）等
		非政府间组织	基于共同兴趣或共同利益而成立的代表其个人、企业或团体的国际组织［同按成员身份划分的前三类］
	地域范围	全球性组织	如世界旅游组织（WTO）
		地区性组织	如太平洋亚洲旅游协会（PAIA）
	职能范围或工作领域	①全面涉及各种国际旅游事务的专职性组织，如世界旅游组织（WTO）。 ②只涉及某一旅游行业事务的国际同业组织，如国际航空运输协会（IATA）。 ③部分涉及国际间旅游事务的一般性国际组织，如万国邮政联盟（UPU）	

2. 我国加盟的国际旅游组织（见表 7－7）

表 7－7　我国加盟的国际旅游组织

组织	主要内容		
世界旅游组织（UNWTO）	时间	①1975 年 1 月 2 日正式成立，现总部设在马德里。 ②我国于 1983 年加入，1999 年被推选为执行委员会成员	
	地位	①目前世界上唯一全面涉及国际间旅游事务的全球性政府间机构。 ②当今旅游领域中最具知名度且最具影响力的国际性组织。 ③"世界旅游业的道义领袖"	
	基本宗旨	促进和发展旅游事业，为促进各国的经济发展、国际间的相互了解、和平与繁荣作贡献	
	组织机构	①最高权力机构是全体大会，每两年举行一次。 ②休会期间由执行委员会行使职权。 ③在欧洲、美洲、亚太、中东和非洲地区分别设有分会	
	成员	正式成员	主权国家的国家旅游组织
		联系会员	未独立领地的旅游代表机构
		附属会员	民间旅游企业、旅游教育机构、旅游社团组织及地方性的旅游行政机构等

续表

组织		主要内容
世界旅游理事会(WTTC)	时间	1990 年成立，总部设在英国伦敦
	性质	全球性的非政府间组织
	使命	①促使人们认识旅游的经济贡献和社会贡献。 ②通过发展与各国政府的合作，帮助其制定相应的政策，以挖掘旅游业创造就业和增加经济收益的潜力
	活动	①全球性活动；②地区性活动；③开展经济研究
太平洋亚洲旅游协会(PATA)	时间	1951 年成立，1986 年起改用现名；我国于 1993 年加入
	性质	地区性的非政府间国际组织，具有广泛代表性和影响力的民间组织
	宗旨	发展、促进和便利世界其他地区的游客前来太平洋地区各国旅游以及本地区各国居民在本地内开展国际旅游
	成员	①该地区的旅游行业协会、旅游企业、旅游社团等。 ②该地区内有关国家的旅游行政机构
国际航空运输协会(IATA)	时间	1945 年成立，总部设在加拿大蒙特利尔
	性质	以全世界国际航空运输企业为会员的全球性民间组织
	使命	代表并服务于世界航空运输业
	宗旨	①促进安全、正规和经济的航空运输；②促进航空运输业的发展；③促进与联合国国际民航组织的合作
国际民用航空组织(ICAO)	时间	1944 年成立，总部设在加拿大蒙特利尔；我国于 1974 年加入
	性质	以促进世界各地民用航空发展为目的的政府间国际组织
	宗旨	推进国际间的航空运输安全与合作
世界旅行社协会联合会(UFTAA)	时间	1966 年成立，总部设在比利时布鲁塞尔；中国旅游协会于 1995 年加入
	性质	世界上规模较大的民间性国际旅游行业组织之一
国际饭店业协会(IHA)	时间	1947 年成立，总部在法国巴黎；中国旅游饭店协会于 1994 年加入
	性质	全球性的民间组织

【真题链接】简述世界旅游组织的职能。[简答题，华南理工 2011 年研]

7.2 课后习题详解

1. 概念题：国家旅游组织。

答：参见本章考研真题与典型题概念题第 1 题答案。

2. 政府对旅游发展进行介入和干预的必要性何在?

答：由于旅游业和旅游产品的综合性和复杂性，一个国家的旅游政策目标不可能仅靠旅游企业(特别是私营部门)的自身行为得以实现。综观世界各国的情况，旅游业在任何一个国家中，在很大程度上都带有政府干预和介入的特点。政府对旅游业的发展进行介入和干预的原因很多，各国的情况也不尽相同，一般主要有以下几个方面：

(1)刺激经济增长。旅游业是经济发展的重要载体，可以为旅游地的经济发展带来许多机会；同时其作为劳动密集型产业，为社会提供了大量的就业岗位。而为国民提供就业机会是政府的一项基本职责。

(2)协调各部门行动，应对市场失灵。旅游业是一个集合性产业，它的成功离不开所有利益相关者的有效互动。旅游业所涉及的范围之广以及旅游业构成的综合性使得各有关方面之间不存在自动的协调，因而这一问题只能经由政府干预才有可能得到解决，特别是在整个目的地的协调开发和协调营销方面更是如此。

(3)推广和树立目的地形象。一个国家或地区在旅游市场上以何种形象出现，以及如何树立和推广其作为旅游目的地的形象，这些决策都需要政府部门的介入和领导。

(4)保护旅游者权益。在旅游活动中，游客常处于弱势地位，其权益经常会受到侵犯，如“零负团费”“不合理低价”等问题。政府部门有责任对损害旅游者权益的行为进行打击和惩罚，维护旅游秩序，保护旅游者权益，创造良好的旅游环境。

(5)提供公共服务。对于基础设施以及其他与旅游相关的公共服务，私营部门要么是无力提供，要么是出于自身利益的考虑而不愿提供。因此，这类服务或产品不能单靠市场去调节，需要政府去提供，这样才能促进目的地旅游业的可持续发展。

(6)保障社会秩序。旅游者在旅游目的地活动期间往往会出现“道德松弛”现象。这种不良的意识形态和行为可能会引发黄、赌、毒等不良现象。因此，政府部门必须对这些社会问题加以管制和约束，以保障社会的健康与安定。

(7)保护环境与旅游资源。旅游活动的开展会对目的地的环境与旅游资源产生一定的负面影响，如噪声污染、对动植物的破坏和干扰、对景观资源的破坏等。这些负面影响必须由政府进行干预，如通过联合多个部门制定相关的规划与管理制度，从而达到保护旅游目的地环境、合理使用当地旅游资源的目的。

(8)处理国际间的旅游事务。如签订旅游合作协议、组织旅游对外交流活动及对外旅游宣传和推介等工作，须由政府部门出面解决。

3. 在对旅游发展进行调控方面，政府所使用的手段主要有哪些？

答：针对旅游发展，政府主要从需求与供给两方面进行调控：

(1)调控需求的管理手段：

①对外传播和促销宣传。政府可以借助目的地营销组织的力量对营销和传播的力度进行调控，以达到刺激或抑制来访旅游需求的目的。

②控制游客来访量。这一手段既可用于限制游客的过量来访，也可以用于对已到访游客的分流，具体做法包括禁止外国客运包机入境以及采取各种形式的控制准入等。

③影响价格。旅游目的地政府影响当地旅游价格的途径包括直接影响和间接影响，具体做法如下：

a. 直接影响。政府通过控制国有旅游企业的产品价格或服务收费标准，借助其示范性地位，来刺激或抑制来访旅游需求。

b. 间接影响。即政府通过颁布有关的经济性指令来刺激或抑制游客来访量，包括：实行外汇管制、差别税率，设立免税商店等。

④提供信息：

a. 通过为游客提供信息来进行需求管理，具体做法包括向游客宣传该地区所有景点都值得游览，限制对某些景区的过度宣传，告知旅行社和游客最佳游览时间，避免拥挤等。

b. 利用提供信息服务来影响游客行为，具体做法包括审核各旅游企业宣传册中对该地的宣传情况，避免过分夸大，使游客产生过高期待，告知游客在该地开展活动时的注意事项，如文化差异、环境保护等。

(2)调控供给的管理手段：

①控制土地用途。这是目的地政府控制旅游供给的最基本方法，具体做法包括制定和执行用地规划，以及在必要时实行强制性土地征购等。

②行使建筑物管制。配合用地管制，也是依据城市和旅游规划来执行，通常是为了保持城市整体风貌和使用功能。具体做法包括规定有关区域内建筑物的规模、高度、风格、颜色，以及与之配套的停车场安排等，使整个布局和谐美观。

③行使市场管制。目的地政府可通过有关立法或者旅游行业协会的力量来市场管制，以达到控制某些经营领域的市场准入、维护公平竞争，以及保护旅游消费者的利益的目的。

④实行特别征税。即通过征收旅游税来影响和调控旅游供给。通常做法是将规定税率的应纳税额摊入饭店住宿价格，由饭店上缴政府税务部门。此外，有些国家和地区还对旅游者实行某些特别征税，如机场税(我国现在将其与机票合并)、城市维护建设税(用于旅游发展基金)等。

⑤鼓励投资。为了鼓励发展旅游业，并且消除旅游供给中的一些“瓶颈”问题，很多目的地政府都对与项目开发有关的投资者实行各种鼓励政策，为旅游业的发展注入活力。这些鼓励政策主要分为三类：a. 与减小项目投资额有关的优惠政策；b. 与减小项目经营成本有关的优惠政策；c. 与保证项目投资安全有关的优惠政策。

4. 在推动发展旅游业和招商引资方面，政府有可能采取的投资鼓励政策通常包括哪些？

答：为了鼓励发展旅游业、协调旅游业发展的地区布局，或者为了消除旅游业发展中的某些供给“瓶颈”问题，很多国家和地区政府对有关旅游项目的开发者和投资者都会实行一定的鼓励政策。这些鼓励政策主要分为三类：

(1)与减小项目投资额有关的优惠政策，主要包括：提供投资补贴、低息贷款、无息贷款、延长还贷期、提供基础设施、以低于市场价的价格提供建设用地以及对开发项目所需进口的建材实行减免关税等。

(2)与减小项目经营成本有关的优惠政策，通常包括：在规定时期内实行减免纳税(5～10年)、提供员工培训补贴、对营业所需的进口物资实行减免关税、提供特别折旧免税等。

(3)与保证项目投资安全有关的政策，包括：保证对所投资的项目不会实行国有化、所投资项目的利润以及利息可自由汇出境外、提供贷款担保、保证提供投资咨询服务等。

5. 国家旅游组织的基本职能包括哪些方面？

答：国家旅游组织的基本职能包括：

(1)组织编制国家旅游发展总体规划，实施国家旅游政策。

(2)进行海外促销，包括在主要国际客源地设立旅游办事处。

(3)确定需要由国家重点支持的旅游开发地区，负责审批由国家财政资助的旅游开发项目，并且对其开发工作进行监督与控制。

(4)就旅游业的发展问题同其他相关部门进行协调。

(5)开展旅游调研与统计，特别是分析和预测市场需求。

(6)代表本国政府参与旅游相关的外交事务。

(7)支持和参与旅游业人力资源开发，组织旅游教育与培训，挖掘专业的旅游人才。

6. 简述我国旅游行政组织的设置状况。

答：(1)国家层次的旅游行政组织：

①我国最高旅游行政主管机构的发展过程：

a. 1964 年，成立“中国旅行游览事业管理局”。

b. 1978 年 3 月，改为“中国旅行游览事业管理总局”。

c. 1982 年 8 月，更名为“中华人民共和国国家旅游局”。

d. 2018 年 3 月，调整为“中华人民共和国文化和旅游部”。

②我国最高旅游行政主管机构的主要职责：

a. 统筹协调全国旅游业发展，制定发展政策等，指导地方旅游工作。

b. 制定市场开发战略并组织实施，指导我国驻外旅游办事处的工作。

c. 组织旅游资源的普查、规划、开发和相关保护工作。

d. 承担规范旅游市场秩序、监督管理服务质量、维护旅游消费者和经营者合法权益的责任等。

e. 承担与国际旅游组织合作的相关事务等。

f. 同有关部门制定赴港澳台旅游政策并组织实施。

g. 制定并组织实施旅游人才规划，指导旅游培训工作。

h. 承办国务院交办的其他事项。

(2)地方层次的旅游行政组织：

①省、自治区和直辖市旅游局。我国各省、自治区和直辖市均设有旅游行政管理部门，即旅游局或旅游管理委员会，负责辖区内的旅游行政事务。

②省级以下的地方旅游行政机构。目前有很多地、市、县也都设立了专门的旅游行政管理机构，未设立的由上一级政府旅游行政部门指导，本地政府组织与承担。

7. 简述我国旅游行业组织的目前状况。

答：在我国，旅游行业组织是指由有关的社团组织和企事业单位在平等自愿的基础上组织成立的各种行业协会，其组织性质为具有独立社团法人资格的非营利组织。目前，我国的旅游行业组织分为两个层次：全国性的旅游行业组织和地方性的旅游行业组织。

(1)全国性的旅游行业组织：

全国性的旅游行业组织主要有中国旅游协会、中国旅行社协会、中国旅游饭店协会、中国旅游车船协会等。中国旅游协会(CTA)是由中国旅游行业相关的企事业单位、社会团体自愿结成的全国性、行业性、非营利性社团组织，是经国家民政部核准登记的独立社团法人。因此，中国旅游协会是一个带有总会性质的综合性旅游行业组织，其主要情况如下：

①实行团体会员，会员为在旅游行业内有一定影响力的企事业单位和社团组织。

②其宗旨是遵照国家的宪法、法律、法规和有关政策，代表和维护全行业的共同利益和会员的合法权益，开展活动，为会员服务，为行业服务，为政府服务，在政府和会员之间发挥桥梁纽带作用，促进我国旅游业的持续、快速、健康发展。

③最高权力机构是会员代表大会，每4年召开一次。

(2)地方性的旅游行业组织：

①由各省、自治区、直辖市成立，名称不一。

②其成员一般有团体会员，也有个人会员。

③在该地旅游行政组织的指导下开展工作。

8. 简述你对世界旅游组织(UNWTO)、太平洋亚洲旅游协会(PATA)以及世界旅游理事会(WTTC)的了解。

答：(1)世界旅游组织(UNWTO)：

①性质与地位。世界旅游组织于1975年1月2日正式成立，是目前世界上唯一全面涉及旅游事务的全球性政府间国际旅游组织，同时也是当今旅游领域中最具知名度且最具影响力的国际性组织，有“世界旅游业的道义领袖”之称。我国于1983年正式加盟世界旅游组织，并在1999年被推选为执行委员会成员。

②宗旨：促进和发展旅游事业，为经济的发展、国际间的相互了解、和平与繁荣，尊重人权和不分种族、性别、语言及宗教信仰的人类基本自由做贡献。

③组织机构。其最高权力机构是全体大会，每两年举行一次，休会期间由执行委员会行使职权，并且在欧洲、美洲、亚太、中东和非洲地区分别设有分会。

④成员。该组织的成员包括正式成员、联系会员和附属会员三类。正式会员是主权国家的国家旅游组织，联系会员是未独立领地的旅游代表机构，附属会员主要是民间旅游企业、旅游教育机构、旅游社团组织以及地方性的旅游行政机构等。

⑤活动内容：

a. 向发展中国家传播和教育旅游目的地的管理知识，提高其旅游管理水平。

b. 开展旅游统计与调研。

c. 支持旅游领域内的人力资源开发工作，为其找到专业的旅游人才。

d. 采取务实有益的措施推动世界旅游的发展，为世界旅游发展找寻新机会。

e. 帮助促成某些特定的旅游开发项目，为地区成员举办专题研讨会，组织召开地区性会议，交流经验和探讨解决方案等。

(2)太平洋亚洲旅游协会(PATA)：

①性质。太平洋亚洲旅游协会简称亚太旅游协会，是于1951年在美国檀香山成立的地区性非政府间国际组织，同时也是世界旅游组织的附属成员，并与很多其他民间国际旅游组织保持工作联系。我国于1993年加入该协会。

②宗旨。发展、促进和便利世界其他地区的游客前来太平洋地区各国旅游，以及本地区各国居民在本地内开展国际旅游。

③成员。包括该地区的旅游行业协会、旅游企业、旅游社团，以及该地区内有关国家的旅游行政机构。

④活动内容：

a. 提供信息服务，为会员提供有助于其业务策划、产品开发、市场营销等方面工作的调研信息。

b. 在市场营销方面，广泛宣传亚太地区旅游特色，争取世界各地更多的人前来亚太地区旅游，鼓励并促进地区内居民在本地区开展旅游。

c. 在旅游开发方面，改善和提升新兴目的地的设施与服务，提高现有旅游目的地的接待能力等。

d. 开展旅游调研活动，出版亚太地区旅游统计年度报告。

(3)世界旅游理事会(WTTC)：

①性质。世界旅游理事会是于1990年成立的全球性非政府间组织，是当今世界上代表旅游业中私营力量的唯一全球性团体，会址设在英国的伦敦。

②组织机构。其领导班子是由19名成员组成的执行委员会，成员由世界上100家著名旅游相关企业的总裁、董事长或首席执行官所组成，范围涉及住宿业、游船业、娱乐业、交通运输业等行业。

③使命：

a. 促使人们深入认识旅游业对经济和社会的贡献。

b. 谋求与各国政府开展合作，通过制定相应的政策，发掘旅游业的潜力，找寻旅游业发展的机会，从而实现增加就业和创造财富的目的。

④活动内容：

a. 全球性活动，包括预测和研究全球旅游业面临的各种挑战与机遇、代表其成员与世界各地政府进行对话等。

b. 地区性活动，在旅游业发展潜力巨大但缺乏管理或缺乏资金的国家和地区发起行动，消除旅游业成长的障碍因素。

c. 开展经济研究，增强人们对旅游经济重要性的认识。

7.3　考研真题与典型题

一、单项选择题

1. 我国将“中国旅行游览事业管理总局”正式更名为“中华人民共和国国家旅游局”是在(　　)。[浙江省2016年4月自考真题]

A. 1964年　　B. 1978年　　C. 1982年　　D. 1988年

2. (　　)是我国带有国家总会性质的综合性旅游行业组织。[浙江省2022年10月自考真题]

A. 中国饭店协会　　B. 文化旅游部

C. 中国旅行社协会　　D. 中国旅游协会

3. (　　)是联合国的特别代理机构。[浙江省2022年10月自考真题]

A. 世界旅游联盟　　B. 世界旅游理事会

C. 世界旅游组织　　D. 国际航空运输协会

4. PATA是下列哪个国际旅游组织的英文缩写？(　　)[浙江农林2016年研]

A. 国际社会旅游协会　　B. 世界旅游组织

C. 太平洋亚洲旅游协会　　D. 国际旅游联盟

5. (　　)是旅游目的地政府控制旅游供给的最基本的方法。

A. 控制土地用途　B. 服务质量　C. 旅游供给　D. 旅游安全

6. 从1980年起，每年的(　　)为“世界旅游日”。[专升本真题]

A. 3月25日　B. 5月1日　C. 7月15日　D. 9月27日

二、多项选择题

1. 基于国际经验，旅游目的地政府在控制和影响旅游供给方面的常用手段主要包括(　　)。[浙江省2020年10月自考真题]

A. 控制土地用途　　B. 行使建筑物管制

C. 行使市场管制　　D. 实行投资鼓励政策

E. 通过为到访游客提供信息服务行使需求管理

2. 以下属于由国家政府直接设立，并在编制上设为国家政府的一个部门的国家旅游组织有(　　)。[浙江省2019年10月自考真题]

A. 中国国家旅游局　　B. 韩国旅游管理局

C. 意大利旅游与娱乐部　　D. 斯里兰卡旅游与民航部

E. 澳大利亚旅游局

3. 以下属于经国家政府承认，代表国家政府行使旅游行政管理职能的民间组织的国家旅游组织有(　　)。[浙江省2020年10月自考真题]

A. 德国的国家旅游组织　　B. 新加坡的国家旅游组织

C. 意大利旅游与娱乐部　　D. 斯里兰卡旅游与民航部

E. 澳大利亚旅游局

4. 以下属于国家旅游组织基本职能的为(　　)。[浙江省2020年10月自考真题]

A. 组织国家旅游政策的实施

B. 海外促销，包括在主要国际客源地设立旅游办事处

C. 确定需要由国家重点支持的旅游开发地区，并负责由国家财政资助的旅游开发项目的审批及其开发工作的监督与控制

D. 就推进旅游业发展方面的有关配合问题，同其他相关政府部门进行协调

E. 旅游调研与统计，特别是分析和预测未来的市场需求

5. 国际旅游组织按该组织的性质或地位进行分类，可分为(　　)。[浙江省2018年10月自考真题]

A. 全球性的组织　　B. 地区性的组织

C. 政府间组织　　D. 非政府间组织

E. 以国家政府代表为基本成员的国际旅游组织

6. 对于非政府国际旅游组织，以个人为成员的组织有(　　)。[浙江省2020年10月自考真题]

A. 国际旅游科学专家联合会　　B. 国际旅游学会

C. 旅游研究联合会　　D. 世界旅游理事会

E. 国际旅游联盟

7. 对于非政府国际旅游组织，以公司企业为基本成员的组织有（　　）。[浙江省 2019 年 10 月自考真题]

A. 世界会议组织商协会　　B. 世界旅游理事会

C. 世界旅行代理商协会　　D. 国际旅游联盟

E. 国际旅馆协会

8. 以下关于与我国有关的国际旅游组织的说法正确的有（　　）。[浙江省 2021 年 10 月自考真题]

A. 太平洋亚洲旅游协会的行政总部设在美国加州的奥克兰，运营总部设在泰国的曼谷

B. 我国国家旅游局已代表中国加入太平洋亚洲旅游协会

C. 国际民用航空组织是一个以促进世界各地民用航空发展为目的的政府间组织

D. 世界旅行社协会联合会是世界上规模较大的民间性国际旅游行业组织之一

E. 国际饭店业协会是一个全球性的政府间组织，总部设在法国巴黎

9.（　　）属于非政府间的国际旅游组织。[专升本真题]

A. 世界旅游组织　　B. 亚太旅游协会

C. 国际航空运输协会　　D. 世界旅行社协会联合会

E. 国际饭店业协会

三、判断题（正确的选 A，错误的选 B）

1. 太平洋亚洲旅游协会是一个地区性的政府间组织。（　　）[浙江省 2021 年 10 月自考真题]

2. 世界旅游组织总部设在马德里。（　　）[浙江省 2021 年 10 月自考真题]

3. 世界旅游理事会成立于 1990 年，其领导班子是一个由 19 名成员组成的执行委员会。（　　）[浙江省 2021 年 10 月自考真题]

四、填空题

1. 政府支持发展旅游和旅游业的动机主要涉及以下三个方面：______、社会动机、经济动机。[浙江省 2020 年 10 月自考真题]

2. 政府介入和干预旅游发展的必要性主要涉及以下几个方面：______、应对市场失灵。[浙江省 2019 年 10 月自考真题]

3. 国家旅游组织设置形式存在差异的原因主要有：政治经济制度、______、旅游业在该国经济中的地位。[浙江省 2018 年 10 月自考真题]

4. 我国的旅游行政管理体制包括三个层次，即：______；省、自治区和直辖市旅游局；______。[专升本真题]

五、概念题

1. 国家旅游组织[扬州大学 2022 年研；湖南师大 2022 年研；南京师大 2021 年研；桂林理工 2020 年研；青岛大学 2017 年研；浙商大 2014 年研]

2. WTO[南开大学 2011 年研；东北财大 2008 年研；四川大学 2005 年研；西北师大

2004 年研]

3. PATA[四川大学 2008 年研]

4. 世界旅游理事会(WTTC)[浙商大 2021 年研]

六、简答题

1. 简述国家政府干预旅游业发展的必要性。[湖南师大 2017 年研]

相关试题：政府干预旅游发展的必要性是什么？[湖南师大 2016 年研]

2. 简述政府干预旅游发展的主要手段有哪些。[桂林理工 2021 年研]

相关试题：

(1)政府主要通过哪些手段调控供给？[浙江省 2022 年 10 月自考真题]

(2)简述政府对旅游发展调控所行使的供给管理手段。[浙商大 2019 年研]

(3)简述旅游目的地政府的需求管理手段。[湖南师大 2019 年研]

(4)简述旅游目的地政府的供给管理手段。[湖南师大 2018 年研]

(5)请举例论述政府支持发展旅游业的主要动机及其常用手段。[浙商大 2016 年研]

(6)结合实例说明我国政府可以通过哪些手段干预旅游需求。为什么？[浙商大 2013 年研]

3. 什么是国际旅游组织？您知道有哪些国际旅游组织？您认为国际旅游组织在全球旅游业发展中应当发挥怎样的作用？[浙商大 2017 年研]

4. 简述国家旅游组织设置形式存在差异的原因。[湖南师大 2023 年研]

5. 简述国家旅游组织的基本职能。[浙江省 2021 年 10 月自考真题]

七、论述题

1. 在世界各国旅游业的发展过程中，政府主导起到十分重要的作用，请论述政府干预旅游发展的必要性。[四川大学 2005 年研]

相关试题：政府干预旅游发展有何必要性？[武大 2005 年研]

2. 论述政府介入旅游业发展的主要手段。[河南师大 2014 年研]

相关试题：

(1)政府干预旅游经济的实现途径是什么？结合刚刚结束的上海世博会情况，请你就我国政府干预旅游经济实践的情况作一个评价和分析。[南开大学 2011 年研]

(2)论述政府干预旅游发展的手段。[华中师大 2007 年研]

7.4 考研真题与典型题详解

一、单项选择题

1. C 【解析】1982 年 8 月，全国人大常务委员会在《关于批准国务院直属机构改革实施方案的决议》中将“中国旅行游览事业管理总局”进一步更名为“中华人民共和国国家旅游局”(简称 CNTA)。

2. D 【解析】目前我国最具代表性的全国性旅游行业组织是中国旅游协会，它是一个带有总会性质的综合性旅游行业组织。该组织实行团体会员。

3. C 【解析】世界旅游组织是联合国在国际旅游事务方面的一个特别代理机构。特别代理机构，是指联合国允许该机构实行自治，有自己的规章、预算、管理委员会、雇员以及出版物。

4. C 【解析】太平洋亚洲旅游协会简称亚太旅游协会，成立于 1951 年，1986 年起改用现名(Pacific Asia Travel Association)，其缩写为 PATA。A 项，国际社会旅游协会的英文缩写为 BITS；B 项，世界旅游组织的英文缩写为 WTO；D 项，国际旅游联盟的英文缩写为 AIT。

5. A 【解析】旅游目的地政府控制旅游供给的最基本方法是控制土地用途。如各地政府都有某种形式的城市规划立法。制订和执行用地规划，在必要时实行强制性土地征购，都是世界各地政府用于干预或调控旅游开发的基本手段。

6. D 【解析】1970 年 9 月 27 日，经官方旅游组织国际联盟特别全体大会通过，宣布改组为世界旅游组织(WTO)。从 1980 年起，这一天成为世界旅游日。

二、多项选择题

1. ABCD 【解析】在影响和调控旅游供给方面，旅游目的地政府通常使用的手段主要包括：①控制土地的用途；②行使建筑物管制；③行使市场管制；④实行特别征税；⑤实行投资鼓励政策。E 项属于调控需求的常用手段。

2. BCD 【解析】由国家政府直接设立并在编制上设为国家政府部门的国家旅游组织可分为以下情况：①单设为旅游部或相当于部级的旅游局；②设为一个混成部，如意大利的旅游与娱乐部、葡萄牙的商务与旅游部、斯里兰卡的旅游与民航部；③设为某一行政部的下辖机构，如日本在运输省下设国际观光局、韩国在交通部下设旅游管理局、匈牙利在商业部下设旅游局等。

3. AB 【解析】经国家政府承认，代表国家政府行使旅游行政管理职能的民间组织，多是由民间自发成立、有着广泛影响力的全国性旅游协会，如德国和新加坡的国家旅游组织。CD 两项属于政府部门机构；E 项属于半官方组织。

4. ABCDE 【解析】对大多数国家来说，国家旅游组织的基本职能一般包括：①组织国家旅游政策的实施；②海外促销，包括在主要国际客源地设立旅游办事处；③确定需要由国家重点支持的旅游开发地区，并负责由国家财政资助的旅游开发项目的审批及其开发工作的监督与控制；④就推进旅游业发展方面的有关配合问题，同其他相关政府部门进行协调；⑤旅游调研与统计，特别是分析和预测未来的市场需求；⑥在与旅游相关的外交事务中代表本国政府；⑦支持和参与旅游业人力资源的开发。

5. CD 【解析】CD 两项，国际旅游组织按性质或地位可分为：政府间组织、非政府间组织。AB 两项，国际旅游组织按涉及的地域范围可分为：全球性的组织、地区性的组织。E 项为按加盟成员身份进行的划分。

6. ABC 【解析】对于非政府间国际旅游组织，以个人为成员的组织有：国际旅游科学专家联合会(AIEST)、国际旅游学会(IATS)、旅游职业培训联合会(AMFORT)、旅游研究联合会(TTRA)等。D 项，世界旅游理事会是以公司为成员的组织；E 项，国际旅游联盟是以机构/团体为成员的组织。

7. BCE 【解析】对于非政府间国际旅游组织，以公司为成员的组织可进一步分为：①全球性组织，如世界旅游理事会(WTTC)、国际航空运输协会(IATA)、国际铁路联盟(IUR)、国际旅馆协会(IHA)、世界旅行代理商协会(WATA)、国际会议组织商协会(ICCA)等；②地区性组织，如欧洲航空公司协会(AEA)等。

8. ABCD 【解析】A 项，太平洋亚洲旅游协会的行政总部设在美国加州的奥克兰，运营总部自 1998 年 9 月迁至泰国的曼谷，其他办事机构分设在悉尼和摩纳哥。

B 项，我国国家旅游局于 1993 年代表中国加入太平洋亚洲旅游协会。

C 项，国际民用航空组织是一个以促进世界各地民用航空发展为目的的政府间国际组织。

D 项，世界旅行社协会联合会是世界上规模较大的民间性国际旅游行业组织之一，成立于 1966 年，总部设在比利时的布鲁塞尔。

E 项，国际饭店业协会(IHA)是一个全球性的民间组织，成立于 1947 年，总部设在法国巴黎。

9. BCDE 【解析】A 项，世界旅游组织是目前世界上唯一全面涉及国际间旅游事务的全球性政府间机构。B 项，太平洋亚洲旅游协会简称亚太旅游协会，是一个地区性的非政府间国际组织。C 项，国际航空运输协会是一个以全世界国际航空运输企业为会员的全球性民间组织。D 项，世界旅行社协会联合会是世界上规模较大的民间性国际旅游行业组织之一。E 项，国际饭店业协会是一个全球性的民间组织。

三、判断题(正确的选 A，错误的选 B)

1. B 【解析】太平洋亚洲旅游协会是一个地区性的非政府间国际组织。

2. A

3. A

四、填空题

1. 政治动机　　2. 刺激经济增长　　3. 旅游业发达程度

4. 国家旅游局(现文化和旅游部)；省级以下的地方旅游行政机构

五、概念题

1. 国家旅游组织[扬州大学 2022 年研；湖南师大 2022 年研；南京师大 2021 年研；桂林理工 2020 年研；青岛大学 2017 年研；浙商大 2014 年研]

答：根据世界旅游组织(WTO)的解释，国家旅游组织泛指一个国家中为中央政府所承认，负责管理全国旅游行政事务的机构。一个国家中的最高旅游行政管理机构通常都代表该国的国家旅游组织，国家旅游组织的设置既可以是政府编制，也可能不是政府机构。1901 年成立的新西兰旅游局是世界上最早的国家旅游组织。据统计，目前全球至少有 175 个国家设立了国家旅游管理部门。其类型主要有：国家旅游行政管理机构（NTA）和国家旅游组织（NTO）。

2. WTO［南开大学 2011 年研；东北财大 2008 年研；四川大学 2005 年研；西北师大 2004 年研］

答：WTO 即世界旅游组织，于 1975 年 1 月 2 日正式成立，是目前世界上唯一全面涉及国际旅游事务的全球性政府间国际组织。它的前身是国际官方旅游联盟，1975 年改为现名，总部设在西班牙首都马德里。其宗旨是通过推动和发展旅游，促进各国经济发展和繁荣，增进国家间的相互了解，维护世界和平。它主要负责收集和分析旅游数据，定期向成员国提供统计资料、研究报告，制定国际性旅游公约、宣言、规则、模板，研究全球旅游政策。该组织的成员包括正式成员、联系会员和附属会员三类。其最高权力机构是全体大会，每两年召开一次，审议该组织重大问题。

3. PATA［四川大学 2008 年研］

答：PATA 即太平洋亚洲旅行协会，原名太平洋地区旅行协会，1951 年 1 月成立于夏威夷檀香山，协会总部设在美国旧金山。太平洋亚洲旅行协会是个具有广泛代表性和影响力的民间国际旅游组织，在整个亚太地区以至世界的旅游开发、宣传、培训与合作等多方面发挥着重要作用。协会的宗旨是促进亚太地区及亚太地区内部旅游和旅游业的发展，因此受到亚太地区各国旅游业界的普遍重视。太平洋亚洲旅行协会的章程规定，任何全部和部分位于西经 110 度至东经 75 度地理区域内所有纬度的任何国家、地区或政治区域均有权成为该协会会员。协会的管理机构为理事会（由 49 ~ 51 名成员组成），其职能是在两届年会之间开展协会的工作。

4. 世界旅游理事会（WTTC）［浙商大 2021 年研］

答：参见本章课后习题第 8 题答案。

六、简答题

1. 简述国家政府干预旅游业发展的必要性。［湖南师大 2017 年研］

相关试题：政府干预旅游发展的必要性是什么？［湖南师大 2016 年研］

答：参见本章课后习题第 2 题答案。

2. 简述政府干预旅游发展的主要手段有哪些。［桂林理工 2021 年研］

相关试题：

(1) 简述政府对旅游发展调控所行使的供给管理手段。［浙商大 2019 年研］

(2) 简述旅游目的地政府的需求管理手段。［湖南师大 2019 年研］

(3) 简述旅游目的地政府的供给管理手段。［湖南师大 2018 年研］

(4) 请举例论述政府支持发展旅游业的主要动机及其常用手段。［浙商大 2016 年研］

(5)结合实例说明我国政府可以通过哪些手段干预旅游需求。为什么?[浙商大2013年研]

答:参见本章课后习题第3题答案。

3. 什么是国际旅游组织?您知道有哪些国际旅游组织?您认为国际旅游组织在全球旅游业发展中应当发挥怎样的作用?[浙商大2017年研]

答:(1)国际旅游组织的概念有狭义和广义之分。狭义的国际旅游组织是指成员来自多个国家并为多国利益工作和服务的全面性国际旅游组织。广义的国际旅游组织则还包括那些其工作范围部分地涉及国际旅游事务的国际组织,以及专门涉及某一旅游行业的国际性旅游同业组织。

(2)我知道的国际旅游组织包括:世界旅游组织、世界旅游理事会、太平洋亚洲旅游协会等,参见本章考点难点归纳相关内容。

(3)国际旅游组织在全球旅游业发展中应发挥的作用,可具体围绕各组织的宗旨或使命展开阐释。以世界旅游组织为例,其基本宗旨是,通过推动和发展旅游,促进各国的经济发展与繁荣,增进国际间的相互了解,维护世界和平。国际旅游组织要发挥其在旅游业中特殊的影响力和平台优势,利用好国际组织非政府、非营利性的特性,客观公正的立场,为各方合作搭建好平台,促进互利共赢。同时国际旅游组织应根据自身的人才、资源、研究能力等优势,支持帮助各国各地区从顶层设计做好规划和预案,制定行之有效的旅游部署,将国际组织的影响力加以充分发挥。

4. 简述国家旅游组织设置形式存在差异的原因。[湖南师大2023年研]

答:参见本章考点难点归纳相关内容。

5. 简述国家旅游组织的基本职能。[浙江省2021年10月自考真题]

答:参见本章课后习题第5题答案。

七、论述题

1. 在世界各国旅游业的发展过程中,政府主导起到十分重要的作用,请论述政府干预旅游发展的必要性。[四川大学2005年研]

相关试题:政府干预旅游发展有何必要性?[武大2005年研]

答:参见本章课后习题第2题答案。

2. 论述政府介入旅游业发展的主要手段。[河南师大2014年研]

相关试题:

(1)政府干预旅游经济的实现途径是什么?结合刚刚结束的上海世博会情况,请你就我国政府干预旅游经济实践的情况作一个评价和分析。[南开大学2011年研]

(2)论述政府干预旅游发展的手段。[华中师大2007年研]

答:参见本章课后习题第3题答案。

第八章　旅游市场

8.1　复习笔记

【知识框架(庖丁解牛)】

- 旅游市场
  - 旅游市场概述
    - 旅游市场的概念：经济学、市场学角度
    - 旅游市场的构成、特点
    - 客源市场的重要性
  - 旅游市场细分
    - 概述：概念、意义
    - 基本方法：按地理因素、消费者特征等划分
  - 全球国际旅游市场基本状况
    - 市场规模
    - 国际旅游客流的地理分布格局
    - 全球国际旅游客源的地区分布
    - 旅游客流规律与发展趋势
  - 我国的入境旅游市场
    - 入境旅游客源市场的构成
    - 主要客源市场的发展现状
    - 重点客源市场的选择
    - 作为旅游目的地的国际竞争问题
  - 我国的国内旅游市场
    - 基本特点：规模大；多为短程、散客旅游
    - 发展趋势
  - 我国居民的出境旅游
    - 类别：出国、边境、港澳台旅游
    - 特点：增长快、以亚太区为主、港澳游占比大
    - 发展前景

【通关提要(提纲挈领)】

本章主要介绍旅游市场，比较重要。学习时，要掌握旅游市场的概念、旅游市场细分的基本方法、旅游客流的基本规律和发展趋势，掌握国内旅游市场的基本特点、我国入境旅游和出境旅游的发展现状及特点，熟悉选择重点客源市场时应考虑的主要因素、我国旅游业在国际客源市场竞争中存在的问题等。本章各种题型都有可能考查，零碎知识点较多，学习时可以对相近知识点进行对比总结。

【考点难点归纳(厚积薄发)】

考点一：旅游市场概述(见表 8－1)　★★★

表 8－1　旅游市场概述

要点	主要内容		
概念	经济学角度	狭义	指实现旅游产品交换的场所
		广义	指在旅游产品交换过程中所反映的各种经济行为与经济关系的总和
	市场学角度	指旅游产品的现实购买者和潜在购买者，即旅游需求市场或旅游客源市场	
条件	旅游消费者、旅游消费者购买能力、旅游需求		
构成	4P 理论：旅游消费者、旅游产品、营销、价格		
特点	①旅游产品需求的整体性；②旅游需求的多样性、季节性、高弹性；③竞争性		

考点二：旅游市场细分 ★★★★

1. 市场细分概述(见表 8－2)

表 8－2　市场细分概述

要点	主要内容	
概念	市场细分	指营销者根据其产品购买者的某一或某些特点，把整体市场划分为多个顾客群的过程
	旅游市场细分	指企业依据旅游者的不同特点或需求，将整体旅游市场划分为若干个不同细分市场的过程
意义	①有利于选择合适的目标市场——理想的目标客源市场。 ②便于有针对性地开发产品。 ③便于有针对性地开展营销传播	

2. 旅游市场细分的基本方法(见表 8－3)

表 8－3　旅游市场细分的基本方法

细分依据		主要内容	
地理因素		国际旅游市场	欧洲、美洲、亚太、非洲和中东市场
		国内旅游市场	按省(州)、城市等行政区域细分
旅游消费者特征	人口学特征	按年龄、性别、职业、家庭收入水平、受教育程度等细分	
	购买行为特点	来访目的	消遣、商务、会议、奖励、特殊兴趣旅游市场等
		旅行方式	航空、邮轮、自驾车旅游市场等
		活动形式	团体、散客旅游市场或自由行市场
		购买频率	初次购买者、经常性回头客等
		停留时间	过夜旅游市场、一日游市场
	消费者心理	按社会阶层、生活方式、性格等细分	

【真题链接】简述旅游市场细分的基本方法。[简答题，浙商大 2020 年研]

考点三：全球国际旅游市场基本状况 ★★★

1. 市场规模

国际旅游客流量是指一定时期内进入同一目的地国家或地区的旅游者数量。二战结束以来，全球旅游客流量(包括国际旅游和国内旅游)总体呈现持续上升趋势。

2. 国际旅游客流的地理分布格局(见表8－4)

表8－4　国际旅游客流的地理分布格局

要点	主要内容	
客流的主要流向和地区分布格局	1986～1991年	十大国际旅游接待国依次是：法国、美国、西班牙、意大利、匈牙利、奥地利、英国、墨西哥、德国和加拿大
	20世纪90年代后	十大国际旅游接待国依次是：法国、美国、西班牙、意大利、中国(内地)[唯一亚洲国家]、英国、俄罗斯、墨西哥、加拿大和德国
	21世纪之初	①中国香港地区和土耳其入围，加拿大退出，其他基本维持稳定。 ②欧洲一直是世界上接待国际旅游的中心地区，是世界上国际旅游业最发达的地区。 ③国际旅游客流"三足鼎立"的分布格局已从传统格局"欧—美—亚太"转变为新格局"欧—亚太—美"
格局变化的主要原因	①亚太地区国际旅游业区内客源的发育和对外吸引力的提升。 ②欧美地区国际旅游业区内的客源"封顶"。 ③欧洲市场需求变化，其旅游消费者倾向洲外旅游，远程出国旅游增长	

3. 全球国际旅游客源的地区分布

(1)20世纪90年代之前，美国、德国、日本、英国、意大利、法国、加拿大、荷兰、奥地利和瑞士是位居前十的国际旅游支出国。

(2)21世纪后，前十名中亚洲国家的比例明显增加，在地理分布范围上仍涉及欧洲、美洲和亚洲，但有越来越多的国家加入这个行列。

(3)自20世纪80年代以来，世界三大国际旅游客源地依次是欧洲地区、美洲地区和亚太地区，同时也是世界三大国际旅游接待地。

4. 旅游客流规律与发展趋势(见表8－5)

表8－5　旅游客流规律与发展趋势

要点	主要内容	
客流规律[基本法则]	外出旅游的地域范围总是由近及远，且近距离旅游的客流量总是占比很大	原因在于： ①距离近，费用较小，拥有支付能力的人多。 ②旅途时间较短，拥有时间条件的人多。 ③风俗习惯和文化传统比较接近，易适应。 ④出入境手续简便，交通便利
	旅游客流主要来自经济发达程度较高的国家和地区	原因在于： ①人均收入高，消遣型旅游需求市场发育程度较高。 ②工商业发达，差旅型旅游需求市场规模大。 ③居民受教育程度较高，易获得旅游信息

续表

要点	主要内容
发展趋势	①超大型或大型城市通常会发展成重要的旅游中心。 ②亚太地区在全球国际旅游业中的地位将继续提升。 ③全球远程国际旅游的增长速度将继续高于区内国际旅游，且欧洲、亚太地区和美洲三地之间的客流将一直维持主流地位

【真题链接】

(1)简述旅游客流的基本规律及其原因。[简答题，扬州大学 2022 年研]

(2)简述旅游客流的基本规律和发展趋势。[简答题，浙商大 2021 年研]

考点四：我国的入境旅游市场(见表 8-6) ★★★★

表 8-6　我国的入境旅游市场

要点		主要内容
入境游客		①外国人[包括外籍华人]；②海外华侨；③港澳台同胞
主要客源市场		①港澳台游客为主，入境外国人市场按规模大小依次是：亚洲、欧洲、美洲、大洋洲、非洲市场。 ②近程化趋势明显，集中于亚洲[中国旅游业国际客源市场已趋成熟]
重点客源市场的选择	旅游产品需求函数模型	$NA=f(MV, TC, HC, UI, O)$ 式中，NA 为来访需求量；MV 为市场潜力；TC 为国际间往返的交通费用；HC 为在该目的地国家停留期间的消费开支或度假费用；UI 为该目的地国家的旅游供给形象；O 为其他变量
	影响因素	①客源国市场潜力。主要包括其人口规模、人均收入水平、贫富差异状况、国民受教育程度等。 ②旅游开支。包括交通运输费用和在目的地停留期间的消费开支。 ③目的地旅游供给形象。包括旅游目的地的知名度、服务便利程度、景点数量、气候条件、交通等
我国作为旅游目的地的国际市场竞争问题	地理区位	我国地处东亚，在空间上距离主要客源地欧美相对遥远。不利主要体现在两个方面：①交通费用昂贵；②受经济危机和国际油价影响，需求弹性大
	国际客源	与周边国家和地区的竞争激烈，客源地高度重合
	旅游产品	产品开发和产品质量的提高问题，如产品类型单一、接待设施不完善等
	营销	目的地营销和海外促销工作有待改进。突出问题包括：①营销经费不足；②专业化营销技术尚需提高

【真题链接】

(1)论述近年来我国入境旅游的发展现状及特征，并分析其成因。[论述题，浙商大 2021 年研]

(2)旅游目的地在选择重点国际客源市场时，应该考虑哪些因素？[简答题，湖南师大 2022 年研]

(3)选择重点客源国时，主要应考虑哪些因素？[简答题，桂林理工 2020 年研]

(4)简述我国旅游业在国际客源市场竞争中存在的问题。[简答题，桂林理工 2021 年研]

考点五：我国的国内旅游市场(见表8－7) ★★★

表8－7 我国的国内旅游市场

要点	主要内容
基本特点	①市场规模大，发展潜力足。[世界上规模最大的国内旅游市场] ②短程旅游、散客比重大。 ③旅游消费总额增长快，但人均消费水平较低。 ④主要目的地仍是热点城市和著名景点，形成出游量集中的旅游“黄金周”
发展趋势	①市场规模持续增长和扩大。 ②游客的旅游消费水平不断提高。 ③旅游服务企业重视国内市场的开发和经营。 ④国内旅游市场的重要性进一步凸显，逐渐成为国家旅游经济发展的重点

【真题链接】简述我国国内旅游市场的基本特点。[简答题，湖南师大2020年研]

考点六：我国居民的出境旅游(见表8－8) ★★★

表8－8 我国居民的出境旅游

要点	主要内容	
类别	出国旅游	指由具备经营出境旅游业务资质的旅行社经办，组织中国内地居民前往政府批准的外国旅游目的地开展的国际旅游活动
	边境旅游	指中国公民以旅行团形式前往接壤邻国边境地区[俄罗斯、蒙古、哈萨克斯坦等]开展的国际旅游活动
	港澳台旅游	指我国内地居民前往香港、澳门和台湾地区开展的旅游活动
特点	增长速度快	①出境旅游的规模不断增大，散客比重增加。 ②出境旅游消费额快速增长，人均消费额提高
	客流流向以亚太地区为主	客流流向仍为近距离的亚太地区
	港澳游占比最大	因距离近、文化差异小，港澳游的客流量一直稳居第一
发展前景	①消遣性出境旅游的人群规模将不断增大。 ②因公出境旅游的规模将不断扩大。 ③出境旅游的开放政策有助于推动市场发展。 ④旅游目的地的促销宣传刺激出境旅游	

【真题链接】

(1)论述近年来我国出境旅游的发展现状及特征，并分析其原因。[论述题，浙商大2020年研]

(2)出境旅游市场的基本特点。[简答题，湖南师大2018年研]

8.2 课后习题详解

1. 解释下列概念：旅游市场；市场细分。

答：参见本章考研真题与典型题概念题相关习题答案。

2. 为什么要对旅游市场进行细分？其意义何在？

答：(1)对旅游市场进行细分的原因：

①大多数旅游企业和旅游目的地一般都没有足够的实力去吸引和满足所有旅游消费者的需要，因此有必要从整体旅游市场中，选择某些适合自己经营的客源人群作为目标市场。

②虽然有些旅游企业和旅游目的地客观上有足够的实力与能力满足多种不同类型旅游消费者的需要，但出于优化经营的考虑，主观上也无意向所有的旅游消费者提供服务。

③对旅游企业和旅游目的地来说，开展市场细分工作可以进一步选择和确定目标市场，以便更有效地开展经营。

(2)对旅游市场进行细分的意义：

①旅游市场细分有助于选择和确定理想的目标客源市场。通过市场细分，旅游目的地和企业可以分析各个市场的需求特点和销售潜力，并根据自己的实力选择合适的目标市场。

②旅游市场细分便于有针对性地开发产品。通过市场细分，旅游目的地和企业可以根据目标市场人群的特点与需要有针对性地开发产品与服务项目，做到产品对路，实现产品适销，提高顾客满意度。

③旅游市场细分便于企业制定和调整旅游营销方案和策略。促销对旅游目的地和企业至关重要，进行市场细分可以促进企业有针对性地开展促销，使有限的营销预算发挥最大作用，避免资源浪费。

3. 简述划分旅游市场的常用标准。

答：旅游市场细分的常用标准主要包括：地理因素、消费者特征、需求或购买行为特点以及消费者的心理特点。具体如下：

(1)按旅游市场地理变量划分：

①按六大旅游区划分旅游市场。世界旅游市场划分为六大旅游区：东亚及太平洋旅游区、南亚旅游区、中东旅游区、非洲旅游区、欧洲旅游区、美洲旅游区。

②按客源国进行旅游市场划分，可分为：中国、美国、日本、加拿大、英国、西班牙、新马泰等。

③按潜在客源地区与旅游目的地之间的自然环境差异进行旅游市场划分，可分为：海滨、冰雪等。

④按客源地与旅游目的地的空间距离进行旅游市场划分，可分为：近程市场、远程市场。

⑤按不同客源地旅游者流向某一目的地占该目的地接待人次的比例划分旅游市场，可分为：

a. 一级市场又称重点市场，指在同一旅游目的地国家或地区总接待人数中，来访者占最大比例的两三个客源国或地区。

b. 二级市场又称辅助市场，指来访者占相当比例的一些客源国或地区。

c. 机会市场又称可能市场，指来自该目的地的人数很少而出游人数日渐增长的国家或地区。

(2)按旅游市场人口统计变量划分：

按旅游市场人口统计变量划分，可以将旅游市场细分为若干个不同消费群的旅游子市场。常用的人口统计变量有：①年龄；②性别；③职业；④收入水平；⑤受教育程度；⑥家庭生命周期等。

(3)按消费者特征划分：

根据旅游消费者来访时的行为特点或行为表现，对人群进行划分。

①按游客的来访目的划分，可分为：消遣旅游市场、商务旅游市场、会议旅游市场、奖励旅游市场等。

②按游客来访时的旅行方式划分，可分为：航空来访者市场、邮轮来访者市场、自驾游市场等。

③按游客的购买率划分，可分为：初次购买者市场、经常性回头客市场等。

④按游客活动的组织形式划分，可分为：散客或自由行市场、团队市场等。

4. 简述全球国际旅游客流和国际旅游客源的地区分布格局。

答：(1)全球国际旅游客流的地区分布格局：

通常以国际旅游接待量为标准来衡量全球国际旅游客源的地区分布状况。

①1986～1991年，法国、美国、西班牙、意大利、匈牙利、奥地利、英国、墨西哥、德国和加拿大是国际旅游接待量排名前十的国家。

②进入20世纪90年代后，中国(内地)作为唯一的亚洲国家跻身世界十大入境旅游接待国行列。

③进入21世纪后，加拿大首先退出，中国香港地区和土耳其入围，其他基本维持稳定。

④全球被划分为非洲、美洲、亚太、欧洲和中东五个旅游区。与21世纪前相比，全球国际旅游客流“三足鼎立”的地理分布格局从“欧—美—亚太”转变为“欧—亚太—美”。

(2)国际旅游客源的地区分布格局：

通常用国际旅游支出额来衡量全世界国际旅游客源的地区分布状况。

①在20世纪90年代以前，美国、德国、日本、英国、意大利、法国、加拿大、荷兰、奥地利和瑞士是国际旅游支出排名前十的国家。

②进入21世纪后，排名前十的国家中的亚洲国家明显增加，仍是涉及欧洲、美洲和亚洲，同时有更多的国家和地区加入国际旅游客源地的行列。

5. 简述旅游客流的基本规律和发展趋势。

答：参见本章考研真题与典型题简答题第5题答案。

6. 在全球国际旅游人次中，近距离的国际旅游何以会占绝大比重？

答：全球国际旅游人次中，近距离的国际旅游占绝大比重的原因主要有以下几点：

(1)近距离的国际旅游由于其旅行距离近，交通费用较小，拥有这种支付能力的人数多，所以需求量较大。

(2)近距离的国际旅游所需往返的旅程时间较短，对时间的要求低，拥有时间条件的人数较多，因而需求量较大。

(3)旅游客源地社会与旅游目的地社会之间的文化距离较小，特别是在语言和风俗习惯方面没有太大障碍，因而易于旅游者适应。

(4)在办理旅行手续以及交通情况方面相对便利，比如很多国家都对邻国旅游者的入境来访实行特别对待，允许在入境口岸临时办理签证，甚至实行免签证。这类政策的实施有助于诱发邻国居民的冲动性来访。

7. 简述我国入境旅游客源市场的发展现状。

答：我国入境旅游客源市场的发展现状如下：

(1)20 世纪 80 年代，我国(内地)旅游业的十大国际客源国中，近程的周边国家和远距离的欧美国家各占一半。

(2)进入 90 年代，特别是 90 年代中期开始，我国十大国际客源国的构成中，近程周边国家的数目逐渐增多。如俄罗斯、韩国、马来西亚和蒙古的市场份额进入前十，而德国、法国和加拿大等远程国家逐渐被淘汰。

(3)日本和美国在我国入境旅游市场中所占的份额开始下降，欧洲的来华旅游人次规模在缓慢增长，但市场份额仍呈下降趋势。

(4)进入 21 世纪后，中国旅游业主要国际旅游客源国的结构已趋稳定。中国入境旅游市场按规模来看依次为：亚洲市场、欧洲市场、美洲市场、大洋洲市场和非洲市场。

(5)我国的主要国际客源市场结构呈现出显著的近程化趋势，这不仅代表着亚洲将会成为我国入境客源的主要集中区，也在一定程度上意味着我国的国际客源市场已趋成熟。

8. 选择重点国际旅游客源市场时，应考虑哪些因素?

答：多年来海外游客的来访情况表明内地旅游业的境外客源明显具有多元化特点。这种情况是作为旅游目的地的内地与客源地有关因素综合作用的结果。但客源市场的多元化并非意味着没有重点可以选择。目标市场的重点化有利于集中有限资源，更有效地开展市场营销，二者不可偏废，追求二者的适当统一才是理想的旅游市场战略。在选择重点客源市场(客源国)时，主要对三个方面的因素进行考虑：

(1)与该客源国市场潜力有关的因素，即决定一个国家出国旅游人数、天数及旅游消费量的各种变量因素，包括：①人口规模；②人均可支配收入或人均收入水平；③国民收入或财富分配状况；④国民受教育程度；⑤城市化程度；⑥人口的年龄构成；⑦国民享有闲暇时间，特别是享有带薪假期的天数。

(2)与旅游开支有关的因素：

旅游者的旅游开支可分为两大部分，一是往返全程的国际间交通费用，二是在目的地国家停留期间的消费开支。

①影响国际间交通费用大小的因素主要涉及：

a. 该客源国与该目的地(国家)之间的空间距离。

b. 往返旅途所需耗用的时间。

c. 该客源国与该目的地(国家)的地理关系。

d. 往返旅途中的一般性开支(例如途中食宿)。

②影响在目的地(国家)停留期间消费开支大小的因素主要涉及：a. 该客源国社会与该目的地(国家)社会的消费水准；b. 两国的物价或通货膨胀率；c. 汇率。

(3)与该目的地(国家)的旅游供给形象有关的因素，尤其是可影响旅游者在所需开支大致相同的各旅游目的国之间进行选择的因素，包括：①知名度；②旅游形象；③可供游览的吸引物数量；④游客问讯服务的便利程度；⑤是否存在语言障碍及其程度；⑥气候条件；⑦交通运输及通讯方面的服务情况；⑧公共卫生条件与疫情；⑨住宿设施的便利程度；⑩目的地行人拥挤情况等。

9. 你如何认识我国旅游业在国际客源市场竞争中存在的问题？为什么？

答：我国旅游业在国际客源市场竞争中存在的问题及理由如下：

(1)问题一：我国的地理区位不利于竞争欧美客源。

理由：目前来说，欧美是世界上最主要的国际旅游客源地，但我国地处东亚，与欧美国家距离较远。因此从欧美地区前来我国旅游，交通运输费用相对昂贵，并且来华旅游的需求很容易遭受经济危机和国际油价上涨的打击。

(2)问题二：我国的旅游业在争取国际客源方面，竞争非常激烈。

理由：我国(大陆)与周边国家和地区的客源地区特点高度重合，并且其他部分国家和地区旅游业起步较早，已经积累了较多经验，我国与之相比不占优势。

(3)问题三：我国各地在旅游产品开发和产品质量方面存在问题。

理由：我国多数地区产品类型单一，同质化严重，以被动的观光旅游类型为主，并且旅游接待设施不够完善，还存在一些质量问题。

(4)问题四：我国的目的地营销和海外促销工作仍有待改进。

理由：我国的目的地营销和海外促销工作的营销经费不够充足，无法充分地支持营销工作，并且营销工作的水平和促销技术仍然需要改进和提升。

10. 简述我国国内旅游市场的特点。

答：参见本章考研真题与典型题简答题第3题答案。

11. 简述我国出境旅游市场的特点。

答：参见本章考研真题与典型题简答题第7题答案。

12. 简述并解释我国目前对出境旅游类别的划分。

答：我国目前将出境旅游分为三种类型，分别是出国旅游、边境旅游和港澳台旅游。

(1)出国旅游，是指由具备经营出境旅游业务资质的旅行社经办，组织中国内地居民前往经国家政府批准开放的外国旅游目的地开展的国际旅游活动。

(2)边境旅游，是指居住在中国的公民在获有特别经营权的旅行社的组织下，以旅行团的形式，从指定的边境口岸出境，到邻国指定的边境区域进行的国际旅游活动。

(3)港澳台旅游，是指我国居民在获有特别经营权的旅行社的组织下，以旅行团形式前往香港、澳门和台湾地区开展的旅游活动，包括我国居民赴港澳地区的“自由行”。

8.3 考研真题与典型题

一、单项选择题

1. 旅游市场的划分标准不包括(　　)。[2011年自考真题]

A. 地理因素　　B. 旅游消费者特征

C. 旅游消费者生理特点　　D. 需求和购买行为特点

2. 目前，下列旅游市场在国际旅游接待量上从大到小的排序为(　　)。

A. 欧洲市场 > 亚太市场 > 美洲市场 > 非洲市场

B. 美洲市场 > 欧洲市场 > 亚太市场 > 非洲市场

C. 欧洲市场 > 美洲市场 > 亚太市场 > 非洲市场

D. 美洲市场 > 亚太市场 > 欧洲市场 > 非洲市场

二、多项选择题

1. 目前我国居民出境旅游的发展具有以下(　　)特点。[浙江省2016年4月自考真题]

A. 国际客流主要流向欧洲　　B. 国际客流主要流向亚太区内

C. 增长速度快　　D. 港澳游所占比重最大

E. 日本、韩国游所占的比重最大

2. 我国旅游业的国际客源包括(　　)。[专升本真题]

A. 外国人　　B. 海外华侨　　C. 港澳台同胞　　D. 外籍华人

E. 归国的我国出国人员

3. 我国地理位置距世界上大多数主要客源市场较远，这一不利因素主要表现在(　　)。

A. 从欧洲来华旅游的交通费用昂贵

B. 从美洲来华旅游的交通费用昂贵

C. 从澳洲来华旅游的交通费用昂贵

D. 距离主要客源国较远的旅游目的地最容易遭受经济危机的打击

E. 距离主要客源国较近的旅游目的地最容易遭受经济危机的打击

4. 下列属于我国国内旅游特点的选项是(　　)。

A. 市场发展潜力大　　B. 短程旅游为主

C. 旅游活动的开展以团队为主　　D. 消费总额增长速度快

E. 人均消费水平较低

三、判断题(正确的选A，错误的选B)

1. 就国际旅游接待量方面，欧洲在全球市场中一直都占有最大的份额。(　　)[浙江省2021年10月自考真题]

2. 就国际旅游接待量方面，亚洲仍未超过美洲，居第三位。(　　)[浙江省2019年10月自考真题]

3. 全球远程国际旅游的增长速度将会继续高于区内国际旅游。无论是现状还是对未来的预测，在远程国际旅游客流中，欧洲、亚太地区和美洲这三地之间的客流一直都是并将继续是其中的主流。(　　)[浙江省2019年10月自考真题]

4. 我国居民出境旅游，国际客流主要流向亚太区内。(　　)[浙江省2021年10月自考真题]

5. 我国居民出境旅游，港澳游份额最大。(　　)[浙江省2019年10月自考真题]

6. 旅游市场就是指旅游目的地。(　　)[专升本真题]

四、填空题

1. 旅游______指营销者根据产品购买者的某一或某些特点，将整体购买者市场划分为若干不同购买者群的工作过程。[浙江省2022年10月自考真题]

2. 我国居民出境旅游的特点主要表现在：增长速度快、______、港澳游份额最大。[浙江省2021年10月自考真题]

3. 从20世纪50年代至今，______地区一直是世界上最重要的国际旅游客源地和目的地。

五、概念题

1. 旅游市场[湖南师大2019年研；青岛大学2017年研；河北大学2015年研；江西农大2015年研；南开大学2008年研；燕山大学2006年研]

2. 旅游市场细分[河南师大2015年研；浙商大2012年研；东北财大2007年研；南开大学2007年研；西北师大2004年研]、市场细分[桂林理工2022年研]

3. 旅游流(客流)[扬州大学2021年研；山东师大2007年研；东北财大2007年研；中南财大2006年研]

4. 旅游流向和流量[四川大学2001年研]

5. 旅游目的地[中山大学2022年研；南开大学2016年研；华侨大学2011年研]

六、简答题

1. 简述旅游市场的概念。[山东师大2007年研]

2. 简述旅游市场细分的基本方法。[浙商大2020年研]

相关试题：

(1)简述旅游市场细分的常用标准。[青岛大学2017年研]

(2)旅游市场细分的基本标准及其意义有哪些？[湖南师大2016年研]

(3)简述旅游市场的划分方法。[华南理工2014年研]

(4)什么是旅游市场细分？旅游市场细分包括哪些标准？旅游企业为什么要进行市场细分？[浙商大2011年研]

(5)简述旅游市场细分一般所依据的要素。[华南理工2011年研]

3. 简述我国国内旅游市场的基本特点。[湖南师大2020年研；西北师大2005年研]

相关试题：简述当前我国国内旅游市场的特点。[浙商大2010年研]

4. 根据旅游发展现状，说明我国国内旅游未来发展的一些趋势。[浙商大2013年研]

5. 简述旅游客流的基本规律和发展趋势。[浙商大2021年研]

相关试题：

(1)简述旅游客流的基本规律及其原因。[扬州大学2022年研]

(2)不论是国际旅游还是国内旅游，在客流发展方面都具有某些共同的规律。论述旅游者在流向与流量方面变化与发展的基本法则及与旅游客流有关的一些发展趋势，并解释这些法则及趋势形成的主要原因。[论述题，浙江省2020年10月自考真题]

(3)简述旅游者在流向与流量方面变化与发展的基本法则及与旅游客流有关的发展趋势。[浙江省2019年10月自考真题]

(4)简述旅游客流的基本规律。[浙江农林2018年研]

(5)全球国际旅游客流的基本规律。[西北师大2004年研]

6. 简述我国旅游业在国际客源市场竞争中存在的问题。[桂林理工2021年研]

相关试题：

(1)简述我国作为旅游目的地在国际市场竞争方面存在的问题。[浙商大2018年研]

(2)请简述中国旅游业在国际市场竞争中面临的问题。[浙商大2016年研]

(3)我国旅游业在国际客源市场竞争中存在哪些问题？[浙江省2016年4月自考真题]

7. 出境旅游市场的基本特点。[湖南师大2018年研]

相关试题：

(1)简述我国出境旅游市场的特点。[山东师大2017年研]

(2)请结合实际情况，简述我国出境旅游市场的特征。[浙商大2011年研]

七、论述题

1. 试论国际旅游的客流规律。[四川大学2002年研]

2. 请论述旅游目的地营销过程中，确定重点客源市场需考虑的主要因素。[浙商大2017年研]

相关试题：

(1)旅游目的地在选择重点国际客源市场时，应该考虑哪些因素？[简答题，湖南师大2022年研]

(2)简述选择重点国际客源市场时所需考虑的因素。[简答题，浙江省2021年10月自考真题]

(3)选择重点客源国时，主要应考虑哪些因素？[简答题，桂林理工2020年研]

(4)请问旅游目的地营销者在选择国际重点客源市场时，应综合考虑哪些方面和要素？[问答题，浙商大2012年研]

3. 影响旅游流动的因素有哪些？[东北财大2002年研]

4. 论述近年来我国入境旅游的发展现状及特征，并分析其成因。[浙商大2021年研]

5. 人民网北京10月8日电(记者刘佳)据国家旅游局消息，2017年国庆中秋假日旅游市场供给充足、需求旺盛、运行平稳、安全有序，全国未发生重大旅游安全事故，无重大旅游投诉。本次国庆、中秋假日叠加，构成长达八天的“超级假期”，公众旅游需求集中释放，出游热情高涨，假日旅游市场保持高位运行。据国家旅游局数据中心综合测算，本次假日期间，全国共接待国内游客7.05亿人次，实现国内旅游收入5836亿元，按可比口径前7天与2016年同比计算，分别增长11.9%和13.9%。

(资料来源：http://travel.people.com.cn/n1/2017/1008/041570-29574831.html)

以上报道反映了2017年我国国内旅游市场发展依旧火爆，请归纳论述我国国内旅游市场的基本特征及发展前景。[湖南师大2018年研]

6. 论述近年来我国出境旅游的发展现状及特征，并分析其原因。[浙商大2020年研]

相关试题：

(1)分析我国出境旅游需求快速增长的原因。[湖南师大2017年研]

(2)近年来我国出境旅游市场特征及其快速发展的重要原因。[山东师大2007年研]

八、案例分析题

2005年“五一”黄金周前后，国内的一些主要的4A级景区，如泰山、K城等不约而同地将门票上调了10%～30%。游客们纷纷叫苦，因为门票涨价无疑增加了人们的出行成本，给热闹的“假日经济”泼了瓢冷水。对此，国内众多媒体展开了激烈的讨论。在这些门票涨价的景区中，有的振振有词：我们景区刚刚进行了更新改造，投资追求回报，天经地义……还有些景区则一肚子苦水：维持景区运转本来就是一笔不小的支出，近年来景区入不敷出，涨点价也是迫不得已……

试从经济学、市场供需以及景区管理的角度评析景区门票涨价这一现象。[中南财大2006年研]

8.4 考研真题与典型题详解

一、单项选择题

1. C 【解析】对旅游市场进行细分的依据基本上可归纳为四大类：①地理因素；②消费者特征；③需求或购买行为特点；④消费者的心理特点。

2. A 【解析】在国际旅游接待量方面，欧洲在全球市场中一直占有最大的份额。进入21世纪后，亚太地区的国际旅游接待量开始超过美洲。欧洲、亚太和美洲这三大地区的国际旅游接待量合计在全球总量中所占的比重接近90%。其余10%左右的市场份额由中东和非洲地区分享。

二、多项选择题

1. BCD 【解析】根据有关观察，我国居民出境旅游的发展表现出以下特点：①增长速度快；②国际客流主要流向亚太区内；③港澳游份额最大。

2. ABCD 【解析】我国旅游业的入境旅游客源市场由三部分人员构成：①来我国旅游的外国人(包括外籍华人)；②来我国旅游的海外华侨；③来内地旅游的港澳同胞以及来大陆旅游的台湾同胞。

3. ABD 【解析】我国地处东亚，在地理区位上距离欧美这两个世界上最主要的国际旅游客源地较远。这一情况客观上不利于竞争欧美客源。其不利主要反映在两个方面：①从欧美地区前来我国旅游的交通运输费用相对昂贵。②因距离欧美地区远，来华旅游需求易受经济危机和国际油价上涨的打击。

4. ABDE 【解析】近些年来我国国内旅游市场的主要特点有：①市场规模大，发展潜力足；②短程比重大；③散客比重大；④消费总额增长速度快，但人均消费水平仍显较低。

三、判断题(正确的选 A，错误的选 B)

1. A

2. B 【解析】在国际旅游接待量方面，欧洲在全球市场中一直都占有最大的份额。进入 21 世纪后，亚太地区的国际旅游接待量开始超过美洲。美洲地区的国际旅游接待量已退居第三位。

3. A

4. A

5. A

6. B 【解析】旅游市场，通常是指旅游产品的经常购买者和潜在购买者人群，即通常为旅游购买者市场或旅游需求市场。

四、填空题

1. 市场细分

2. 国际客流主要流向亚太区内

3. 欧美

五、概念题

1. 旅游市场[湖南师大 2019 年研；青岛大学 2017 年研；河北大学 2015 年研；江西农大 2015 年研；南开大学 2008 年研；燕山大学 2006 年研]

答：旅游市场即通常所说的旅游需求市场或旅游客源市场，是指在特定的时间、地点与条件下，具有购买欲望与支付能力的群体，即某一特定旅游产品的现实购买者和潜在购买者。旅游市场由旅游者、购买力、购买欲望和购买权利四个主要因素构成。用公式表示为：旅游市场 = 旅游者 + 购买力 + 购买欲望 + 购买权利。

2. 旅游市场细分[河南师大 2015 年研；浙商大 2012 年研；东北财大 2007 年研；南开大学 2007 年研；西北师大 2004 年研]、**市场细分**[桂林理工 2022 年研]

答：旅游市场细分即将旅游市场细分化，通常是指旅游经营者按旅游消费者的某一或某些特点，将整体旅游市场划分为若干不同细分市场的工作过程。市场细分的最终目的是从所划分出来的细分市场中，选定适合自己经营的目标市场。旅游市场细分有利于旅游企业发掘市场机会和开拓新的旅游市场，有利于旅游企业制定和调整旅游营销方案和策略，有利于旅游企业科学地开发目标市场和取得良好的经济效益。

3. 旅游流(客流)[扬州大学 2021 年研；山东师大 2007 年研；东北财大 2007 年研；中南财大 2006 年研]

答：旅游流狭义上是指旅游者的流动，具体是指在一个或大或小的区域上由于旅游需求的近似性而引起的旅游者集体性空间移位现象。旅游流（客流）包括旅游者在一定旅游目的地构成的流向和流量。旅游流现象是现代大众旅游现象最外部化的特征，是旅游业发展所依赖的客观前提。

4．旅游流向和流量［四川大学2001年研］

答：旅游流向是指旅游流在持续的运动过程中所经过的旅游路线，它反映了旅游目的地与旅游客源地之间关联的方式和途径。旅游流量是指旅游流在单位时间内和一定空间上所形成的规模。对于旅游目的地而言，持续、均衡、大规模的旅游流有着十分重要的意义。

5．旅游目的地［中山大学2022年研；南开大学2016年研；华侨大学2011年研］

答：旅游目的地是指拥有特定性质的旅游资源，具备一定旅游吸引力，能够吸引一定规模数量的旅游者进行旅游活动的特定区域。一个特定的地区要成为旅游目的地，必须具备三个条件：①拥有一定数量的旅游资源；②拥有各种与旅游资源性质相适应的地面旅游设施和交通条件；③具有一定的旅游需求流量。可见，旅游目的地是一种集旅游资源、旅游活动项目、旅游地面设施、旅游交通和市场需求于一体的空间复合体。旅游地在不同情况下，有时又被称为旅游目的地或旅游胜地。

六、简答题

1．简述旅游市场的概念。［山东师大2007年研］

答：旅游市场的概念有以下几种表述：

（1）从经济学的角度来说，狭义的旅游市场是指旅游产品交换的场所，广义的旅游市场是指在旅游产品交换过程中各种经济活动现象与经济关系的总和。

（2）从市场学角度看，旅游市场是指在特定的时间、地点与条件下，具有购买欲望与支付能力的群体，即某种旅游产品的现实购买者和潜在购买者。这种意义上的旅游市场即旅游需求市场，通常称之为旅游客源市场。

旅游市场有以下构成要素：

①旅游者，是旅游市场主体的基本要素。

②购买力，指人们在可支配收入中用来购买旅游产品的能力。

③购买愿望，即旅游者主观上购买旅游产品的欲望或需求。

④购买权利，即允许旅游者购买旅游产品的权利。

2．简述旅游市场细分的基本方法。［浙商大2020年研］

相关试题：

（1）简述旅游市场细分的常用标准。［青岛大学2017年研］

（2）旅游市场细分的基本标准及其意义有哪些？［湖南师大2016年研］

（3）简述旅游市场的划分方法。［华南理工2014年研］

（4）什么是旅游市场细分？旅游市场细分包括哪些标准？旅游企业为什么要进行市场细分？［浙商大2011年研］

（5）简述旅游市场细分一般所依据的要素。［华南理工2011年研］

答：旅游市场细分的基本方法，即划分旅游市场的常用标准，参见本章课后习题第3

题答案。

3. 简述我国国内旅游市场的基本特点。[湖南师大2020年研；西北师大2005年研]

相关试题：简述当前我国国内旅游市场的特点。[浙商大2010年研]

答：我国国内旅游市场的特点主要有以下几点：

(1)市场规模大，发展潜力足。不管是从人次规模还是从旅游消费总额上去衡量，近年来我国国内旅游需求的发展都已经大幅度超越入境旅游市场。且与一些发达国家的情况相比，我国的国内旅游市场有相当大的发展潜力。

(2)短程比重大。目前我国国民中绝大多数人的旅游支付能力有限，加上带薪年假制度在我国还没有普及，绝大多数人的空闲时间很分散，因此国内开展的旅游活动大多表现为短程旅游。

(3)散客比重大。据调查，在国内旅游活动中，绝大多数旅游者都不会使用旅行社提供的服务，因此散客所占的比重较大。

(4)消费总额增长速度快，但人均消费水平仍然较低。相比于同年入境游客的人均消费额，国内游客的人均消费依然比较低。

【另一种思路】中国国内旅游市场的基本特点如下：

(1)从流量上看，国内旅游经历了从涓涓细流到浩荡洪流的发展过程。原因主要有两个：

①经济的发展为国民旅游创造了物质基础，提供了便利条件。

②自由时间的增加使国民摆脱了羁绊。这种发展势头使我国很多旅游热点地区成了旅游者大量流入的地区。

(2)从流向上看，观光度假旅游者的主要旅游兴趣在于休闲观光。

这种旅游偏好是旅游流运动方向的决定性因素之一，导致旅游目的地高度集中化。目前我国国内旅游流的运动还趋向一般的大众性旅游目的地，一些知名度高、历史悠久或风光秀丽的旅游城市仍然是国内旅游者的首选。

(3)从客源地上看，国内旅游流的发源地受经济条件的影响十分明显。

北京、上海、天津、广州、重庆、西安等地是国内旅游最重要的产生地。同时，地区的开放程度也影响着居民的旅游倾向。如大连、宁波、福州、厦门、青岛、成都和昆明出游的国内旅游者人数较高，显示了较高的集中程度。

(4)从客源构成上看，城镇居民和农村居民旅游行为存在较大差异。

虽然农村居民的出游总量高于城镇居民，但农村居民的旅游消费水平明显低于城镇居民，具体表现为：

①城镇居民出游率高。

②城镇居民消费能力更高。从人均消费水平来看，城镇游客要远高于农村游客。

(5)对观光度假游客来说，团体和散客两种不同的旅游方式在逗留时间方面的差异很大。由于不过夜游客的比例较大，观光度假游客的平均停留天数很短(一般4天左右)。可见国内旅游流的主体仍是不过夜旅游者。

(6)从出游时间上看，形成了旅游“黄金周”。

自从采用新的休假制度后，国内旅游市场初步形成了春节、“十一”两个出游量集中的旅游“黄金周”。主要表现为：

①近年来，国内“黄金周”市场形成规模。

②近几次黄金周期间国内旅游的特点有：a. 从居民出游的流向分析，多流向重点旅游城市；b. 短途一日游占较大比重；c. 自驾车旅游明显升温；d. 居民的假期旅游更加趋于成熟和理性。

总的来说，经过二十多年的孕育和发展，“黄金周”旅游市场正在逐步完善，各方面的情况渐趋理想，游客的满意度也在不断提高。但同时存在的一些不足，不仅严重影响了游客的旅游热情和当地的形象，而且也威胁着旅游目的地的可持续发展。

4. 根据旅游发展现状，说明我国国内旅游未来发展的一些趋势。［浙商大2013年研］

答：我国国内旅游的未来发展趋势可概括为以下几个方面：

(1)市场规模持续增长和扩大。随着国民经济的不断发展，人均国民收入逐步增加，人们生活水平也随之提高，同时，闲暇时间的增多使得人们愈发追求精神层面的享受，对于旅游与休闲的需求持续增长，旅游市场潜力巨大。

(2)游客的旅游消费水平不断提升。随着人们收入水平的提高，人们对旅游生活质量的追求也必然会随之变化。虽然相比于国外旅游市场，目前国内旅游市场的总体人均消费水平仍然不高，但在个别方面，如消遣旅游市场中的高端部分，我国的消费已经达到了很高的水平，甚至有一些超过了入境旅游者的平均消费水平。

(3)旅游服务企业重视国内市场的开发和经营。我国国内旅游需求的不断增长使得人们逐渐意识到国内旅游市场的巨大潜力，因而对于国内旅游市场的进一步开发和经营已经吸引了越来越多的旅游企业。

(4)国内旅游市场的重要性进一步凸显，逐渐成为国家旅游经济发展的基点。

5. 简述旅游客流的基本规律和发展趋势。［浙商大2021年研］

相关试题：

(1)简述旅游客流的基本规律及其原因。［扬州大学2022年研］

(2)不论是国际旅游还是国内旅游，在客流发展方面都具有某些共同的规律。论述旅游者在流向与流量方面变化与发展的基本法则及与旅游客流有关的一些发展趋势，并解释这些法则及趋势形成的主要原因。［论述题，浙江省2020年10月自考真题］

(3)简述旅游者在流向与流量方面变化与发展的基本法则及与旅游客流有关的发展趋势。［浙江省2019年10月自考真题］

(4)简述旅游客流的基本规律。［浙江农林2018年研］

(5)全球国际旅游客流的基本规律。［西北师大2004年研］

答：(1)国内旅游和国际旅游的客流规律：

①人们外出旅游地域范围的发展总是由近及远。原因如下：

a. 旅行距离近，因此交通费用较小，对游客的支付能力要求较小，拥有这种支付能力的人数多，因而需求量较大。

b. 往返需要的时间比较短。在时间这一条件下，符合的人数较多，因此需求量较大。

c. 由于风俗习惯和文化传统差别不大，旅游者易于适应。

d. 旅行手续的办理以及来往交通都比较便利。

②旅游客流主要来自经济发展水平较高的国家和地区。主要是因为这些地区：

a. 人均收入水平高。人们有条件进行消遣型旅游，即消遣型旅游市场的需求较高。

b. 工商业发达，会产生较多的差旅型旅游需求，市场规模较大。

c. 居民受教育程度较高，对旅游信息更加敏感，易获取旅游信息。

(2)旅游客流的发展趋势：

①超大型或大型城市往往会发展为重要的旅游中心。出现这一趋势的主要原因在于：

a. 这类城市集中地代表了该国或该地区的经济、社会和文化发展水平，拥有众多的旅游吸引物和较为完备的旅游服务设施。

b. 这类城市多是交通枢纽，是国内外人员往来的重要集散地。

c. 与那些地域虽广但资源分散的旅游目的地相比，大城市的经济实力及其在发展旅游业方面的管理能力往往使其具有明显的竞争优势。

②亚太地区在全球旅游业中的地位持续提升，这主要是因为：

a. 欧美等地区旅游业的传统客源市场已趋饱和。人们对旅游地的注意力转向了解甚少却富有强烈刺激性的亚太地区和非洲地区。

b. 欧美旅游者对亚太地区旅游目的地的兴趣正在增长。

c. 亚太地区人口众多，地区经济的强劲增长使区内居民的出境旅游需求发展迅速，市场规模的增长潜力巨大。

③全球远程国际旅游的增长速度将仍然高于区内国际旅游，并且欧洲、亚太地区和美洲三个地区之间的客流将仍然保持主流地位。

④远程旅游将有更大发展前景。由于经济的发展，科学技术的进步，特别是交通工具的更新和信息技术的发展，世界远程旅游比重不断增加。

⑤多数旅游者向风景名胜地区和文化特色显著的地区流动。这一方面是由于人们的心理需求造成的(因为慕名已久的缘故)；另一方面也可以开阔眼界，增长知识。

6. 简述我国旅游业在国际客源市场竞争中存在的问题。[桂林理工 2021 年研]

相关试题：

(1)简述我国作为旅游目的地在国际市场竞争方面存在的问题。[浙商大 2018 年研]

(2)请简述中国旅游业在国际市场竞争中面临的问题。[浙商大 2016 年研]

(3)我国旅游业在国际客源市场竞争中存在哪些问题？[浙江省 2016 年 4 月自考真题]

答：参见本章课后习题第 9 题答案。

7. 出境旅游市场的基本特点。[湖南师大 2018 年研]

相关试题：

(1)简述我国出境旅游市场的特点。[山东师大 2017 年研]

(2)请结合实际情况，简述我国出境旅游市场的特征。[浙商大 2011 年研]

答：我国出境旅游市场的特点主要有以下几点：

(1)增长速度快。进入 21 世纪以来，一方面，我国居民出境旅游的规模持续增大，因私出境人员以及散客所占的比例不断增大；另一方面，在人均消费额上，我国公民出境旅游者在海外逗留期间的人均消费额已超过海外来华旅游者在华停留期间的人均消费额。

(2)国际客流流向以亚太地区为主。在出境旅游的客流方面，尽管可供选择的目的地增加了很多，但客流的流向仍主要为近距离的国家和地区，特别是那些开放时间较早、距离较近的亚太地区旅游目的地。

(3)港澳游份额最大。香港和澳门作为我国居民的出境旅游目的地，具有旅行距离近、文化障碍小等优势，因此一直占据着最大的出境旅游市场份额，并且保持着较高的增长速度。

七、论述题

1. 试论国际旅游的客流规律。［四川大学2002年研］

答：通过对半个世纪以来全世界国际旅游客流和客源发展状况的基本分析，全球国际旅游客流的基本规律主要有：

(1)近距离的出国旅游占据绝大比例。

在全世界国际旅游客流中，近距离的出国旅游，特别是前往邻国的国际旅游，一直占据绝大比重。以旅游人次计算，这种近距离的出国旅游人次约占每年全世界国际旅游人次总额的70%～80%。形成这一情况的主要原因是：

①前往邻国或近距离目的地国旅游的费用较小，因而有这种支付能力的人数量较大。

②所需时间较短，而且容易把握。

③入境手续简便且交通较为便利。很多国家对邻国公民旅游来访实行免签证，很多旅游者都是自己驾车前往邻国旅游。

④生活习惯、语言以及文化传统比较接近，因而旅游过程中障碍较少。

(2)国际远程旅游呈现增长态势。

国际远程旅游虽呈现增长态势，但比近距离旅游更显脆弱，容易受到各种外部突发因素的影响。

(3)主要客流发生在欧洲、美洲、东亚和太平洋地区。

就远程国际旅游而言，其主要客流发生在欧洲(特别是西欧)、美洲(特别是北美)、东亚和太平洋地区这三者之间。

①从20世纪50年代至今，欧美地区一直是世界上最重要的国际旅游客源地和接待地，这也决定了这两地之间的客流是国际远程旅游中最大的客流。

②随着东亚和太平洋地区的经济发展和国际旅游业的迅速崛起，该地区不仅吸引着越来越多的欧美旅游者，而且向欧美地区输送国际旅游客源的能力也在不断增强，特别是20世纪80年代中期以来，这一表现更加明显。

(4)东亚和太平洋地区在国际旅游中的地位迅速提高。

随着东亚和太平洋地区社会经济的相对快速发展，该地区在国际旅游中的地位(无论是从客源产生量还是从接待来访人次上看)迅速提高。

与21世纪前的基本情况相比，全世界国际旅游客流“三足鼎立”的分布格局已经从传统格局“欧—美—亚太”转变为新格局“欧—亚太—美”。

2. 请论述旅游目的地营销过程中，确定重点客源市场需考虑的主要因素。［浙商大2017年研］

相关试题：

(1)旅游目的地在选择重点国际客源市场时，应该考虑哪些因素？［简答题，湖南师大2022年研］

(2)简述选择重点国际客源市场时所需考虑的因素。［简答题，浙江省2021年10月自考真题］

(3)选择重点客源国时，主要应考虑哪些因素？［简答题，桂林理工2020年研］

(4)请问旅游目的地营销者在选择国际重点客源市场时，应综合考虑哪些方面和要素？［问答题，浙商大2012年研］

答：参见本章课后习题第8题答案。

3. 影响旅游流动的因素有哪些？［东北财大2002年研］

答：旅游流动是指在一个或大或小的区域上由于旅游需求的近似性而引起的旅游者集体性空间移位现象。旅游流动现象是现代大众旅游现象最外部化的特征，是旅游业发展所依赖的客观前提。从世界各国旅游发展的历史和现状来看，影响旅游流动的因素有：

(1)空间距离：

旅游目的地与旅游客源地之间空间距离的远近，是决定旅游流向、流量和时间特征的最重要因素之一。这是因为：

①空间距离不是单一的变量，而是一个综合性的因素，同时也是一个作用方向很难确定的因素。它能以十分微妙的方式和强度影响旅游者对目的地的选择。

②空间跨距大，意味着地理和文化差异大，这很难说是构成了促发旅游的推动力还是遏制旅游发生的阻力，重要的是这一对矛盾力量斗争的最后结果。同时，空间跨距大，意味着交通费用高，这无疑是旅游发生的阻力。

③一般来说，不管哪个洲、哪个国家(地区)的居民，都首先以本国(或本地区)附近的景区景点作为主要的旅游目的地，这样所花费的交通费用相对较少，时间也节省，加之地理、气候甚至文化方面的差异不大，比较容易适应。

因此，各国各地区都首先把周边地区作为主要的旅游客源地，市场促销的力度由近及远，由此构成了旅游目的地客源市场的圈层模式。

(2)国际(区际)关系：

旅游是不同国家、不同地区之间人民的相互交往过程。这种交往不会没有任何基础。相反，两国(地)之间在政治、军事、贸易等方面联系的密切程度，在社会、历史、文化等方面的渊源关系、依赖状态，在价值观、习俗、社会制度方面的近似或差异程度，都将在很大程度上影响旅游者对旅游目的地的选择。

①两国间密切的政治、军事和贸易交往会带动旅游规模的扩大，因为这会创造一种安全的氛围，也能提供各种便利条件。而国家(或民族)之间社会、历史和文化上的渊源关系，常常是激发人们寻根情结的动力。日本与中国，美洲、澳洲与欧洲，在一定程度上就是这样一种关系。建立在这种关系基础上的旅游，容易产生理解，也会有很多的便利条件(如语言交流)。

②在冷战时期形成的东西方阵营对垒对旅游目的地选择的定势影响至今还没有完全消除。西欧旅游者主要在西欧区域内或越洋到北美旅游，而东欧旅游者以在东欧范围内旅游为主。

(3)旅游供给与旅游需求的关系：

旅游供给与旅游需求的关系是影响国家间或地区间旅游流量运动的最根本因素。旅游需求与旅游供给之间的关系十分复杂，并且可能表现在极不相同的层面上，也具有很不相同的性质。概括起来主要有：

①从水平上看，旅游供给与旅游需求的关系规定了旅游流量的数量和规模特征。在旅游业的发展史上，现代旅游的发生最先是在发达国家，现代的大众旅游也主要始于发达国家，重要的旅游目的地和重要的旅游客源地也都是在发达国家。这表明，由经济状况所决定的旅游需求能力和供给能力，是影响旅游流量的非常重要的因素。

②需求与供给不仅在数量上影响旅游流量，而且在结构上也发挥着影响作用。需求是有指向的，虽然有时这种指向性存在一定弹性；供给也是有对象的，即便有时这种对象规定性不是一成不变的。需求与供给在这种结构上的规定性，既影响旅游流量的方向和时间特征，也决定着需求与供给既有的水平关系的现实意义。由此可以断定，需求与供给在结构上的协调和对应，是触发旅游流运动的根本所在。

4. 论述近年来我国入境旅游的发展现状及特征，并分析其成因。［浙商大 2021 年研］

答：(1)我国入境旅游的发展现状：

①20 世纪 80 年代，我国位居前十的主要客源国结构稳定，近程和远程的国家各占一半。

②20 世纪 90 年代，俄罗斯、韩国、马来西亚和蒙古来华旅游人次迅速增加，进入前十；日本和美国的市场份额有所下降，欧洲来华旅游的规模增长缓慢。

③进入 21 世纪后，主要国际旅游客源国的构成及其排序情况基本上已趋稳定，依次为：亚洲市场、欧洲市场、美洲市场、大洋洲市场和非洲市场。

④我国旅游业主要国际客源市场的构成呈现明显的近程化趋势，这意味着中国旅游业的国际客源市场已趋成熟。

⑤近年来，由于受到旅游产业综合发展带动，以及签证便利化、国际航线加密、免退税业务落地、中外系列旅游年活动举办等因素的积极拉动，我国入境旅游市场实现持续稳定增长，市场结构继续优化，服务品质得到游客认可，入境游发展质量进一步提升。

⑥2020 年新冠疫情的暴发，给入境旅游市场蒙上了一层阴影。由于新冠疫情的强传染性、全球蔓延、中美贸易摩擦等因素，此次疫情对入境旅游的影响短时间内高于 2003 年的“非典”。考虑到中国拥有强大的疫情防控能力和线上新经济替代等正面影响，我们有理由保持较为谨慎乐观的预期。

(2)我国入境旅游市场发展的特征及原因：

①华侨和港澳台市场是我国目前最主要的入境旅游市场。从绝对量上看，应该进一步扩大。但用发展的眼光看，这个市场的相对量将有所下降。原因在于：a. 该市场的潜力有限；b. 以探亲访友为主，具有一定的周期性；c. 受政策等非经济因素的制约。

②外国人旅游市场是我国最为关注的入境旅游市场。中国入境旅游者分为亚洲市场（日

本、韩国、东南亚五国)、大洋洲市场(澳大利亚等)、欧洲市场(欧洲诸国、俄罗斯等)以及北美市场(美国、加拿大)。

③中等消费水平的旅游市场是我国目前的基本旅游市场。这是因为:

a. 我国同世界主要的高消费市场距离较远,且对这些市场还缺乏调查研究,更谈不上充分开发。

b. 我国国土辽阔,旅游线路长,交通费用高,这就使低消费旅游者来华旅游受到限制。

④中、老年人旅游市场所占的比重较大。我国目前旅游业提供的旅游产品比较适合中老年旅游者。这一方面表明,开拓青年旅游产品是我国旅游业所面临的极其艰巨的任务;另一方面表明,随着世界人口老龄化,继续开拓中老年市场仍具有重要意义。

5. 人民网北京10月8日电(记者刘佳)据国家旅游局消息,2017年国庆中秋假日旅游市场供给充足、需求旺盛、运行平稳、安全有序,全国未发生重大旅游安全事故,无重大旅游投诉。本次国庆、中秋假日叠加,构成长达八天的“超级假期”,公众旅游需求集中释放,出游热情高涨,假日旅游市场保持高位运行。据国家旅游局数据中心综合测算,本次假日期间,全国共接待国内游客7.05亿人次,实现国内旅游收入5836亿元,按可比口径前7天与2016年同比计算,分别增长11.9%和13.9%。

(资料来源:http://travel.people.com.cn/n1/2017/1008/041570-29574831.html)

以上报道反映了2017年我国国内旅游市场发展依旧火爆,请归纳论述我国国内旅游市场的基本特征及发展前景。[湖南师大2018年研]

答:(1)我国国内旅游市场的基本特征,参见本章考研真题与典型题简答题第3题答案。结合案例分析如下:

①从流量上看,国内旅游经历了从涓涓细流到浩荡洪流的发展过程。国庆中秋假日的到来激发了人们的出游欲望,这种发展势头使我国很多旅游热点地区成为旅游者大量流入的地区。

②从出游时间上看,形成了旅游“黄金周”。本次供给充足、需求旺盛、运行平稳、安全有序的国庆中秋假日旅游市场是国内节假日旅游市场发展稳中向好的有力印证。

(2)我国国内旅游市场的发展前景:

①市场规模持续增长和扩大。特别是在国庆假日等时期,旅游市场需求空前旺盛,市场规模与创收持续扩大。

②游客的旅游消费水平不断提升。此次节假日期间实现国内旅游收入5836亿元,人们的旅游消费水平在不断提高。

③旅游服务企业重视国内市场的开发和经营。

④国内旅游市场的重要性进一步凸显,逐渐成为国家旅游经济发展的基点。本次假日期间,全国共接待国内游客7.05亿人次,实现国内旅游收入5836亿元,进一步说明了推动国内旅游市场发展的必要性和重要意义。

6. 论述近年来我国出境旅游的发展现状及特征,并分析其原因。[浙商大2020年研]

相关试题:

(1)分析我国出境旅游需求快速增长的原因。[湖南师大2017年研]

(2)近年来我国出境旅游市场特征及其快速发展的重要原因。[山东师大2007年研]

答：(1)近年来我国出境旅游市场的发展现状及特征：

①出境旅游人数强劲增长。中国在国际旅游客源国的排名跃居第五位。在世界前十大旅游客源国中，中国的增长最为强劲。

②通过旅行社组织的出境旅游人数占出境总人数的比重有升有降。个人旅游这种自由行方式逐渐流行起来。这是因为：

a. 中国相关政策有了一些突破，继港澳两个特区自由行开展以来，德国的自由行也得到了批准。

b. 一些外国政府简化了对中国公民的签证方式，开始接受个人旅游签证。

c. 旅行社采取了适当的方式，使得自由行能够合理合法地开展。

③香港、澳门地区和东南亚国家仍然是我国公民出境旅游最重要的目的地。随着出境旅游目的地的增加和各旅游目的地宣传促销攻势的加强，我国出境旅游市场开始呈现多元化发展的局面。

④出境旅游消费保持较高水平。据世界旅游组织统计，我国已跻身全球出境旅游消费前十位。

⑤多国旅游。由于时间和旅游费用尤其是交通费用的因素，人们希望用最少的费用旅游更多的国家。因此，目前我国出境旅游尤其是前往远程目的地的旅游大多是将几个国家组合在一起，一次性游览。

(2)推动我国出境旅游需求快速发展的因素有：

①经济因素。经济发展状况是客源市场形成的支柱。这几年来，我国经济保持稳健发展，特别是南部、东部沿海地区经济高速发展，这就为我国出境旅游奠定了经济基础。

②旅游动机因素。生活水平的提高增加了人们对各种休闲方式的需求，对世界的认识和了解激发了人们对异国文化的向往，国际联系的增多推动了合作与交流的开展，这些方面都可能形成当今出境旅游的动机，推动了出境旅游的发展。

a. 人们收入水平的提高。旅游是一种“高端消费”，无论是周边游、国内游还是境外游，都需要一定的经济基础作为保障。国民经济的快速发展，使得人们的收入水平不断提高，旅游需求也随之增长。

b. 人们对精神享受的追求。经济的发展使得大家在满足了衣食住之后，开始追求精神上的享受。除了日常生活中的各类文化消费，旅游也成为不少人的选择，日渐增长的境外游需求满足了人们的精神享受。

③政策因素。中国的开放程度不断提高，对中国公民出境旅游的政策不断放宽，限制越来越少，手续越来越简便。

④行业因素：

a. 出境游的成本下降。近几年来，我国的航空公司与国际合作加大，国际航线增多。一方面，更多直航的开通大大缩短了航程，降低了成本；另一方面，外国航空公司进入我国市场，为争取更多乘客，导致票价下降，使得出境旅游费用下降。这些都使得更多的旅游者可以接受出境旅游的价格。

b. 旅游平台大量涌现。出境游的成本降低，一定程度上也依赖平台的蓬勃发展。如预订平台方面，以携程、飞猪、去哪儿、艺龙等为头部的企业发展迅速，同业竞争激烈。这也会促使市场更加透明化，导致旅游产品价格下降。

八、案例分析题

试从经济学、市场供需以及景区管理的角度评析景区门票涨价这一现象。［中南财大2006年研］

答：(1)旅游市场上的供求状况并不总是处在平衡状态，会交替出现旅游供求间的均衡与不均衡的状态，旅游时常拥有自动调节这种平衡状态的能力。具体来说，在旅游市场上，当某种旅游产品供不应求时，该旅游产品的价格就会上升，促使需求量减少，而供给量则增加，直到供求大体相当为止；反之，当某种旅游产品供大于求时，该旅游产品的价格就会下降，促使旅游需求量上升，而旅游供求量则会减少，直到供求大体相当为止。通过旅游价格的上下调整使旅游供给与旅游需求达到平衡，这便是价格对旅游供求的调节机制。因此，当假日经济发展到一定程度，旅游需求超出旅游供给能力，从供求平衡考虑，提高价格是市场调节的一种手段。

(2)近年来，我国的假日经济愈演愈热，在刺激经济增长的同时也带来很多问题：①旅游区在经历了假日高峰后，环境遭到破坏；②暴露了各景区的供给刚性，服务质量下降。在改善服务质量和维持景区生态环境方面就需要投入资金，以保证旅游地的可持续发展。因此，提高价格也是一项重要的管理手段。

第九章　旅游的影响

9.1　复习笔记

【知识框架(庖丁解牛)】

- 旅游的影响
  - 旅游的经济影响：正面作用、负面影响
  - 旅游促进经济发展的理论依据
    - 旅游收入的乘数效应：直接、间接、诱导效应
    - 旅游乘数的含义、类型[营业额、收入、就业乘数]
    - 影响旅游乘数效应的因素
      - 旅游收入的漏损量
      - 接待地的产业结构和生产能力
  - 旅游的社会文化影响：积极影响、消极影响、正确认识
  - 旅游的环境影响：积极影响、消极影响
  - 可持续旅游发展
    - 可持续旅游发展的含义、基本原则
    - 可持续旅游的内容：基本目标、直接目标
    - 实现可持续旅游发展的关键
      - 旅游承载力[核心问题]
      - 管理者的水平与能力[关键]
      - 基本举措

【通关提要(提纲挈领)】

本章主要介绍旅游的影响，属于重点章节。学习时，要重点掌握旅游对经济、社会文化和环境的积极影响和消极影响及其影响原理；掌握旅游乘数的含义和三种常用类型、旅游收入的乘数效应和影响因素；掌握可持续发展的概念和内容以及实现这一理念的关键、旅游承载力的含义和实质。本章各种题型都有可能考查，要对比总结、理解记忆。

【考点难点归纳(厚积薄发)】

考点一：旅游的经济影响(见表9－1)　★★★★

表9－1　旅游的经济影响

要点	主要内容	
正面影响[作用]	增加外汇收入，平衡国际收支	旅游创汇的优点有：①换汇率高，成本低；②结算及时；③免受关税壁垒影响
	拉动内需，回笼货币	旅游消费具有广泛性、频度高、经济效应的继发性等特点。通过旅游消费拉动内需是一种重要的货币回笼渠道

续表

要点	主要内容	
正面影响[作用]	增加目的地的经济总量	旅游消费为旅游接待地带来外来的经济"注入"，增大经济总量
	带动相关经济部门或行业发展	旅游业与其相关经济部门或行业相辅相成，互相配合、支持。旅游业的发展会带动并促进相关行业发展
	增加政府税收	①直接税收：旅游者、旅游企业以及旅游从业人员的税收。 ②间接税收：被旅游业带动的其他相关部门、行业和人员的税收
	平衡地区经济，缩小地区差别	国际/国内旅游可实现财富在国际/地区间的再分配，使其从客源地向接待地、从经济发达地区向欠发达地区转移，缩小地区差距
	创造和增加就业机会	①旅游业属于服务业、劳动密集型产业，能吸纳大量劳动者。 ②旅游业的就业岗位层次众多，包含众多部门和岗位的需求。 ③旅游业能促进其他行业发展，带动其提供相关就业岗位
负面影响	可能导致目的地物价上涨	游客的大量涌入，使需求总量增加，易导致当地物价上涨，损害当地居民利益
	可能导致产业结构发生不利变化	过度或超前发展旅游业，可能使部分地区放弃农业、其他行业萎缩发展等，导致经济结构不合理
	过分依赖旅游业会影响国民经济稳定	旅游需求具有季节性、高弹性，受制于市场；且旅游业是脆弱的产业，一旦其发生不利变化，会对整个行业乃至当地经济造成严重影响

【真题链接】简述旅游业发展对旅游目的地经济的影响。[简答题，湖南师大2017年研]

考点二：旅游乘数理论 ★★★

1. 旅游乘数(见表9－2)

表9－2 旅游乘数

要点	主要内容	
含义	指用以测定单位旅游消费对旅游接待地区各种经济现象的影响程度的系数	
三种常用类型	营业额/营业收入乘数	单位直接旅游收入与由其带来的接待地全部有关企业营业收入增长量的比例关系
	收入乘数	单位直接旅游收入与其所带来的接待地净收入或居民家庭收入变化量之间的比例关系
	就业乘数	①某一特定数量的旅游消费所创造的全部就业人数[直接旅游和继发性就业人数]。 ②某一特定数量的旅游消费所创造的全部就业人数与直接旅游就业人数之比
公式	①乘数＝1/(1－边际消费倾向 C＋边际进口倾向 M)＝1/(边际储蓄倾向 S＋边际进口倾向 M)。 [边际储蓄倾向 S＝1－边际消费倾向 C] ②乘数＝(1－直接漏损 L)/(1－边际消费倾向 C＋边际进口倾向 M)	
理论局限性	①不以分析旅游接待国或地区的产业结构、经济实力为基础。一般，经济规模越小，产业关联越弱，边际进口倾向越高，乘数效应越不显著。 ②前提条件之一是要有一定数量的闲置资源和存货可被利用，以保证需求扩张后供给能力相应增长。即要保证需求与供给相对平衡，才能有效发挥乘数效应	

【真题链接】简述旅游乘数的类型。[简答题，华南理工2014年研]

2．旅游收入的乘数效应(见表9－3)

表9－3　旅游收入的乘数效应

要点	主要内容	
含义	指旅游目的地对旅游行业的投入引起各个经济部门的连锁反应，导致本地区经济总量的成倍增加	
发挥机制	外源性旅游消费“注入”旅游目的地经济后，有一部分将漏损出旅游目的地经济系统的循环，余额则在旅游目的地经济系统中渐次渗透，依次发挥直接效应、间接效应和诱导效应，刺激旅游目的地经济活动的扩张和整体经济水平的提高	
乘数效应	直接效应	即游客在旅游接待地的消费首先会成为当地旅游业的营业收入，即该国的直接旅游收入
	间接效应	直接旅游收入在接待地经济中流转、渐次渗透，使该地区的经济产出总量、就业机会和居民家庭收入增加，即因相关企业对初始旅游收入的分享和使用而产生的经济效应[旅游或其他相关企事业单位职工的再消费]
	诱导效应	即因直接旅游收入渗透导致的当地居民收入增加，会刺激当地消费增加，促进相关企业或部门的发展，进一步刺激当地经济发展
	继发效应	间接效应和诱导效应的总称
影响因素	旅游收入的漏损量	①旅游收入漏损是指旅游目的国或地区的旅游部门和企业，用于购买进口商品和劳务，在国外进行旅游宣传，支付国外贷款利息等原因而导致的外汇收入的减少。 ②漏损量＝储蓄$(1-C)$＋因购买进口产品和服务而发生的对外支付(M)。 ③旅游收入的漏损量越大，乘数越小
	接待地的产业结构和生产能力	与旅游收入的乘数效应正相关：产业结构和生产能力越高，旅游收入的乘数效应越大；反之，产业结构和生产能力越低，旅游收入的乘数效应越小 [技术先进，门类齐全→经济自给程度高→减少对进口商品和服务的购买→更多的旅游收入在本国经济体系内不断流转→乘数效应越大]

【真题链接】举一个典型的旅游地，阐述旅游经济效应及其影响因素。[论述题，扬州大学2021年研]

考点三：旅游的社会文化影响(见表9－4)　★★★★

表9－4　旅游的社会文化影响

要点	主要内容	
积极影响	提高国民素质	促进旅游者身心健康，开阔视野，培养爱国情操
	弘扬并保护民族文化	旅游活动的开展，开发和恢复了一些传统习俗和文化活动，使之成为独特的文化资源，增加了当地民众的自豪感
	改善目的地生活环境	旅游地的发展完善了各项基础设施，促进当地环境改善，方便居民生活
	推动科学技术的交流和发展	旅游活动的开展促进了科学技术的传播与交流，并不断对科技提出新要求，推动其发展

续表

要点		主要内容
积极影响	增进国际交流，促进世界和平	①国际旅游活动发挥着“民间外交”作用，具有广泛性、群众性、灵活性、平等性和直接性等特点。 ②促进不同国家、民族与地域的人民相互了解，增进友谊。 ③发展旅游业有利于对外树立国家形象
消极影响	不良的“示范效应”［精神污染］	因“文化涵化”现象，外来旅游者对接待地的社会影响大： ①消极影响当地民众的思想和行为。 ②冲击当地传统的道德观念，导致离婚率上升。 ③导致崇洋思想泛滥
	干扰目的地居民的正常生活	①外来旅游者的大量涌入压缩当地居民的生活空间，干扰其正常生活。 ②外来旅游者的一些不良行为易引发冲突
	当地文化被不正当或过度地商品化	①纯为迎合游客的民俗活动和传统节庆，失去了真正的文化价值。 ②手工艺品批量生产甚至粗制滥造，失去了原有的文化内涵，损害目的地形象
正确认识	①旅游的文化影响是自然而有限的；②旅游对文化的消极影响并非必然结果；③旅游规划是减少旅游消极影响的有效途径	

【真题链接】

(1)简要说明旅游的社会文化影响。［简答题，湖南师大 2022 年研］

(2)试结合实例，论述旅游对目的地社会文化的影响。［论述题，桂林理工 2021 年研］

考点四：旅游对环境的直接影响(见表 9－5) ★★★

表 9－5　旅游对环境的直接影响

要点		主要内容
积极影响	①维护、恢复和修整历史建筑和古迹遗址。 ②增加户外休闲和娱乐场所及相关设施。 ③改善道路、交通运输服务等基础设施。 ④重视并维持旅游接待地区的环保、绿化等环境容貌改进工作。 ⑤提高环境质量，促进环保工作的开展，强化环保意识	
消极影响	造成环境污染	导致当地水质、空气、噪声、视觉和废弃物污染等
	导致过度拥挤	①人口密度增大，交通阻塞，压缩当地居民的生活空间。 ②基础设施超负荷运转
	破坏生态环境	过度的旅游开发、大规模旅游活动的开展会损害或破坏自然环境和生态系统
	损毁文物古迹	①损害历史古迹的原始风貌，甚至威胁其生存寿命。 ②旅游设施的开发与规划不当会破坏当地的原有景观

【真题链接】

(1)简述旅游对环境的正面影响。［简答题，湖南师大 2020 年研］

(2)旅游发展对环境会带来哪些直接的积极和消极影响？请结合你的观察谈谈旅游业如何在缓解气候变化影响中发挥应有的作用。[论述题，湖南师大2019年研]

考点五：可持续旅游发展(见表9-6) ★★★★

表9-6 可持续旅游发展

<table>
<tr><th>要点</th><th colspan="3">主要内容</th></tr>
<tr><td rowspan="2">概念</td><td>可持续旅游</td><td colspan="2">指旅游业的发展应当实现“经济上可行，但又不会破坏未来旅游将赖以开展的资源和接待地区的社会结构”</td></tr>
<tr><td>可持续旅游发展</td><td colspan="2">即符合可持续发展理念的旅游发展方式，具体体现在：
①社会发展方面，强调代际公平，以使当代及未来人类的需要都能有条件地满足。
②经济发展方面，强调在维护地球自然系统的基础上实现经济增长。
③生态环境方面，强调人类应与大自然和谐相处，切实保护人类赖以生存的自然环境</td></tr>
<tr><td rowspan="3">可持续旅游的内容</td><td>基本目标</td><td colspan="2">①增进人们对旅游所产生的环境影响与经济影响的理解，强化生态意识。
②促进旅游的公平发展。
③改善旅游接待地区的生活质量。
④为旅游者提供高质量的旅游经历。
⑤保护未来旅游开发赖以存在的环境质量</td></tr>
<tr><td>直接目标</td><td colspan="2">坚持可持续发展基本原则，在保证游客经历质量的同时维护好旅游环境质量</td></tr>
<tr><td>对目的地的要求</td><td colspan="2">①满足旅游消费者对高质量旅游经历的追求。
②确保旅游环境质量不会因此而出现不可接受的下降。
③实现经济效益、社会效益和环境效益的统一</td></tr>
<tr><td>基本原则</td><td colspan="3">①环境限制性原则；②综合效益最大化原则；③自然资本原则；④污染者付费原则；⑤公平原则；⑥道德伦理原则</td></tr>
<tr><td rowspan="4">实现关键</td><td rowspan="2">旅游承载力
[核心问题]</td><td>含义</td><td>指一个旅游目的地在不至于导致当地环境质量和来访游客旅游经历质量出现不可接受的下降的前提下，所能吸纳的最大游客活动量</td></tr>
<tr><td>内容</td><td>①旅游设施用地的承载力；②物质环境承载力；③生态环境承载力；④社会(心理)承载力</td></tr>
<tr><td>管理者的水平与能力
[关键]</td><td colspan="2">①管理者的水平和能力与旅游的潜在负面影响是否会转化为显性问题密切相关。
②理想的管理态度应是未雨绸缪，提前采取预防措施，努力将问题禁于未发。
③不可忽视已出现的负面问题，应积极采取有效措施</td></tr>
<tr><td>基本举措</td><td colspan="2">①端正认识，全面理解和认识旅游开发的经济效应和环境影响。
②加强旅游规划，防止超负荷开发。
③健全法制，强化管理。
④强化宣传教育，倡导旅游伦理建设</td></tr>
</table>

【真题链接】请阐述“可持续旅游”的基本内容，以及旅游目的地为实现可持续发展可采取的措施。[简答题，浙商大2016年研]

9.2 课后习题详解

1. 解释下列概念：国际收支平衡；旅游出口；旅游乘数；可持续发展；旅游承载力。

答： 参见本章考研真题与典型题概念题相关习题答案。

2. 试归纳旅游的发展对目的地经济的正面影响和负面影响。

答：(1)旅游发展对目的地经济的正面影响：

①有助于增加外汇收入，平衡国际收支。旅游产品的换汇成本低于外贸商品的换汇成本。旅游创汇往往具有换汇率高、结算及时、免受关税壁垒影响等优点。

②有助于拉动内需，回笼货币。就国内旅游而言，它对经济的重要作用之一是有助于拓宽货币回笼的渠道，加速货币回笼的速度，扩大回笼的货币量。任何实行商品经济的国家都需要有计划地投放、回笼货币，从而使整个社会经济得以正常运转。

③有助于增加目的地经济总量。无论是接待入境游客还是国内游客，旅游者逗留期间的消费都能够使目的地获得外来的经济"注入"，增加经济总量。

④有助于带动相关行业的发展。一方面，旅游业需要各种设施设备和物资来服务于旅游者，因此便成为许多其他行业的需求市场，从而促进这些行业的发展；另一方面，旅游业的发展能够扩大外界对该国或地区的了解，有助于其招商引资工作，带动其他行业发展。

⑤有助于增加政府税收。增加的税收包括：a. 来自旅游者、旅游企业以及旅游从业人员的直接税收；b. 政府从因旅游业刺激其他相关部门或行业的发展而从这些部门或行业获得的间接税收。

⑥有助于平衡地区经济发展，缩小地区差别。旅游的发展有助于平衡国内各地区的经济发展，缩小地区差别。如果说国际旅游的开展可以将客源国的财富转移到接待国，在某种程度上起着对世界社会财富进行再分配的作用，那么国内旅游则可以把国内财富从一个地区转移到另一个地区，起到将国内财富在有关地区间进行再分配的作用。

⑦有助于创造和增加就业机会。旅游业是一个劳动密集型产业，其运作需要大量劳动力，且就业岗位层次众多，可以接纳的劳动人员范围广，特别是在旅游旺季时还能提供大量临时的兼职机会。

⑧改善投资环境，扩大国际合作。旅游经济具有投入小、产出多、效益高等特点，能够有效吸引外资。发展国际旅游更有利于促进各国人才和信息的交流。

(2)旅游发展对目的地经济的负面影响：

①有可能引起物价上涨。虽然旅游业的发展对旅游目的地经济有很多正面作用，但如果一味强调开发，有可能引起物价飞涨，给当地居民的生活和住房建设带来不利影响。

②有可能导致产业结构发生不利变化。一些以农副业发展为主的地区，如果放弃农业转而发展旅游业，将会导致供需矛盾突出，农产品价格上涨，不利于社会稳定。

③过重依赖旅游业会影响国民经济稳定。旅游需求具有季节性，在很大程度上取决于客源地居民的经济条件、闲暇时间以及该地社会的旅游时尚，而所有这些方面都是旅游目的地管理者所不能控制的。且旅游需求易受旅游目的地的政治、经济、社会等因素影响，一旦这些不可控因素出现不利变化，会对整个旅游业乃至当地经济造成严重影响。

3. 有观点认为，对于一个大国来讲，其经济不宜过重依赖旅游业。你在何种程度上赞成或反对这种观点？为什么？

答：开放性问题，观点明确且言之有理即可。以下为参考：

赞成这种观点，具体原因如下：

(1)旅游业的过度开发可能导致物价上涨。虽然旅游业的发展能够给目的地的经济发展带来许多正面影响，但是如果不量力而行也有可能引起物价飞涨，甚至给当地居民的生活和住房建设带来不利影响。

(2)过度依赖旅游业有可能使产业结构发生不利变化。如果过度超前发展旅游，将本该合理分配的资金过多地投入旅游业，会导致其他行业萎缩发展，影响合理的经济结构。

(3)过重依赖旅游业会影响国民经济的稳定，主要表现在以下方面：

①旅游需求具有明显的季节性变化，周期性波动明显。

②旅游需求的产生及其规模取决于旅游者的收入水平、闲暇时间以及社会的旅游时尚等，而这些因素是旅游目的地难以控制的。

③从旅游目的地自身来看，旅游需求还易受到当地政治、经济、社会乃至某些自然因素的影响。一旦其发生不利变化，会对整个旅游业乃至当地经济造成严重影响。

4. 解释旅游乘数理论的主要内容及其基本公式。

答：(1)旅游乘数理论的主要内容：

①旅游乘数是指用来测定单位旅游消费对旅游接待地区各种经济现象的影响程度的系数。

②旅游乘数包括三种类型：

a. 营业额乘数或营业收入乘数，表示为增加单位消费与由此带来的该地全部有关企业的营业收入增量之间的比例关系。

b. 收入乘数，表示为旅游消费所带来的总收入与旅游消费之比。

c. 就业乘数，表示为某一特定数额的游客消费所创造的全部就业人数或者由某一特定数额的游客消费所带来的全部就业人数与所创造的直接旅游就业人数之间的比例关系。

(2)旅游乘数理论的基本公式：

①乘数 = 1/(1 - 边际消费倾向 C + 边际进口倾向 M)。

②乘数 = 1/(边际储蓄倾向 S + 边际进口倾向 M)。

③乘数 = (1 - 直接漏损 L)/(1 - 边际消费倾向 C + 边际进口倾向 M)。

5. 试观察和归纳旅游对目的地社会文化的影响。

答：(1)旅游对目的地社会文化的积极影响：

①有助于提高国民素质。旅游活动能让人们在自然美景、人文历史和艺术中获得审美享受，提高审美鉴赏能力，获得极大的精神享受。旅游活动的开展有利于增进人们的身心健康，有利于人们突破惯常环境的束缚、开阔视野、增长见识，有助于人们爱国情感的培育和强化。

②有助于促进民族文化的弘扬和保护。旅游活动的开展使许多文化遗产重获新生，成为独特的文化资源，增添了当地民众的自豪感。具有个性特征的民族文化构成了旅游吸引

物；旅游促进了不同民族文化的融合。对民族文化的保护和发展，不仅为来访旅游者所欢迎，而且会使当地社会对自己民族的文化增添信心和自豪感。

③有助于促进生活环境的改善。为了适应旅游业发展的需要，旅游接待地区的基础设施会得以改进，当地的生活服务设施和其他便利设施也会有所增加。这在客观上也改善了当地居民的生活环境，方便了当地人民的生活。

④有助于推动科学技术的交流和发展。旅行和旅游活动的开展促进了科学技术的传播与交流。旅游在发展过程中不断对科学技术提出新的要求，尤其是在交通运输工具、通讯以及旅游服务设施和设备方面，要求更加快速、便利、舒适和安全，从而推动有关领域科学技术的发展。

⑤有助于增进国际间的相互理解、促进世界和平。旅游活动发挥着“民间外交”的作用，具有广泛性、群众性、平等性等特点，能够促进不同国家、民族与地域人民之间的相互了解，增进友谊。同时，发展旅游业也是对外树立国家形象的有效手段。

(2)旅游对目的地社会文化的消极影响，参见本章考研真题与典型题论述题第3题答案。

6. 试观察和归纳旅游对目的地环境的影响。

答：旅游目的地环境中所称的环境，完全是指实体意义上的物质环境，即该地的自然环境和人造物质环境。旅游业的开发和游客的大规模来访对目的地环境的影响既有积极的一面，又有消极的一面。

(1)旅游对目的地环境积极方面的直接影响：

①使该地原已衰微破败的历史建筑和古迹遗址得到恢复、修整和维护。

②使该地的休闲和娱乐场所以及相关设施数量增加，并得到更好的维护和管理。

③使该地的道路状况以及其他交通基础设施得以改善。

④使该地的环卫、绿化以及市容整顿等有助于环境改善的工作得到重视和维持。

(2)旅游对目的地环境消极方面的直接影响：

①造成环境污染。外来旅游者的大量涌入导致排污量等增加，从而致使水体环境和空气质量下降，并且旅游交通运输量的增大会导致噪声污染。如水上运动冲击水体环境、船舶油污、垃圾污染等。

②导致过度拥挤。大量游客来访导致人口密度增大，交通阻塞，压缩了居民的生活空间，导致基础设施超负荷运转。

③损毁文物古迹。大量的客流会无形中加快文物古迹的老化、衰败。游客的不文明行为也会损害历史古迹的原始风貌，甚至威胁其生存寿命。

④破坏生态系统。过度的旅游开发、大量的游客来访会使自然环境与生态系统面临严重威胁。

a. 旅游活动对动物群落的物种组成的影响。如手提音响、水上摩托车、汽艇对动物的干扰问题；游客对野生动物的消费问题；污染对海洋动物生态平衡的影响等。

b. 旅游活动对植物的影响。如大面积移除、游客践踏、采集等伤害行为。

⑤损害当地景观。旅游接待设施的过度开发和不当建设致使当地的原有景观遭到破坏。比较典型的例子是20世纪80年代以前的欧美国家，经常在滨海沙滩的近水区域建造高层饭店。

7. 可持续旅游的基本内容涉及哪些方面?

答: 可持续旅游要求旅游与自然、文化和人类生存环境成为一个整体,即旅游、资源、人类生存环境三者的统一,以形成一种旅游业与社会经济、资源、环境良性协调的发展模式。其基本内容主要包括:

(1)增进人们对旅游所带来的环境影响与经济影响的理解,增强人们的生态意识。

(2)促进旅游的公平发展。

(3)改善旅游接待地区社会的生活质量。

(4)为旅游者提供高质量的旅游经历。

(5)保护未来旅游开发赖以存在的环境质量。

其中最核心的要点是要确保当代人在进行旅游开发的同时,不损害为满足后代人的旅游需求而进行旅游开发的可能性。即从长远角度出发,要在满足当代人和后代人的旅游需求方面代际平衡。实践中,可持续旅游发展的直接目标是:坚持可持续发展基本原则,兼顾实现保证游客经历质量与维护旅游环境质量。

8. 在预防和控制旅游的消极影响方面,你认为应采取哪些措施?

答: 预防和控制旅游的消极影响,可以从以下几个方面入手:

(1)端正认识,对旅游开发的经济效应和环境影响都应当有全面的理解和认识,追求并落实旅游业的可持续发展。

(2)加强旅游规划,将开发规模和游客接待量控制在旅游目的地承载力容许的范围内,防止超负荷开发。

(3)旅游目的地相关行政部门应该健全法制,强化管理,以法律法规为基本保障,以宣传教育为重要手段,增强旅游企业与旅游者的环境责任行为。

(4)加强宣传教育,倡导旅游伦理。旅游目的地管理者应对旅游从业者以及当地民众进行环境保护方面的宣传教育活动,使其规范自身行为,尽量避免危害该地环境和社会规范的行为发生。

9.3　考研真题与典型题

一、单项选择题

1. 按照乘数理论,以下不属于漏损的是(　　)。[2008年1月自考真题]

A. 购买当地商品和服务　　B. 纳税

C. 储蓄　　D. 购买进口商品和服务

2. 对于旅游目的地而言,影响旅游乘数效应的因素主要是旅游收入的(　　)以及该地产业的产业结构和生产能力。[浙江省2022年10月自考真题]

A. 消费结构　　B. 进口收入　　C. 乘数　　D. 漏损量

3. 决定旅游目的地在开发旅游时的规模极限的是(　　)。[浙江省2016年4月自考真题]

A. 管理者的管理水平　　B. 旅游承载力

C. 当地的经济发展水平　　D. 当地的地域范围

二、多项选择题

1. 国家在解决国民失业问题上，主要采用的方法包括(　　)。

A. 削减劳动力的价格　　B. 实行低工资

C. 发展制造业　　D. 发展第三产业

E. 发展农业

2. 旅游乘数主要受到下列(　　)因素的影响。

A. 旅游的收入漏损量　　B. 旅游目的地的产业结构

C. 旅游目的地的生产能力　　D. 旅游经济发展阶段

E. 旅游目的地的社会文化

三、填空题

1. 当旅游企业由于购买进口设备，直接旅游收入中的一部分资金流向国外，形成所谓的______。[浙江省2022年10月自考真题]

2. 旅游乘数的类型主要有：营业额乘数或营业收入乘数、______、就业乘数。[浙江省2018年10月自考真题]

3. 影响旅游乘数的因素有：______、该地的产业结构和生产能力。[浙江省2019年10月自考真题]

4. 旅游活动的开展对社会文化的消极方面的影响主要体现在3个方面：不良的“示范效应”、______、当地文化的过度商品化。[浙江省2021年10月自考真题]

5. 发展国际/入境旅游可以增加一个国家的______，提高该国的国际支付能力，从而有助于平衡其______。[专升本真题]

6. 旅游承载力决定着可持续旅游发展的______。

四、概念题

1. 旅游乘数[扬州大学2022年研；湖南师大2019年研；河南师大2015年研；浙商大2014年研；北二外2009年研；东北财大2008年研；江西财大2006年研]

2. 旅游乘数效应(tourism multiplier effects)[湖南师大2021年研；扬州大学2016年研；中山大学2013年研]

3. 旅游收入乘数[中山大学2020年研；浙商大2016年研；北二外2009年研]

4. 旅游就业乘数[浙商大2017年研；华南理工2007年研；南开大学2006年研]

5. 政府收入乘数[北二外2009年研；山东师大2007年研]

6. 旅游承载力[桂林理工2022年研；湖南师大2021年研；山东师大2018年研；云南师大2016年研；浙商大2016年研；河南师大2013年研；南开大学2011年研；中山大学2010年研；华南理工2010年研；郑州大学2010年研]

相关试题：旅游容量[中山大学2017年研；西北师大2015年研；东北财大2008年研]

7. 社会承载力与环境承载力[北二外2005年研]

8. 旅游社会容量[西北师大2005年研]

9. 旅游环境容量[中山大学2020年研；中南财大2005年研]

10. 旅游外汇漏损(Leakage)[中山大学2014年研；南开大学2006年研；江西财大

2005 年研]

11．旅游者示范效应(Demonstration Effects of Tourist)[中山大学 2016 年研]

12．可持续旅游(tourism sustainability)[中山大学 2019 年研；浙商大 2010 年研]

13．可持续旅游发展[南开大学 2007 年研；华南理工 2007 年研；西北师大 2005 年研；浙商大 2004 年研；东北财大 2002 年研]

相关试题：可持续发展[南开大学 2016 年研]

14．旅游卫星账户[湖南师大 2022 年研；河北大学 2014 年研；河南师大 2012 年研；东北财大 2006 年研；中山大学 2006 年研；江西财大 2005 年研]

15．旅游出口

五、简答题

1．简述旅游业发展对旅游目的地经济的影响。[湖南师大 2017 年研]

相关试题：

(1)阐述旅游对目的地的经济影响。[论述题，扬州大学 2022 年研]

(2)简述旅游的发展对目的地经济的负面影响。[浙江省 2021 年 10 月自考真题]

(3)如何评价旅游对当地经济系统所产生的影响？[扬州大学 2018 年研]

(4)旅游对经济的影响有哪些？[中山大学 2017 年研]

(5)简述旅游发展对目的地经济的积极影响。[扬州大学 2016 年研]

2．为什么说旅游发展具有较强的经济拉动性？请结合实例分析。[山东师大 2006 年研]

3．有观点认为，对于某个国家而言，其经济发展不宜过于依赖旅游业，你对这种观点表示赞成还是反对？为什么？[浙商大 2010 年研]

相关试题：对一个大国来讲，其经济不宜过重依赖旅游业。对于这一观点，你怎么看待？为什么？[论述题，河南师大 2019 年研]

4．简述旅游乘数的类型。[华南理工 2014 年研]

5．什么是旅游漏损(tourism leakage)？造成旅游收入漏损的主要原因有哪些？[中山大学 2017 年研]

6．什么是旅游漏损？怎样避免？[南开大学 2006 年研；西外 2005 年研]

7．为什么国民经济统计中需要建立旅游卫星账户？旅游卫星账户的主要内容有哪些？[中山大学 2015 年研]

相关试题：

(1)什么是旅游卫星账户？为什么要采用旅游卫星账户？[浙商大 2014 年研]

(2)旅游卫星账户测量的内容。[华南理工 2011 年研]

8．简要说明旅游的社会文化影响。[湖南师大 2022 年研]

相关试题：

(1)发展旅游会给社会文化方面带来哪些消极影响？[浙江省 2022 年 10 月自考真题]

(2)试结合实例，论述旅游对目的地社会文化的影响。[论述题，桂林理工 2021 年研]

(3)结合案例说明旅游发展带来的社会文化影响。[论述题，浙商大 2018 年研]

(4)简述旅游发展对目的地社会文化的影响。[浙商大 2016 年研]

(5)旅游开发对于旅游目的地来说，具有哪些积极的社会文化影响？[中山大学 2015 年研]

(6)简论旅游是促进了文化的交流，还是导致了文化的衰落。[中山大学 2013 年研]

(7)试举出旅游的社会文化影响的 2 个不同实例并作简单说明。[中山大学 2013 年研]

9. 试归纳旅游对目的地环境的消极影响。在预防和控制旅游的消极影响方面，你认为应采取哪些措施？[燕山大学 2006 年研]

10. 简述旅游容量的构成体系。[扬州大学 2021 年研]

11. 简述可持续旅游发展的目标。[湖南师大 2017 年研]

12. 请阐述“可持续旅游”的基本内容，以及旅游目的地为实现可持续发展可采取的措施。[浙商大 2016 年研]

相关试题：

(1)可持续旅游的基本内容涉及哪些方面？[桂林理工 2015 年研]

(2)可持续旅游的基本内容涉及哪些方面？联系实际谈谈如何实现可持续旅游发展。[西外 2005 年研]

13. 什么是旅游承载力？请问旅游承载力的重要性对旅游目的地持续发展有何作用？[武大 2003 年研]

相关试题：简述应从哪些方面理解旅游承载力问题。[河南师大 2019 年研]

14. 可持续旅游发展应遵循的原则有哪些？[湖南师大 2021 年研]

相关试题：简述可持续旅游发展的实施原则。[湖南师大 2020 年研]

六、论述题

1. 论述旅游乘数理论。[北二外 2001 年研]

2. 旅游乘数效应的含义和内容是什么？在不同国家和地区，旅游乘数效应大小是否一样？为什么？[南开大学 2010 年研]

相关试题：举一个典型的旅游地，阐述旅游经济效应及其影响因素。[扬州大学 2021 年研]

3. 试述旅游对社会文化发展的不利影响。[浙商大 2005 年研]

相关试题：

(1)简述旅游业的发展对目的地社会的负面影响。[简答题，华南理工 2012 年研]

(2)你认为在旅游发展中会出现哪些负面的社会文化影响？应如何解决？[简答题，浙商大 2012 年研]

4. 在当今世界上，环境恶化已成为全球人类越来越关注的重大问题，因为这一问题最终将关乎人类自己的生存。旅游业的发展所产生的环境负面影响已经被证实和关注。在国际上，有人曾提出，既然旅游业如今已是世界上最大的产业，那么旅游业对世界环境所产生的负面影响也理应最大！

结合相关理论知识，论述该如何正确认识旅游对环境的影响。[湖南师大 2019 年研]

相关试题：

(1)分析旅游对目的地环境的影响。[简答题，扬州大学 2022 年研]

(2)简述旅游对环境的正面影响。[简答题，湖南师大 2020 年研]

(3)旅游发展对环境会带来哪些直接的积极和消极影响?请结合你的观察谈谈旅游业如何在缓解气候变化影响中发挥应有的作用。[湖南师大2019年研]

(4)旅游的环境影响。[简答题，湖南师大2018年研]

(5)请简述旅游发展对目的地环境的影响。[简答题，浙商大2016年研]

5. 阐述旅游对区域经济、社会文化和环境的影响。[西北师大2005年研]

相关试题：

(1)论述旅游对目的地的影响。[中山大学2019年研]

(2)结合案例，详细阐述旅游在社会文化和环境上对目的地的积极影响。[论述题，浙商大2019年研]

(3)试综述旅游业的社会效应和经济效应。[中南财大2006年研]

(4)旅游业发展所带来的社会文化影响(效应)体现在哪些方面?[中南财大2005年研]

6. 我国旅游业可持续发展面临的主要问题及对策。[西北师大2004年研]

7. 分析中国建设世界旅游强国的优势、劣势，并提出发展对策。[燕山大学2006年研]

七、案例分析题

从2003年以来，四川省委、省政府连续两年召开了旅游发展大会，统一了广大干部群众的认识，确立旅游发展的方向与目标，极大地调动了各级党委、政府及广大群众开发旅游的积极性，促进了四川旅游增倍发展。预计2004年全省旅游接待总计达到12000万人次，旅游总收入达到550亿元人民币，成为全国增长幅度最快的地区之一，引起国内其他省区的相继学习与仿效。

请分析旅游的发展何以会促进目的地经济的发展，其主要理论依据是什么?[四川大学2005年研]

相关试题：旅游对目的地经济的积极影响及其理论依据。[论述题，西北师大2004年研]

9.4　考研真题与典型题详解

一、单项选择题

1. A 【**解析**】根据旅游乘数理论假设，构成“漏损”的部分包括：①用于购买进口产品或服务的金额；②用于偿还外债的金额；③用于支付外方员工工资及各种福利的金额；④境外合资方或合作方所分享的利润额；⑤上缴政府的税金；⑥旅游企业用作储蓄的金额。

2. D 【**解析**】决定乘数效应的影响因素完全相同。概括地讲，对于一个旅游目的地来说，这些影响因素主要是该地旅游收入的漏损量，以及该地的产业结构和生产能力。

3. B 【**解析**】旅游承载力是在不至于导致该地的环境质量和来访游客的旅游经历质量出现不可接受程度的下降这一前提下，一个旅游目的地所能接纳外来游客的最大能力。对于一个旅游目的地来说，在实现可持续旅游发展方面，旅游承载力决定着该地在开发旅游方面的规模极限。

二、多项选择题

1. ABCD 【解析】历史上，解决国民失业问题可供考虑的方案主要有三种：①通过削减劳动力价格和实行低工资来增加就业。②人力发展制造业，通过多生产在技术含量上具有竞争力的产品，去争取和扩大市场需求，从而在增大产量的同时扩大生产队伍，提供更多的就业机会。③通过发展第三产业来增加就业机会。

2. ABC 【解析】旅游乘数的类型虽然不尽相同，但其影响因素完全相同。对一个旅游目的地来说，这些影响因素主要是该地旅游收入的漏损量，以及该地的产业结构和生产能力。

三、填空题

1. 漏损
2. 收入乘数
3. 该地旅游收入的漏损量
4. 干扰东道地居民的正常生活
5. 外汇收入；国际收支
6. 规模极限

四、概念题

1. 旅游乘数[扬州大学 2022 年研；湖南师大 2019 年研；河南师大 2015 年研；浙商大 2014 年研；北二外 2009 年研；东北财大 2008 年研；江西财大 2006 年研]

答：旅游乘数是指用来测定单位旅游消费对旅游接待地区各种经济现象影响程度的系数，是产出、收入、就业和政府税收的变化与旅游支出的初期变化之比。乘数又可解释为倍数，在经济学中是指某一经济量与由其引起的其他经济量变化的最终量之间的关系。通常有营业收入乘数、产出乘数、投入乘数、就业乘数、政府收入乘数等类型。

2. 旅游乘数效应(tourism multiplier effects)[湖南师大 2021 年研；扬州大学 2016 年研；中山大学 2013 年研]

答：旅游乘数效应是指旅游收入在旅游产品生产和再生产过程中对国民经济和其他部门的收入、产出和就业所产生的连锁反应，导致本地区经济总量的成倍增加或连锁效应。其内容主要包括直接效应、间接效应和诱导效应。决定乘数效应大小的因素主要包括：①漏损量的大小；②接待国的产业结构和生产能力。注意，旅游收入的乘数效应须以一定的边际消费倾向为前提；而边际储蓄倾向和边际进口倾向则降低了旅游收入在本地区经济系统中的作用，使得该地区的乘数效应减少。

3. 旅游收入乘数[中山大学 2020 年研；浙商大 2016 年研；北二外 2009 年研]

答：旅游收入乘数是指用以测定来访游客的单位旅游消费对目的地有关经济量变化影响程度的系数。该乘数测定的是来访游客的旅游消费每增加一个单位所导致的旅游目的地净收入或居民家庭收入的增加量。即这一乘数表示的是单位直接旅游收入与因其所引起的该地净收入或居民家庭收入变化量之间的比例关系。

4. 旅游就业乘数[浙商大2017年研；华南理工2007年研；南开大学2006年研]

答：旅游就业乘数，是指旅游收入增加量与其所创造的直接和间接就业人数之间的比率关系。该乘数表明某一地区通过一定量的旅游收入，对本地区的就业机会所产生的影响。具体来说，一定时期内旅游从业人员的增加量与同期旅游收入的增加量之比，即为单位旅游收入可提供的就业机会。

5. 政府收入乘数[北二外2009年研；山东师大2007年研]

答：政府收入乘数，是指旅游收入增加量与当地政府收入净增量之间的比例关系。政府收入的净增量是指政府从旅游业获得的税收及各项收益减去政府向旅游业投资后的余额。该乘数主要用来衡量旅游经济活动对国家和地区财政收入的影响程度。

6. 旅游承载力[桂林理工2022年研；湖南师大2021年研；山东师大2018年研；云南师大2016年研；浙商大2016年研；河南师大2013年研；南开大学2011年研；中山大学2010年研；华南理工2010年研；郑州大学2010年研]

相关试题：旅游容量[中山大学2017年研；西北师大2015年研；东北财大2008年研]

答：旅游承载力又称旅游容量，是指一个旅游目的地在不至于导致当地环境质量和来访游客旅游经历的质量出现不可接受的下降这一前提下，所能吸纳外来游客的最大能力。它主要包括：①社会承载力，又称社会心理承受力，包括旅游目的地居民心理承载能力和旅游者心理承载力；②经济承载力；③物质环境承载力；④生态环境承载力。对于旅游承载力的认识和理解，应注意以下几个问题：①旅游活动规模或旅游活动量并非完全指来访旅游者的绝对数量；②一个目的地的旅游承载力不是永远静止的，而是具有动态性或时间性的特点；③由于旅游对目的地的影响涉及经济、社会文化、环境等诸多方面，而这些方面的承载能力很可能各不相同，因此，当地旅游承载力极限的到达很可能首先发生在其中的某一个领域，而不是在所有各个领域同时出现。

7. 社会承载力与环境承载力[北二外2005年研]

答：(1)社会承载力又称社会心理承载力，是指在不会导致旅游地社会公众生活和活动遭受不可接受的影响这一前提下，旅游目的地所能接待来访游客的最大数量。

(2)物质环境承载力，是指在某一时期，某种环境状态下，某一区域环境对人类社会、经济活动的支持能力的限度。物质环境是指可作用于人们感官的周围事物。它既可以是天生的自然环境，也可以是人为形成的人造环境，或者是二者兼而有之的客观环境。

8. 旅游社会容量[西北师大2005年研]

答：旅游社会容量又称心理容量或行为容量，是指旅游地居民对旅游者数量和行为最大的容忍上限。由于旅游者与接待地居民常在种族、文化、经济、宗教、生活习俗等方面存在差异，故旅游者的出现必然会对居民的心理造成影响。如果游客数量过多，会使当地居民产生一种心理压力。随着旅游者的大量涌入，还会造成物价上涨，使当地居民对发展旅游业产生抵触和不满。所以，任何一个旅游地的发展规划，必须充分考虑当地居民的旅游社会容量。

9. 旅游环境容量[中山大学2020年研；中南财大2005年研]

答：旅游环境容量又称旅游环境承载力，是指旅游地开发和发展旅游在不影响后代对旅游资源继续利用的前提下，旅游地环境与生态、旅游地社会经济能力、旅游地居民和旅游者心理等方面所能承受的最大游客量。因此，旅游环境容量通常需要考虑旅游用地和接待设施的承载力、物质环境承载力、生态环境承载力和社会承载力。

10. 旅游外汇漏损(Leakage)[中山大学2014年研；南开大学2006年研；江西财大2005年研]

答：旅游外汇漏损是指旅游目的国或旅游目的地的有关部门和企业，为了发展旅游业而进口商品、对外贷款、引进劳务等，因此导致旅游外汇收入的减少。具体来说，旅游外汇漏损主要源于五个方面：①为建设旅游基础设施，进口必要的设备和原材料而花费的外汇；②为新建旅游饭店，进口必要的设备和原材料而花费的外汇；③因支付旅游企业外方的管理费和外籍人员工资而造成的大量外汇流失；④为发展旅游业，除国家投资、国内融资外，还需要对外贷款，逐年还本付息，由此造成了大量外汇流失；⑤为满足旅游者及部分旅游企业员工的需求而进口有关的消费品而花费的外汇。旅游外汇漏损的程度显示了一个国家的经济实力和科技水平。

11. 旅游者示范效应(Demonstration Effects of Tourist)[中山大学2016年研]

答：旅游者示范效应是指随着旅游活动的开展，外来旅游者不可避免地会将自己独特的生活方式带到旅游目的地，特别是对一些来自世界各地的国际旅游者来说，其所带来的不同的价值标准、道德观念和生活方式等都会在无形中传播与渗透，对目的地社会产生示范效应，影响目的地居民的生产生活方式。

12. 可持续旅游(tourism sustainability)[中山大学2019年研；浙商大2010年研]

答：可持续旅游是指旅游业的发展应当实现“经济上可行，但又不会破坏未来旅游将赖以开展的资源(特别是自然环境)和东道地的社会结构”。其含义是旅游活动要在自然资源再生和未来生产力发展容许的范围内开展；核心是要确保在从事旅游开发的同时，不损害后代人为满足其旅游需求而进行旅游开发的可能性。

13. 可持续旅游发展[南开大学2007年研；华南理工2007年研；西北师大2005年研；浙商大2004年研；东北财大2002年研]

相关试题：可持续发展[南开大学2016年研]

答：可持续旅游发展是指以资源和生态环境承载能力为基础，以符合当地经济、社会文化发展和道德规范为标准，实现旅游发展与自然、文化和人类生存环境的协调统一。可持续发展是既能满足当代人的需要又不会对后代人满足其需要的能力构成危害的发展。可持续发展在社会方面强调代际公平，旨在使当代人和后代人的需要都能够有条件地得到满足；在经济方面强调，经济增长的实现必须建立在维护地球自然系统的基础之上；在生态环境方面强调，人类应与大自然和谐相处，切实保护人类赖以生存的自然环境。

14. 旅游卫星账户[湖南师大2022年研；河北大学2014年研；河南师大2012年研；东北财大2006年研；中山大学2006年研；江西财大2005年研]

答：旅游卫星账户是指在国民经济账户之外设立的一个虚拟账户，其按照国际统一的国民账户的分类和核算要求，将所有涉及旅游的部门中因旅游而引致的产出部分分离出来，统一纳入这一虚拟账户中进行核算。这样便可以准确地测度旅游业对 GDP 的贡献率，并且使旅游业可以和国民账户中的其他经济部门进行比较。

15. 旅游出口

答：旅游出口，是指国际游客在旅游接待国或地区购买各种旅游产品和旅游服务的消费支出。对一个国家来说，接待国际/入境旅游实际上也是一种出口，通常称为“旅游出口”。在旅游出口中，旅游接待国向外来旅游者出口旅游产品，即外来旅游者可在该国获得的某种旅游经历或体验。通常要统计其净出口（扣除旅游接待国或地区的旅游者的国际旅游消费支出后的余额）。

五、简答题

1. 简述旅游业发展对旅游目的地经济的影响。［湖南师大 2017 年研］

相关试题：

（1）阐述旅游对目的地的经济影响。［论述题，扬州大学 2022 年研］

（2）简述旅游的发展对目的地经济的负面影响。［浙江省 2021 年 10 月自考真题］

（3）如何评价旅游对当地经济系统所产生的影响？［扬州大学 2018 年研］

（4）旅游对经济的影响有哪些？［中山大学 2017 年研］

（5）简述旅游发展对目的地经济的积极影响。［扬州大学 2016 年研］

答：参见本章课后习题第 2 题答案。

2. 为什么说旅游发展具有较强的经济拉动性？请结合实例分析。［山东师大 2006 年研］

答：旅游发展具有较强的经济拉动性，主要是因为旅游发展对目的地经济的正面影响，具体参见本章课后习题第 2 题答案。

3. 有观点认为，对于某个国家而言，其经济发展不宜过于依赖旅游业，你对这种观点表示赞成还是反对？为什么？［浙商大 2010 年研］

相关试题：对一个大国来讲，其经济不宜过重依赖旅游业。对于这一观点，你怎么看待？为什么？［论述题，河南师大 2019 年研］

答：参见本章课后习题第 3 题答案。

4. 简述旅游乘数的类型。［华南理工 2014 年研］

答：参见本章课后习题第 4 题答案。

5. 什么是旅游漏损（tourism leakage）？造成旅游收入漏损的主要原因有哪些？［中山大学 2017 年研］

答：（1）旅游漏损是指旅游目的国或地区的旅游部门和企业为了继续经营，需要将直接旅游收入的一部分用于购买外国物资或聘请外国雇员等，从而使这一部分资金重新流向国外的情况。对任何一个国家或地区来说，旅游外汇收入和支出通常是同步发生的。在经营国际旅游业务时，必然要将旅游外汇收入的一部分用于正常的经营支出，此外也有一些其他原因导致外汇外流，这样就出现了旅游收入漏损。

(2)造成旅游收入漏损的主要原因有：

①本国经济体系和生产结构不完善。由于本国经济体系和生产结构不完善，对经营国际旅游所需要的物资数量、质量、品种和功能都不能给予保证，必须支付外汇从国外进口某些设施、设备、原料、物料和消费品，从而保证旅游业所需的物资和设备等。

②用于还本付息、支出投资者红利。一国或地区每年要拿出一部分外汇用于支付国外贷款利息及投资者的红利。

③支付外方管理费用和外籍管理人员的工资。为提高经营管理水平，许多企业引进管理技术和管理人才，这又必须以相当的外汇支付外方的管理费用和外籍管理人员的工资、福利。此外，在经营国际旅游业务中，支付海外旅游代理商的佣金、回扣等。

④用于支付海外促销的费用。为了开拓国际旅游市场，争取更多的国际游客，需要直接在海外进行旅游宣传促销，这就要用外汇支付海外促销费用。此外，还要用外汇支付海外常住旅游机构的活动费用和人员工资等。

⑤本国居民的外汇流出。本国居民出境旅游会使一定数量的外汇流向国外。

⑥外汇管理不力。由于外汇管理不力，黑市交易猖獗，导致国家外汇实现量减少。或者由于企业间盲目削价竞争而导致旅游部门和企业外汇收入减少。这些都会使国家旅游外汇收入隐性流失。

6．什么是旅游漏损？怎样避免？［南开大学2006年研；西外2005年研］

答：(1)旅游漏损的含义，参见本章考研真题与典型题简答题第5题答案。

(2)影响旅游漏损的因素很多，概括起来主要有以下几种：

①旅游目的地国的经济发展水平，包括国内生产总值和人均国内生产总值水平、农业产出和加工能力、制造业产出能力等。

②旅游目的地国各种资源的自给能力。

③旅游目的地国的有关法规、政策，包括：有关进口物资的规定，涉及外汇收入与管理的财政金融政策、对旅游业给予资助和贷款等方面的优惠政策、建筑方面的有关规定等。

④旅游目的地国的人口规模和旅游业发展规模。

⑤旅游目的地国对外进行旅游促销的力度大小。

(3)为了减少旅游外汇收入的流失，其根本途径主要有：

①积极发展本国经济，不断提高本国产品的质量。

②加强对引进外资、外来项目的审批工作。

③积极培养旅游管理专门人才，学习现代管理方法，逐步减少对外方管理人员的引进，从而减少相应的外汇支出。

④加强旅游外汇收支的宏观控制，完善税务体制，形成公平竞争环境，避免削价竞争。

⑤制定和完善经济法规及外汇管理制度，对违法经营、扰乱金融秩序及市场环境的行为给予严厉的法律及经济制裁，以建立良好的市场秩序，控制外汇流失。

7. 为什么国民经济统计中需要建立旅游卫星账户？旅游卫星账户的主要内容有哪些？［中山大学2015年研］

相关试题：

（1）什么是旅游卫星账户？为什么要采用旅游卫星账户？［浙商大2014年研］

（2）旅游卫星账户测量的内容。［华南理工2011年研］

答：（1）旅游卫星账户的出台目的：

旅游卫星账户（TSA）是用以测量尚未被作为产业而列入国民账户的旅游业的经济规模，其目的是依据所制定的国际标准，清楚地划分和评估相关产品和服务的旅游业归属，从而能够将旅游业在经济规模和经济贡献等方面与其他产业进行比较，并能在国际间进行比较，同时，使这种对旅游业的评估与其他国际认可的经济统计之间具有可比性。

具体地讲，旅游卫星账户的功能和作用主要包括以下几个方面：

①为测量旅游业对经济和就业等方面的影响提供可靠的数据。

②为组织旅游经济统计数据提供一个标准框架。

③作为联合国统计委员会认可的新的国际标准。

④是设计和制定与旅游发展有关的经济政策的有力工具。

⑤为评价旅游对国际收支平衡的影响提供可信数据。

⑥为评价旅游业的发展所带来的就业机会格局提供信息。

（2）旅游卫星账户的测量内容：

旅游卫星账户的提出，旨在全面而准确地测量旅游需求和旅游供给的经济规模。旅游卫星账户所要测量的内容包括以下几个方面的内容：①旅游业对国内生产总值（GDP）的贡献；②与其他经济部门相比，旅游业在该地经济中的排名位置；③旅游业为该地创造的就业人数；④旅游投资的数额；⑤旅游业所带来的税收数额；⑥旅游消费；⑦旅游业对该国国际收支平衡的影响；⑧旅游业人力资源的特点。

旅游卫星账户测量内容涉及全面，能够以可靠的数据表明旅游业的发展对该地经济以及就业情况的影响程度。另可依据旅游卫星账户去测量国内旅游、入境旅游的情况及其各自对就业的影响。

8. 简要说明旅游的社会文化影响。［湖南师大2022年研］

相关试题：

（1）发展旅游会给社会文化方面带来哪些消极影响？［浙江省2022年10月自考真题］

（2）试结合实例，论述旅游对目的地社会文化的影响。［论述题，桂林理工2021年研］

（3）结合案例说明旅游发展带来的社会文化影响。［论述题，浙商大2018年研］

（4）简述旅游发展对目的地社会文化的影响。［浙商大2016年研］

（5）旅游开发对于旅游目的地来说，具有哪些积极的社会文化影响？［中山大学2015年研］

（6）简论旅游是促进了文化的交流，还是导致了文化的衰落。［中山大学2013年研］

（7）试举出旅游的社会文化影响的2个不同实例并作简单说明。［中山大学2013年研］

答：参见本章课后习题第5题答案。

9. 试归纳旅游对目的地环境的消极影响。在预防和控制旅游的消极影响方面，你认为应采取哪些措施？[燕山大学2006年研]

答：(1)旅游对目的地环境的消极影响，参见本章课后习题第6题答案。

(2)预防和控制旅游的消极影响的措施：

①加强宏观管理，控制污染的发生。

②以健康旅游产品吸引旅游者，防止旅游业发展过程中的不良倾向。

③强化宣传教育工作，引导接待地居民正确对待旅游的消极作用，自觉抵制旅游污染。

10. 简述旅游容量的构成体系。[扬州大学2021年研]

答：旅游容量又称旅游承载力，其构成体系见表9-7。

表9-7 旅游容量的构成体系

划分标准	类型	主要内容
内容	旅游生态容量	指一定时间内在不导致旅游地域的自然生态环境发生退化的前提下所能容纳的旅游活动量
	旅游心理容量	指不导致旅游者或旅游目的地居民对旅游产生厌恶情感的旅游活动量
	旅游社会容量	指一种建立在社会价值观、道德习俗、宗教信仰、文化传统和生活方式等社会规范基础上的量值
	旅游经济容量	指一定时间内在一定区域上由经济发展的整体水平所决定的旅游活动的极限
规范性	旅游期望容量	即旅游相关个体、群体或社会对旅游活动质量的个体或群体的心理预期
	旅游极限容量	是一个预警临界容量指标，指对旅游活动量的最大承受能力
空间尺度	旅游景点容量	指作为游客活动基本空间单元的景点对旅游活动和旅游发展的容纳能力
	旅游景区容量	指区内各景点的容量与景点间道路容量之和
	旅游地容量	指各景区容量同景区间道路容量之和
	旅游区域容量	指区域内各旅游地容量之和
时间尺度	日旅游容量	指一定空间尺度的旅游地在一天中所能承受的旅游活动量
	季节旅游容量	指一个季度或者淡旺季中旅游地能承受的旅游活动量
	年旅游容量	指一个自然年度中旅游地能承受的旅游活动量

11. 简述可持续旅游发展的目标。[湖南师大2017年研]

答：参见本章课后习题第7题答案。

12. 请阐述"可持续旅游"的基本内容，以及旅游目的地为实现可持续发展可采取的措施。[浙商大2016年研]

相关试题：

(1)可持续旅游的基本内容涉及哪些方面？[桂林理工2015年研]

(2)可持续旅游的基本内容涉及哪些方面？联系实际谈谈如何实现可持续旅游发展。[西外2005年研]

答：(1)可持续旅游的基本内容：

①资源问题。要认识到自然资源和人文资源的健康与完整对未来社会生活的重要性，

从自然环境和社会承载力的角度考虑旅游目的地的旅游承载力。可持续发展所关注的不仅仅是环境问题，还包括经济、文化和社会资源方面，要增进人们对旅游所产生的环境效应与经济效应的理解，强化其生态意识，尽量降低负面影响。

②旅游的未来性。要保证从事旅游开发和旅游活动的同时不损害后代人为满足其需求进行旅游开发的可能性，使他们从资源、机遇和选择中所获的收益至少和当代人所继承的一样良好。要保护好未来旅游开发赖以存在的环境，使旅游活动成为改善一个国家和地区经济、环境、社会文化生活的积极途径。

③促进旅游的公平发展。旅游对经济、社会、文化和环境的收益与成本分配应当是公平的。首先，旅游目的地的环境、习俗等对旅游者的旅游经历做出贡献，但旅游地居民的收益与该地区遭受的环境及社会文化负面影响不成比例；其次，旅游活动虽有助于改善当地居民的生活方式，但那些承担负面成本压力的人们逐渐成为地位低下的社会群体，越是贫穷，旅游开发越急功近利，从而导致了不可持续的生活方式；最后，如果现在不推广公平原则，未来人类的公平也就无从谈起。

④向旅游者提供高质量的旅游经历。旅游使旅游者通过旅游活动恢复体力、焕发精神、开阔眼界、增长知识，打破了人类思维的狭隘性，强化了社会的各种主流价值观。

(2)可持续旅游发展的实现途径：

实施可持续旅游发展的关键是良好的旅游管理能力，具体的实现途径主要包括：

①端正认识。要想实现可持续发展，旅游企业和旅游者都必须端正态度，认识到可持续发展的重要性。

②加强旅游规划，防止超负荷发展。旅游企业在对某一目的地进行开发前，必须对该目的地进行合理的规划，并根据实际情况确定其最大承载力，防止出现超负荷现象。

③健全法制，加强管理。为了保障可持续发展，政府必须制定相应的法律法规，以强制力约束企业和旅游者的行为。

④加强宣传教育，进行旅游伦理建设。加强旅游可持续发展的宣传教育，如对旅游从业人员进行培训，让他们认识到可持续发展的重要性并将这种思想传达给更多的游客。

13. 什么是旅游承载力？请问旅游承载力的重要性对旅游目的地持续发展有何作用？［武大 2003 年研］

相关试题：简述应从哪些方面理解旅游承载力问题。［河南师大 2019 年研］

答：(1)旅游承载力的含义，参见本章考研真题与典型题概念题第 6 题答案。

(2)旅游承载力的重要性对旅游目的地持续发展的作用：

①旅游承载力是实现可持续旅游发展的关键，是可持续旅游发展的核心问题。

②旅游承载力决定着旅游发展的规模极限。对一个旅游目的地来说，游客来访量的增加一旦超越当地的承载力，由此而产生负面影响的程度便会突破当地环境和社会文化的自净或免疫能力，从而极易使原本潜在的负面影响转化为现实的严重问题。

14. 可持续旅游发展应遵循的原则有哪些？［湖南师大 2021 年研］

相关试题：简述可持续旅游发展的实施原则。［湖南师大 2020 年研］

答：可持续旅游发展的基本原则有：

(1)环境限制性原则。可持续发展的基本原则是实现旅游可持续性的前提。因此，旅游资源的开发与利用应保持环境质量不发生明显的变化，或至少控制在可接受的危险界域之内进行。

(2)综合效益最大化原则。由于旅游产业具有明确的经济属性，而实现社会福利或纯收入的最大化是所有经济活动的最高目标，因此从经济效益的标准出发，旅游可持续发展的中心原则为“经济持续性”，并要求实现旅游经济收益的持续性增长。与此同时，旅游业的发展与资源环境保护、社会文化发展休戚相关。

(3)自然资本原则。即要将资源环境视为旅游生产要素的成分之一，作为自然资本参与旅游开发；将旅游资源价值纳入旅游业效益核算体系中，实行旅游“绿色GDP”核算；要建立完善的生态环境参量指标体系，为控制与管理旅游可持续发展提供技术支持。

(4)污染者付费原则。针对旅游企业生产经营过程中存在的大量环境污染与生态破坏问题，实行“谁产生环境污染，谁付费治理；谁造成生态破坏，谁负责修复”的原则，对产生环境污染与生态破坏的旅游企业或部门采取收费方法，以控制污染与破坏的过量行为。

(5)公平原则。它包含以下含义：

①追求当代人公平，满足全人类旅游基本需要，以消除贫困作为可持续旅游发展的优先问题。

②遵循区域旅游资源与收益分配公平原则。采取必要的法律手段、经济手段等来调节区域内利益相关者间的利益关系，以调动各主体的积极性。

(6)道德伦理原则。这是文化建设的问题，其中生物伦理观——基于生物多样性的所有生物物种存在的公平性是其核心内容。人对自然只有保护的义务，没有破坏的权利。道德观念应成为人与自然和谐相处的指导原则。

六、论述题

1. 论述旅游乘数理论。[北二外2001年研]

答：(1)旅游乘数理论的主要内容，参见本章课后习题第4题答案。

(2)旅游收入的乘数效应是指旅游目的国或旅游目的地对旅游行业的投入引起各个经济部门的连锁反应，导致本地区经济总量的成倍增加。

旅游收入通过初次分配和再分配，对经济发展产生以下三个阶段性的作用：

①第一阶段，直接影响阶段。即旅游者在旅游目的地的各项消费，将资金直接注入了各个核心旅游企业和部门，饭店、旅行社、餐厅、商店、景区、交通及通讯部门在旅游收入的初次分配中获得了一定收益。

②第二阶段，间接影响阶段。即旅游核心部门和企业在再生产过程中向有关部门和企业购进生产和生活资料，各级政府把从旅游核心企业收缴的税金又投资于其他项目，使有关部门和企业在旅游收入的再分配中获得了收益。

③第三阶段，扩大影响阶段。即旅游相关部门和企业在再生产过程中购进大量的生产资料和生活资料，从而带动了更多部门和企业的发展。

旅游收入正是通过多次的分配与再分配，对国民经济不断产生着连带作用和综合效益。

(3)旅游乘数理论的局限性。虽然乘数理论被广泛地用来评估旅游业对接待国或地区的经济影响，但同时也存在以下几方面的局限性：

①乘数理论不以分析旅游接待国或地区的产业结构、经济实力为基础。不同的经济背景可能产生不同性质和不同量值的乘数。如果接待国经济实力较强，技术先进，生产门类齐全，经济上自给的程度很高，无论是从数量上还是质量上都能满足国内企业、居民及外来旅游者对各种物质商品和服务的需要，那么便有可能使游客通过旅游消费所带来的收入尽可能多地留在国内，减少对进口商品和服务的购买。自给的程度越高，旅游乘数数值越大，乘数效应越强劲。

②乘数理论的前提条件之一是要有一定数量的闲置资源和存货可被利用，以保证需求扩张后供给能力相应增长。然而，在实际中，由于需求过度膨胀或原有供给存量所剩无几，要满足需求的增长要求，就必须从其他经济活动中借用资源（从而减少其他活动的产出）或从外部进口产品或服务。否则，乘数效应的发挥就会受阻。

2．旅游乘数效应的含义和内容是什么？在不同国家和地区，旅游乘数效应大小是否一样？为什么？［南开大学2010年研］

相关试题：举一个典型的旅游地，阐述旅游经济效应及其影响因素。［扬州大学2021年研］

答：（1）旅游乘数效应的含义（旅游经济效应即旅游收入的乘数效应），参见本章考研真题与典型题概念题第2题答案。

（2）旅游乘数效应的内容：

①直接效应。旅游者在接待地景区景点、旅游饭店等部门产生的消费开支首先会成为该国的旅游收入，并对这些企业的产出、收入、就业等造成影响，这被称为旅游消费的直接效应。

②间接效应。旅游企业会将其中的部分资金用于从本国其他经济部门中的有关企业购买维持继续营业所需的产品和服务，如采购物资、纳税、支付员工工资等，从而使旅游收入在目的地经济系统中不断流转，形成旅游消费的间接效应。

③诱导效应。由于旅游企业会将直接旅游收入的一部分用于支付员工工资，随着员工工资收入的增加，用于购买本国生产的商品和服务的部分也会增加，从而刺激经济发展，产生诱导效应。

（3）对于不同的国家和地区，其旅游乘数效应的大小不一样，会受到以下因素的影响（即影响旅游收入乘数效应的因素）：

①旅游收入的漏损量。旅游收入的漏损量越大，乘数越小。

②旅游接待国或地区的产业结构和生产能力。其与旅游收入的乘数效应通常成正相关关系。以一个国家为例，如果该国的经济实力很强，产业结构完善，生产能力较强，经济上的自给程度很高，无论是在数量上还是在质量上都能满足旅游者、旅游企业以及本国居民对各种商品或服务的需要，那么便有可能使所获旅游收入更多地留在本国经济体系之内，其旅游收入的乘数效应也就越大。反之，如果该国的产业结构和生产能力越低，旅游收入的乘数效应越小。

3. 试述旅游对社会文化发展的不利影响。[浙商大2005年研]

相关试题:

(1)简述旅游业的发展对目的地社会的负面影响。[简答题,华南理工2012年研]

(2)你认为在旅游发展中会出现哪些负面的社会文化影响?应如何解决?[简答题,浙商大2012年研]

答:旅游对社会文化的不利影响如下:

(1)不良的"示范效应":

来自世界各地的旅游者有着不同的价值标准、道德观念和生活方式,这些旅游者在旅游目的地开展旅游活动的过程中,会在无形之中将自己的生活方式等向旅游目的地社会进行传播和渗透,对目的地社会产生"示范效应"。旅游者带给目的地社会的影响比他们接受目的地社会影响的程度要大得多。这些不良的"示范效应"主要表现在以下几个方面:

①旅游者在旅游生活期间的消费行为和消费态度在一定程度上会刺激和影响当地民众,特别是当地青年人。他们可能在生活方式上盲目模仿外来游客,尤其是发达国家、发达地区的游客,逐渐在思想和行为上发生消极变化。

②喜新厌旧,崇洋媚外。由于受社会历史因素的影响,旧时代洋人特权、高傲、种族优越的遗毒在很多发展中国家中仍未完全消除,导致崇洋思想泛滥。外国文化的入侵也会冲淡当地文化的特色,损耗其文化价值和民族特色。

③由于受某些旅游者外来思想和行为放纵的影响,旅游目的地当地社会中的传统道德观念受到冲击,最突出的现象便是家庭破裂的增多和离婚率上升。

(2)干扰目的地居民的生活:

①旅游目的地的承载能力和资源都是有限的。随着外来旅游者的大量涌入和游客密度的增大,当地居民的生活空间相对缩小,因而会干扰当地居民的正常生活,侵害当地居民的利益。

②旅游者外出旅游期间,在实现精神放松的同时,也脱离了惯常居住地的社会环境对其行为的约束与监督。由此而导致的自我放纵有可能会助长旅游者的某些不良行为。这些不良行为易使外来旅游者和当地居民之间的关系变得紧张。

(3)传统文化被不正当地商品化:

①很多传统活动随着旅游业的开展逐渐被商品化,为了迎合旅游者的观看兴趣,活动的内容亦往往被压缩,并且表演的节奏明显加快,在很大程度上已失去了其传统的意义和价值。

②为了满足旅游者对纪念品的需要,当地工艺品被大量生产,很多粗制滥造的产品充斥于市。这些产品实际上已不能表现传统的风格和制造技艺。

4. 在当今世界上,环境恶化已成为全球人类越来越关注的重大问题,因为这一问题最终将关乎人类自己的生存。旅游业的发展所产生的环境负面影响已经被证实和关注。在国际上,有人曾提出,既然旅游业如今已是世界上最大的产业,那么旅游业对世界环境所产生的负面影响也理应最大!

结合相关理论知识,论述该如何正确认识旅游对环境的影响。[湖南师大2019年研]

相关试题:

(1)分析旅游对目的地环境的影响。［简答题，扬州大学2022年研］

(2)简述旅游对环境的正面影响。［简答题，湖南师大2020年研］

(3)旅游发展对环境会带来哪些直接的积极和消极影响？请结合你的观察谈谈旅游业如何在缓解气候变化影响中发挥应有的作用。［湖南师大2019年研］

(4)旅游的环境影响。［简答题，湖南师大2018年研］

(5)请简述旅游发展对目的地环境的影响。［简答题，浙商大2016年研］

答：参见本章课后习题第6题答案。

5．阐述旅游对区域经济、社会文化和环境的影响。［西北师大2005年研］

相关试题：

(1)论述旅游对目的地的影响。［中山大学2019年研］

(2)结合案例，详细阐述旅游在社会文化和环境上对目的地的积极影响。［论述题，浙商大2019年研］

(3)试综述旅游业的社会效应和经济效应。［中南财大2006年研］

(4)旅游业发展所带来的社会文化影响(效应)体现在哪些方面？［中南财大2005年研］

答：旅游对区域经济既有积极影响，又有消极影响，具体如下：

(1)旅游对经济产生的积极影响有：①增加外汇收入，平衡国际收支；②有助于货币回笼；③带动相关行业的发展；④增加政府税收；⑤平衡地区经济发展，缩小地区差别；⑥增加就业机会；⑦增加目的地经济收入。

(2)旅游对经济消极方面的影响有：①有可能导致物价上涨；②有可能使产业结构发生不利变化；③过分依赖旅游业会影响国民经济的稳定。

(3)旅游对环境积极方面的影响有：

①保护重要自然景区。旅游业有助于保护自然公园、户外娱乐活动和作为娱乐景点的自然保护区，并能为此提供资金。

②保护历史古迹。旅游有助于保护作为旅游景点的历史古迹，并为其提供资金。

③提高环境质量。设计得当的旅游设施可以美化自然环境和城市环境。旅游业也可以通过控制空气污染、水污染、垃圾和其他环境问题促进环境全面净化，并可以通过各种园艺项目、得体的建筑和更好的维护来进一步美化环境。

④改善基础设施。旅游的发展常常能改善地方的基础设施，如机场、道路、交通运输服务设施、通讯、用水系统和污水处理系统等，从而促进经济发展，改善环境。

(4)旅游对环境消极方面的影响，参见本章课后习题第6题答案。

(5)旅游对社会文化积极方面的影响，参见本章课后习题第5题答案。

(6)旅游对社会文化消极方面的影响，参见本章考研真题与典型题论述题第3题答案。

6．我国旅游业可持续发展面临的主要问题及对策。［西北师大2004年研］

答：(1)我国旅游业可持续发展面临的主要问题：

①旅游城市生态环境恶化。

②旅游者环保意识差，加重了旅游景点的人为破坏因素。

③旅游资源管理体系不完善，旅游景点“超负荷”工作屡见不鲜。

④对旅游资源的掠夺性开发，破坏了部分资源。

(2)我国旅游业可持续发展的对策：

①对城市生态环境质量进行综合治理。

a. 对于空气和水体污染，主要采取减少、控制和切断污染源的方法。

b. 对于噪声污染，主要采取时空上调配和限制的方法。

c. 对于垃圾污染，主要采取宣传和强制的管理措施。

②加强环境保护和可持续发展的宣传、教育和培训，提高公民的环保意识和可持续发展意识。

③完善旅游资源管理体系，适当限制游客量。

④在旅游资源开发过程中，要坚持可持续发展的方式。

a. 各级政府机构、社会组织和公众要广泛参与资源开发过程，约束旅游资源开发过程中的不良行为。

b. 政府积极采取排污收费制度、环境税、押金制度、排污交易制度等经济手段，通过适当的财政和金融措施为那些有利于环境保护的活动或那些能够产生正外部性的活动者提供支持，包括各种优惠贷款、赠款、补贴以及有利于可持续发展的基金等形式，使旅游环境问题得以解决。

7. 分析中国建设世界旅游强国的优势、劣势，并提出发展对策。[燕山大学2006年研]

答：(1)中国建设世界旅游强国的优势和劣势：

①在规模效益方面，我国发展速度快，规模扩张迅速，但是效益指标大大落后。

②在产品体系方面，我国初步建立了行、游、住、食、购、娱六大要素相对完整的产品体系，形成了供需大致平衡的旅游经济运行环境。但旅游产品的开发深度不够，层次单一，市场的针对性不强，缺乏与世界旅游强国竞争的实力。

③在管理体系方面，我国建立了行业管理的专门机构，形成了基于市场的行业管理制度，具有行业管理的初步框架。但在制度建设上，我国还处于计划经济向市场经济转轨的过程中，没有形成系统完善的法律法规体系，旅游行业管理的各项基本规定都有待完善。

④在管理机构方面，我国与世界旅游强国存在较大差距。无论是在管理机构的人员配置还是在经费预算上，都远远落后于世界旅游强国。

⑤在产业发展研究、市场推广、行业管理等方面缺少专门技术机构的支撑，在各类项目的开发上缺少资金支持。在发展水平落后、支持条件又不到位的条件下，要实现赶超，难度相当大。

(2)中国建设世界旅游强国的对策：

①发展模式实现从量到质的战略转换：

a. 从低层次一般性的竞争转向更高层次旅游强国层面上的竞争。

b. 从简单粗放的旅游产品开发阶段转向精细化发展阶段(从注重设施建设等硬件因素转向加强服务与环境建设、改善旅游业发展的软件因素)。

c. 从面向供给的管理转向需求管理，管理重点从强调规模扩张转向管理制度建设。

②瞅准着力点：

a. 要坚持可持续发展原则，确保旅游业健康、持续、快速发展。

b. 发展国际旅游，一定要突出观光产品的优势，要坚持产品的梯度开发，强调多元化的产品开发策略，注重产品开发的深度。

c. 充分利用国内旅游市场优势，三大市场均衡发展。用国内市场奠定旅游产业基础，用出境市场开拓入境市场，入境市场对国内市场进一步带动引导，三大市场形成良性循环，不断扩大产业规模，提升产业素质。最后，建立合理的产品分工体系，发挥各地的竞争优势。

七、案例分析题

请分析旅游的发展何以会促进目的地经济的发展，其主要理论依据是什么？［四川大学 2005 年研］

相关试题：旅游对目的地经济的积极影响及其理论依据。［论述题，西北师大 2004 年研］

答：(1) 自 2003 年以来，四川省委、省政府连续两年召开了旅游发展大会并预计 2004 年全省旅游接待总计达到 12000 万人次，旅游总收入达到 550 亿元人民币。这表明了旅游的发展对目的地经济的发展起着良好的促进作用。旅游发展对目的地经济的正面影响，参见本章课后习题第 2 题答案。

(2) 主要理论依据：

旅游的发展之所以会促进目的地经济发展，其主要理论依据是旅游乘数理论。

①乘数又可解释为倍数，在经济学中是指某一经济量与由其引起的其他经济量变化的最终量之间的关系。通常被用于分析国民收入的变动与引起这种变动的最初注入量(投资、消费)之间的比率。旅游收入的乘数效应是指旅游目的国或旅游目的地对旅游行业的投入引起各个经济部门的连锁反应，导致本地区经济总量的成倍增加。

②旅游收入通过初次分配和再分配，对经济发展产生三个阶段性的作用，参见本章考研真题与典型题论述题第 1 题答案。

③还可以用以下几类乘数模式来分析旅游收入对社会经济各个方面的影响：

a. 营业收入乘数。即旅游营业收入增加额与由此导致的其他营业收入增加额之间的比率关系。该乘数表明某地区旅游业的发展对该地区营业收入的影响。

b. 政府收入乘数。即旅游收入增加量与当地政府收入净增量之间的比例关系。政府收入的净增量是指政府从旅游业获得的税收及各项收益减去政府向旅游业投资后的余额。该乘数主要用来衡量旅游经济活动对国家和地区财政收入的影响程度。

c. 就业乘数。即旅游收入增加量与其所创造的直接和间接就业人数之间的比率关系。该乘数表明某一地区通过一定量的旅游收入，对本地区的就业机会所产生的影响。具体来说，一定时期内旅游从业人员的增加量与同期旅游收入的增加量之比，即为单位旅游收入可提供的就业机会。

d. 居民收入乘数。即旅游收入的增加额与由此导致的某地区居民收入的比例关系。该乘数反映了旅游业的发展对居民收入的影响程度。

e. 进口额乘数。即旅游收入增加量与由此导致的进口额增加量之间的比率关系。该乘数显示了相关部门和企业向国外进口物资、设备的增加量与旅游收入增加量之间的互动关系。

f. 旅游消费乘数。即每增加一个单位的旅游收入，所带来的对生产资料和生活资料消费的影响。

g. 旅游产业乘数。即旅游企业收入增加而引起的相关产业所产生的经济总量增加的数量比率关系，表示一个特定地区旅游业的收入对整个地区经济总量增长的影响。

h. 贸易乘数。指由销售额引起的商业活动的增加量与最初的旅游花费的比值。

i. 产出乘数。与贸易乘数很相似，只不过它包含所有商品和服务的价值，而不仅仅是销售额。即它还包含库存。

j. 资本或资产乘数。指资产存量的增加，同与此相关的旅游投资或者旅游花费的比值。